普魯士帝國的鐵血宰相

俾斯麥

Otto von Bismarck

埃米爾·路德維希 ——著

莊天賜 ——譯

閒人、鬥士、勛臣、主政、逐臣，

還原德意志帝國首相最真實的面貌

「政治並非一門科學，它是一種藝術。」

從貴族後裔到德意志帝國首相；從一手遮天的功臣到民心所向的逐臣——

「帝國宰相」俾斯麥毀譽參半的傳奇人生

目錄

CONTENTS

第四章　主政（1872-1888 年）

第五章　逐臣（1888-1898 年）

CONTENTS

第一章
開人（1815-1851 年）

第一章　閒人（1815-1851 年）

一、貴族後裔

夏日的陽光正盛，一個額頭上淌著汗水的孩子，蹲在園子裡的大橡樹下面，不知道正在堆什麼東西，他已經樂而忘返，連吃飯都顧不上了。這是一個非常俊美的男孩，他的頭髮是淡黃色的，深陷的眼窩中有一對漆黑發亮的眸子。此時的他年僅四歲，但與同齡的孩子相比卻顯得成熟許多，無論做什麼事情，都表現出了執著與認真的幹勁，這個孩子就是俾斯麥。

俾斯麥的祖先曾以武士身分立下了赫赫戰功，但從他的爺爺這一代開始，包括他的父親，卻不再擁有武士身分，因為他們非常厭惡那種縱馬馳騁、征戰殺伐的生活。儘管如此，俾斯麥的父親還是會經常帶著他來到掛滿歷代祖先戎裝畫像的大廳，向他講述歷代祖先的事蹟：在很久很久之前，俾斯麥家的祖先還是地主，在當地極有權勢，他們生活在一座很大的莊園，家裡面有很多傭人，世世代代過著快樂、舒適、愜意的日子。

俾斯麥家的祖先曾經擁有一片極好的森林作為領地，但當時卻在某位諸侯的威逼之下，這片領地被換成了申豪森（俾斯麥出生地），這讓祖先們感到非常不滿。後來，國王又下令向武士階層徵稅，俾斯麥的祖先認為自己屬於自由的武士，如果向國王繳稅，地位便會降低成為納稅的地主，於是他們向國王遞交抗議信，可是當時的國王固執己見、不改初衷。俾斯麥的祖先也因此拒不納稅，公然違抗了國王的納稅法令。於是，俾斯麥家族便上了國王的黑名單，「俾斯麥」也成了國王心目中一個抗命不尊的姓氏。

在波蘭馬爾堡城堡內，有一座條頓騎士雕像。中世紀第三次十字軍東征時誕生了三大騎士團，條頓騎士團是其中最晚成立的，跟其他的十字軍騎士一樣，條頓騎士團一開始也都是由一些農民或無業遊民組成的，對異族多年的征戰和殺戮，令這些騎士們得到了封地，並且成為後來那些「貴

族」的祖先。俾斯麥的祖先就是其中的一員。

俾斯麥的爺爺是一個很有學問的人，他曾經師從盧梭（Jean-Jacques Rousseau），家中藏書豐富。受其影響，俾斯麥的父親斐迪南（Ferdinand von Bismarck）也是一個溫和、樂觀、開朗的人，他喜歡恬淡安靜的生活，也沒有更多的渴望與奢求。儘管他對穿盔戴甲、持槍殺敵的生活並不喜歡，但仍在二十二歲時參加了一次戰役，不過自那之後他便再未參加過任何一場戰爭。國王因此非常生氣，曾經一度沒收了他的盔甲並革去他的武士職位，直到很多年之後，餘怒未消的國王才恢復了他的武士身分，但是這樣的恩賜卻未能讓他的想法有所改變，到 1806 年時，爆發了耶拿戰役，儘管斐迪南的身體仍舊很強壯，但他依然選擇了隱居山林，抵制參加這次戰役。

斐迪南在三十五歲時娶了俾斯麥的母親。當時俾斯麥的母親年僅十七歲，不僅長得非常漂亮，而且很有教養，她性格直爽，有著極為強烈的欲求心。在這一方面，她與俾斯麥的父親完全相反。

巧合的是，父母二人的性格特點集中體現在了俾斯麥身上，他一面繼承了母親的理性與睿智，另一方面，他那既固執又倔強的性格和脾氣與他的父親斐迪南非常相似。

二、叛逆少年

從出生開始，俾斯麥的脾氣就不小，不像其他的孩子那麼乖巧和聽話。更令人感到意外的是，他從小就視母親為仇敵，每次提起母親，他總會帶著一股很大的怨氣。對於不喜歡甚至怨恨母親的原因，俾斯麥在晚年

第一章　閒人（1815-1851 年）

時曾經做過解釋：有一次，母親強硬地阻止了年幼的他對祖先的畫像進行評論；還有一次，家裡有客人來訪，但因為房子小，沒有其他住的地方，母親就讓他的父親把床空出來讓給客人。當時正值隆冬，因此俾斯麥對母親這種做法感到非常生氣。這兩次童年的深刻記憶令俾斯麥對自己的母親始終非常反感。

直到晚年，俾斯麥還會時常回憶自己的學校生活，俾斯麥始終認為，在學校的那五年，是他人生中最寶貴的時光 —— 可惜被浪費了。每次回想起在學校的那段時光，他都一定要提起學校那嚴格的管理制度和生活條件的艱苦。那段時間，他經常將學校發生的事情寫在要給母親的信裡。一次，俾斯麥寫信給母親說：「在學校的生活真的非常苦，不僅每天起床的時間很早，而且飲食的品質也不好，經常餓肚子。另外，學校的管理人員對我們也非常苛刻。尤其我們在比劍時經常會受很嚴重的傷，要休養很長一段時間才能痊癒。其中痛苦實在令人無法忍受。真希望趕快放假，趕快回到家裡。」但是出乎俾斯麥的意料之外，母親讓他繼續留在位於柏林的學校，原因是她馬上要到海邊去避暑。這令俾斯麥感到非常生氣 —— 類似的狀況出現過很多次，這些事情的發生無疑使俾斯麥對母親的反感和怨恨再次加深。自此之後，但凡是母親所說的話、所提議的事情，俾斯麥都一定會表示反對。

俾斯麥天生就有一副傲骨，這和他從小所生活的環境有著很大的關係。在求學期間，他那種驕傲的性格表現得尤為突出。那個時候，他周圍的同學大多數都是平凡家庭出身，相比之下，貴族的血統令俾斯麥幼小的心靈深處萌發了一種極大的滿足感。從十二歲到十七歲期間，沒有人對他的行為和思想進行過多的約束和指導，俾斯麥可以說完全是在一種自由放任的環境下長大的，這也使他形成了非常獨立的性格。這時的他似乎已經

驕傲到了目空一切的地步 —— 當然一直受他敬愛的父親並未包括在內。

俾斯麥對父親非常敬愛，這源於父親平時對他的喜愛。父親不會像母親一樣，每天都要求俾斯麥去做自己不喜歡的事情，而且在日常生活中，父親也經常給予俾斯麥鼓勵與幫助。但俾斯麥的母親則不然，她幾乎每天都會對俾斯麥挑三揀四、橫眉豎目，也許在母親看來，俾斯麥所做的事根本沒有一件是對的。

還有一次童年的記憶，令俾斯麥感到母親確實是令人生厭：有一次，俾斯麥不小心從馬下跌下來，母親看見之後不但沒有安慰他、心疼他，反而說「你果然沒有辦法馴服這匹馬，那你從馬上摔下來也就是一件再正常不過的事了。」俾斯麥對母親說話的這種口吻非常生氣，也因此令他的自尊心受到了巨大的創傷。

儘管俾斯麥天生就很聰明，但他卻提不起學習的興趣，不管是哪一科，不管成績多麼不盡如人意，他都不在乎。但還是有他拿手的科目，比如他的德語就很厲害，這一點從他從政以後所展現出來的語言天賦就可以得到印證。不過他的歷史學得不怎麼好，但他似乎天生就擁有一種普魯士人國王制的情感。在政治方面，他更傾向於法權，在俾斯麥的內心深處，但凡德意志各路諸侯對皇命有所違抗都會令他感到非常氣憤。

俾斯麥從少年時期開始就非常喜歡發表演講，他常常在學校裡發表一些他認為正確的觀點，也經常針對時政表達自己的看法。俾斯麥曾經說過：「我很不喜歡那些不文明的演講，那只會讓我感到噁心。」俾斯麥始終都討厭那些只說不做的人，「言必信，行必果」是他終生的信條，而這也正是俾斯麥性格的一大特點。

俾斯麥同時也是一個思想獨立、很有主見的人，在很多問題上，他都有自己獨到的見解。十六歲時，他就放棄了自己的宗教信仰，這令周圍的

人感到萬分驚詫，但他卻只給出了一個非常簡單的理由：「從小我就學會了祈禱，並一直虔誠地祈禱到如今。儘管現在我已經放棄了自己的宗教信仰，但這並不表示我不在乎，只是我已經長大，有自己的想法，所以我做出了放棄它的決定。另外，我感到我此時的思想與上帝的思想有所衝突，所以我不能盲目地跟隨，我必須要擁有屬於自己的思考空間。這樣不僅能夠讓我進步得更快，同時也可以讓我擁有充滿希望的未來。」

到他十七歲時，就已經不再相信社會上的許多事情了，甚至會對每一件事情都產生懷疑。

不知不覺間，俾斯麥變得驕傲自大，這與他的天性以及小時候所生活的環境密不可分。面對現實，他展現出了冷靜沉著的一面，同時又表現得非常強勢。他絕不會對任何事屈服，除非現實真的殘酷到令他被逼無奈必須有所改變的地步，否則他絕不會輕易放棄。俾斯麥同時也是一個充滿智慧的人，不管做任何事，他都會考慮得非常周全細密。他不會選擇冒犯上帝，但實際呢？在俾斯麥的內心深處，他對一切都不相信。但現實生活中，他時常會表現出忠誠的樣子，來掩飾他俯視蒼生、居高臨下的態度。

三、不羈歲月

一個男孩將眾人的目光吸引了過來。在他頭頂上，歪戴著一頂奇形怪狀的帽子，身上穿著一件紅得耀眼的衣服，擺出一副高傲冷漠的樣子，在大街上旁若無人又悠然自得地走著。這個男孩身材瘦小，嘴裡卻銜著菸，手裡還拿著一根拐杖，更惹眼的是他的身旁還總是跟著一條名叫「亞立厄爾」的黃狗。令人感到意外的是，這個男孩竟然是著名的哥廷根大學的學生。

在哥廷根大學裡有這樣一個學生，已經成了人盡皆知的事情。這個學生的性格非常古怪，性格放縱不羈，經常穿著奇裝異服走在校園裡。夜晚睡覺時，如果他覺得睡衣質料不舒服，他會脫得一絲不掛。他與其他同學不一樣的地方實在是太多了，例如他經常會在醉酒之後搖搖晃晃地走到河邊，然後毫不遲疑地下水游泳。至於學校裡的各項規章制度，他也根本不在乎，總是因抽菸、打架而受到學校的處罰。說到打架，不得不說，他竟然從來沒有敗績。在最開始的三個學期，他曾與人決鬥二十五次，卻只有受過一次處分，這一點在同學們心目中留下了極為深刻的印象。所以，學校裡的學生都不敢招惹他。平時，他也極少與同學們來往，大家都覺得他是一個極難相處的人，因此還給他取了個外號──「怪物」。這個男孩名字叫俾斯麥。

對於學校社團開展的各項活動，俾斯麥很少參加，因為他對於學生會的管制非常反感，因此每當學校社團聚會時，他都會試著逃避。但是當俾斯麥得知在每次聚會時，同學們都喜歡拿普魯士人開玩笑，他便決定與那些諷刺普魯士人的同學進行決鬥，理由是要為普魯士人的名譽而戰。有一次，俾斯麥竟然同時與六個人進行決鬥！但即便如此，俾斯麥也對政治沒有絲毫的興趣，就算是本國的政治問題，而且由非常傑出的教授來講，他也不願去聽。他說自己寧願在美國取得勝利的那一天與美國的朋友一起喝酒慶祝自由，也不願去聽那些枯燥的內容。平時，他與朋友談到德意志統一的問題時，他總是自信地斷言：德意志各邦必將在二十五年內統一。果不其然，歷史的進程驗證了他這一說法，但令他沒有想到的是，統一的過程竟是由他一手推動的。

在俾斯麥很小的時候，父母就希望他日後能夠成為一名外交官，但俾斯麥對此一點都不上心，因為他並不喜歡當官，除非是當一名軍官。俾斯

第一章　閒人（1815-1851 年）

麥那時根本不知道自己未來會變成什麼樣子，從十七歲到二十歲，他就這樣漫無目的地生活著。

　　雖然俾斯麥從來都沒有想過要當一名外交官，但他卻極具外交天賦。他很善於利用現有某種地位來駕馭別人。他做事非常謹慎，這一點從他寫給哥哥的信中就能得到印證。他的哥哥在軍隊上擔任一個小職務，在俾斯麥寫給哥哥的信中，他曾經這樣說到：「當你給家裡寫信的時候，千萬不要把你的真實想法流露出來。像我們這種家庭，使用充滿詭詐與謊言的外交辭令比說出自己的真實意圖更加容易達到目的。」

　　俾斯麥不但對一切事情都感到不滿，而且還會抱著一種諷刺的態度來對待生活中的每一件事。有一次，他居然這樣說：「既然沒有什麼可做的事情，那不如趕快找個人結婚算了。」在戀愛這個問題上，俾斯麥的朋友莫特利（John Motley）這樣評價他：「事實上，俾斯麥喜歡跟著自己的感覺走，他就是這樣一個人，對於戀愛，他一向是無所顧忌。如果能夠轟轟烈烈地愛一場，那麼他就會願意結婚。他還經常跟朋友們說自己就要結婚了。」

　　其實，俾斯麥是一個才智出眾的人，在柏林，有一段時間，他曾經做過律師。儘管他非常討厭這一職業，但為了能夠不去服兵役，他不得不強迫自己從事了這個職業。俾斯麥從來都沒有把父母的建議放在心上，但他還是會在某些時候聽從父母的勸誡，因為他明白父母也是為了他好才會那麼做的。父母希望他能夠進入宮廷去施展一番作為，俾斯麥於是就參加了在宮廷舉辦的舞會。舞會上，俾斯麥與普魯士的威廉親王（Wilhelm I）相遇了，當親王看到俾斯麥將官一樣的身材時，就問他：「為什麼你不去從軍？」俾斯麥說：「請殿下明察，在軍隊裡，我根本沒有升遷的希望。」威廉親王對他說道：「可就算是當律師，你的前途也不怎麼光明啊！」從

這兩個人的對話中，可以發現俾斯麥和威廉親王是性格上完全不同的兩種人。為了不讓威廉親王身為軍人的榮譽感受到傷害，當親王問俾斯麥為什麼不去從軍時，這位貴族子弟竟然用升遷無望的藉口來搪塞。以上就是俾斯麥與威廉親王第一次見面時的對話內容。

俾斯麥有很強的預見性。在他二十多歲時，這種預見能力便得到了準確的驗證。競爭激烈的律師工作讓俾斯麥感到越來越厭煩，他很清楚自己在這裡並沒有任何的前途可言。他已經被宮廷裡的大好前程所深深吸引。此時的俾斯麥與之前相比，已經變成了截然不同的一個人，只要對自己的前途有好處的，就算自己很討厭、很不喜歡，他也能夠接受、能夠盡力去做。這位年輕的貴族似乎早就已經為自己的未來做了充分的規劃。俾斯麥的朋友慢慢發現，曾經那個整天無所事事、放蕩不羈的俾斯麥消失了，取而代之的是一個擁有遠大志向的貴族青年。在跟自己的朋友凱澤林談話時，俾斯麥曾經這樣說：「憲法必然是被需要的，而且內心一定要虔敬地對待它。」接下來他又笑著說：「我就像一個充滿智慧的瞻拜人一樣，我要去拜謁那些佩戴著很多功勳寶星的大人物。」但實際上，俾斯麥的內心是很反感憲法的，在他的心裡，不可能存在對憲法的虔誠恭敬之意。他那樣說只有一個原因，那就是這樣做能讓他獲得好處，能夠給他的未來帶來更大的希望，就算說出這些話時有些違心，但他已經不在乎了。不久之後，俾斯麥就真的成了一位瞻拜人，他的一言一行，無不彰顯出他的遠大志向。雖然他對那些寶星並沒有太大的興趣，但是實實在在的權力卻是他一直都想擁有的，因為他明白，權力能夠帶給他比這更多、更大的榮耀。

俾斯麥在當律師時，經常會寫信給一位名叫沙勒克的朋友。有一次，俾斯麥在信中寫道：「我的志向原本具有很大的不確定性，但如今的一切都在逼迫我去選擇我此前不喜歡的方向，我會努力做出改變，爭取更大的

進步。不知道你現在是不是一邊喝著酒，一邊諷刺著我的狂妄和愚蠢，儘管我並沒有把自己此刻心情與你分享的想法，但不得不承認，我此刻的心情竟然是無比快樂的。」俾斯麥感到當時的自己變得非常可憐，因為他每天從早忙到晚，做的卻都是一些無聊、無趣的工作。在給沙勒克的信裡，俾斯麥寫道：「每天從早晨開始，就有很多無聊的工作等著我，到晚上，我還不得不參加官場上的各種應酬和社交活動，而且我還必須要表現出一副樂在其中的樣子。事實上，我還沒有達到能夠讓你譏笑的那種狂妄和愚蠢的程度，更沒感到這種日子有多快樂，但也沒有感到多麼的生厭。但是，現在我覺得，就算是獲得了德意志最高的榮譽、擁有最耀眼的寶星、得到最顯赫的賞賜，都不能彌補此刻我內心所遭受的慘重損失。我經常想要放棄這一切。」應該說，在追求成功的道路上，俾斯麥所付出的努力是令人嘆服的。

　　二十一歲那一年，俾斯麥回到了位於申豪森的老家。此時的他，已經不再是個憤世嫉俗年輕人，他開始努力學習，看到那個曾經不甘寂寞的兒子現在終於變得安分下來，俾斯麥的父親坐在家裡的老橡樹下，用慈愛的目光看著他。

　　當時普魯士殖民地的新主席是從舊瑪奇來的阿尼姆氏，俾斯麥的母親希望兒子能在未來去追隨他的外公門肯（Anastasius Mencken），於是托人幫他謀得了一份差事。沒過多久，俾斯麥就拿到了一份很有分量的報告書和履歷，並且來到了阿尼姆氏治理下的亞琛。

四、初涉政壇

俾斯麥熱愛自由，對政治並沒有興趣，他寧願和朋友們去騎馬遊玩，也毫不珍惜父母好不容易為他爭取來的機會。有一次，他與一位英國年輕女子一起去騎馬，結果不小心從馬背上跌落，這讓他不得不待在家裡養傷。因為無聊，他帶有選擇性地讀了西塞羅（Marcus Cicero）的著作《論責任》。但痊癒之後的他卻仍舊整天沉迷於玩樂，對其他事提不起一絲興趣。

沒過多久，俾斯麥便因為思念家鄉和親人而申請休假，在休假期間，他回家看望了父母，但仍舊將母親對自己的教誨當成了耳邊風。他在外玩樂時欠了很多的債務，這些債務必須要償還。於是他想到了打獵，或許這是解決債務危機的最好方法。

俾斯麥沒有絲毫的改變，他還是非常討厭政治。他給亞琛的長官寫信，對他為何休假這麼長時間進行了解釋：「由於有非常重要的事情需要處理和解決，所以我必須得離開很長一段時間。」雖然俾斯麥寫這封信的目的是向亞琛的長官進行解釋，但這封信卻是他休假兩個月之後才寫的。在這不久以後，俾斯麥又非常正式地再次去跟長官請假。父母對俾斯麥這種做法很是反對，於是減少了寄錢給他的次數，但是每當俾斯麥的錢用光了，他還是不得不回家跟父母要。兩次回家的時候，俾斯麥的身體狀況都不是很好，精神上也很憔悴。而且，每次他在給父母寫的回信裡面，還會出現很多錯別字。這樣的狀態讓母親很是擔憂。儘管母親的身體狀況也很差，但她仍然千方百計地為俾斯麥在波茨坦行政處謀了一個職位。只是，俾斯麥在這裡的表現同樣不是那麼令人滿意，由於年少輕狂，俾斯麥對當地長官循規蹈矩的辦事風格並不喜歡。所以，只做了三個月，他就離開了。

第一章　閒人（1815-1851 年）

　　家人對俾斯麥的做法都很不贊同。俾斯麥曾在寫給他妹妹的信中說：「我天生就不是當官的料，我也很不喜歡那樣的工作，就算有一天我當了官，我也肯定不會覺得榮耀。我一直都覺得當官跟種地沒什麼好區別，兩者有著各自的榮譽，而且在某種環境下，我認為種地比當官更值得尊重。我找不到更好的理由來跟妳解釋我為什麼會這麼說，總而言之一句話，我天生就喜歡這樣。比起聽命於人，我更喜歡向別人下達命令。」

　　就在這時，俾斯麥的家裡也出現了重大的經濟危機，由於俾斯麥母親的身體變得越來越差，而且平時兩個孩子也經常向家裡要錢，再加上生活中的一些瑣碎雜事，都讓這個家庭變得不堪重負。俾斯麥的父親因此想到了一個辦法 ── 很現實、也很簡單，他決定讓兩個兒子都回到老家。父親在給俾斯麥哥哥的信中寫道：「奧托對行政處的差事很不喜歡，假如他真的能夠再堅持幾年，或許還有當上主席的可能，也能夠拿到一份很高的薪水，但如果只是待在那裡而不去努力的話，只是單憑運氣，那希望就很渺茫了。他希望自己能夠去做另外的事情。如今，他想開一家製糖廠，他先是到馬德堡去辦這件事，然後又回到了尼樸甫。看到他鬱鬱寡歡的樣子，我的心裡也感到非常難過。假如我住在柏林的話，那情況一定會非常糟糕。所以，我決定把尼樸甫交給你們兄弟倆來打理，我只要申豪森的進項就夠了。」

　　隨著身體狀況的日益惡化，沒過多久，俾斯麥的母親不到 50 歲就撒手人寰了。或許是早就已經預料到自己已經不久於人世，而且也意識到了此時家裡正在面臨危機，她在去世前，並沒有對丈夫的做法表示反對。俾斯麥的母親對一生平凡的丈夫很是失望，所以她一直期盼著兩個孩子能夠出人頭地，但是這兩個孩子直到她去世都沒有滿足她的願望。但她不知道的是，這些夢想竟然在她去世後一一實現。

二十三歲時，俾斯麥已經變成了一個非常敏銳、傲慢，對任何事情都理性對待的人。正是這種性格的養成使他最終獲得了成功。令人感到驚奇的是，儘管年紀輕輕，俾斯麥就已經能夠清醒地意識到，那些官迷並非出自對政治的熱愛才從政，而是為了滿足自己內心深處的虛榮心，這種虛榮並不是透過名譽而得到的，而是源自權力，畢竟富貴並不等同於權力。

俾斯麥這種精神給人留下了深刻的記憶，在一篇文章中，他這樣寫道：

「我可以憑著努力去參加並通過考試，以讓自己獲得更多的權力，也可以憑著相關的資格去贏得地位，但是這些對我來說都不是特別重要。以幾位很出名的大臣為例，原本是愛國主義逼著他們去當官的，可實際上呢，他們更多的是出於一種獨攬大權的心理，為了得到更大的榮譽、為了青史留名。就像皮爾、奧康尼，他們的功名是在戰爭期間獲得的，還有些榮譽是在自由憲法之下獲得的，他們在激烈的政治活動中做了自己該做的事。

我承認，這樣的榮譽對我的誘惑力很大，足以使我打消一切顧慮。雖然我並不喜歡，可我也明白，官場中的很多事情都能夠讓一個人的內心獲得極大的滿足感。每次當我喝醉以後，我就會更加執迷於去實現這種滿足感，因為我很清楚，這不但是我個人內心的滿足感得到實現，同時對我的家族而言也是一種榮耀。每當有人誇我是一個天才的時候，我的內心就感到無比的喜悅，然而這種內心的喜悅總是在不久之後便受到了我的深刻反省。我清楚地知道，這些被滿足的虛榮心，不過是那些貴族公子所追求的華麗外表，不過是令銀行家們感到得意的錢財，不過是由無知虛妄編織而成的蛛網。慢慢地，我還發現，單純地獲得自己的快樂和贏得別人的賞識是一件多麼愚蠢的事情，一個人無需過於在意他人對自己的評價，從而令你放棄你以為正確的前進道路。

事實上，我並非胸無大志之輩，只是我覺得胸懷大志與所謂的激情昂揚都不是那麼好。我明白，有些情況下，無論我表現得多麼努力和出色，都無法讓

　　我得到滿意的薪水。此外，我也不想將自己所有的時間和精力都用來實現這些遠大志向上，這樣的話將會消耗掉我所有的精力和自由。但當聽到別人稱呼我『主席閣下』時，又正好搔到了我虛榮心的癢處。國家給了我很多錢，但我卻沒能為自己的國家做什麼有影響的大事，相反，有時還會令一些正在發展事情受到阻礙。有些事情對國家不利，更不可能讓我動心。所以，我決心要把我的自由保護好。假如將來有一天，我能夠在此地安定下來，估計也要等到四十歲時才能升任首席長官。但假如真到了那一天，我可能就會變成一個枯燥無味、整日憂愁患病的人。之所以這麼說，是因為我知道自己在經過長年的伏案工作之後，我的身體肯定無法承受這樣的壓力，而且我還需要娶一位可以照顧我身體的妻子。」

　　這篇文章不僅彰顯了俾斯麥淡薄名利、勇於自省的精神，同時也顯示出俾斯麥孤傲的性格特徵。

　　俾斯麥是一個追求獨立的人，是一個憤世嫉俗的人，他天生就具備獨裁者的品性 —— 既不愛自己的國家，也沒有效忠國王的意識，更不要說對人民負責，這種想法一點都沒有，他更像是一位革命家，一位冒險家，一切讓他安於現狀或停滯不前的東西，他都絕對不會贊同，當然更不會接受任何人對他發號施令。

五、鄉寂難耐

　　雖然很愛自己的哥哥，但俾斯麥專權的天性令他很難與哥哥長久而融洽地合作，所以分家也就成了早晚的事。在這一方面，俾斯麥的態度非常明確，他曾經這樣說：「我很快就會與哥哥分家的，如果有人願意出高價的話，我馬上就跟哥哥分家。」沒過多久，俾斯麥就開始專心地研究起耕種技術來，而且在格來斯瓦德大學學習了很長一段時間。俾斯麥的身分既

不是學者，也並非鄉紳，但是他平時卻十分樂意到集市上與那幫地主聊天。有時他還會非常認真地聽他們談話，甚至在晚上睡覺時都會夢見自己正在打麥子、堆肥料這一類的農活。

對於自己的產業，俾斯麥很是用心，儘管有時他會帶著一種挖苦的口吻來談論這些事。他很喜歡騎著馬在自己的莊園裡盤桓，大多數情況下他都是一個人，有時家中的總管也會陪著他。他這麼做，既能夠非常清楚地了解自己的工人們每天都在做些什麼，也能夠詳細地了解莊園裡的情況。為了把田地耕種好，他總是竭盡自己的全力。很多時候，他還會到鎮上的農業會裡去借閱一些與農耕有關的書籍，以此來對自己的這方面的知識進行補充。此外，他還會非常細心地將每一筆帳單記錄下來。不過同時，俾斯麥還是一位非常懂得享受生活的人，每天晚上回到家以後，他會一邊品嘗摻著波特啤酒的香檳，一邊閱讀他喜歡的書籍。

俾斯麥在鄉下度過了九年的時光，這也讓他愛上了這種鄉下生活，因為他感受到了耕種帶給自己的快樂。但實際上，真正讓他願意留在這裡的原因是可以得到自由。在鄉下生活的這段時間，俾斯麥讀了很多書，他曾經說：「在鄉下生活的這段時間，我讀了許許多多的書，我甚至想把那些書一起裝進腦子裡，了解我的人都很清楚，我曾經讀過的所有書籍，都是在鄉下閒居的那段時間讀的。」儘管俾斯麥很喜歡這種生活，但到了後來，他還是因為感到這種生活過於簡單而心生厭倦，每天除了能夠靠騎馬打獵來消磨時間以外，就只能偶爾找時間到鄰居家去做客了。他曾經這樣寫道：「這段經歷讓我感受到了田園生活的快樂，可是這與現實並不相符。」

由於對這樣的生活感到越來越厭倦，曾經一度銷聲匿跡的俾斯麥又出現在了眾人的視線之內。他經常以一種散漫的形象出現，有時甚至會透過一些暴行來為自己解悶。沒過多長時間，鄰居們對他的言行舉止感到厭

第一章　閒人（1815-1851 年）

惡，並且為他起了一個外號 ——「瘋狂貴族」。

　　這時，波羅的海海岸上的自由派在報紙上刊登了這樣一篇評論文章，裡面說波美拉尼亞的貴族們帶著獵狗外出狩獵，踐踏了農民的莊稼，農民們只能透過自衛來捍衛自己的利益。俾斯麥看到這篇評論之後，想盡所有辦法證明了一件事 —— 冬天在農田裡騎馬不僅不會傷害到農作物的種子，而且對馬也有很大的好處。俾斯麥做出的回應並未刊登在報紙上，但他這篇精彩的演講卻在很短的時間內快速流傳。在隨後的一段時間，俾斯麥還在報紙上發表了很多與社會、時政相關的見解。他曾經說過：「我非常清楚，穿著紅色的衣服、帶著獵狗、騎在馬背上去追兔子的人，不單不會受到兔子的喜歡，就連那些原本就充滿怨氣的人，在看到上述場景之後也會變得更加怨憤。因為他們身上都穿著黑色衣服，而且也沒有馬可騎，也沒有養獵狗，當然也就更不可能有機會去打獵了。」他提出建議：「把波美拉尼亞人應當擁有的個人自由全部交還，讓波美拉尼亞人想怎麼玩遊戲就怎麼玩遊戲。」俾斯麥發表自己的第一篇政論時年僅 28 歲。

　　那段時間，俾斯麥非常熱衷於發表政治言論。事實上，俾斯麥發表的第一篇政論的主題就與階級鬥爭有關。在他公開過的言論中，充分表明了貴族們對於那些反對他們特權的階層的憎惡之情，俾斯麥竭盡全力地想要維護貴族階層的利益。他蔑視那些不知道如何打獵的人，並將他們稱為劣等人。他將市民或農民不想看見成群結隊的貴族在田野中跑來跑去打獵的感受，比作被獵人追逐的野兔的心理感受。不過在當時，如果有人因為農田被踐踏而向他索取合理的補償費，俾斯麥也很願意拿出這筆錢。但如果俾斯麥由此認為自己的權利正在受到攻擊，他也會毫不猶豫地選擇與之對戰。

　　三十歲那年，俾斯麥在文章中這樣寫道：「在我獨自居住在鄉下的五

年間，最初我很享受這樣的生活，但是我又逐漸覺得自己對這樣的生活實在無法忍受。此刻，我覺得進入官場是一件不錯的事情，外出遊歷也很好。在鄉下的那段時間，我曾因為寂寞而產生了上吊自殺的想法，但我一直把自己當成一個富於教養的人，如果沒有結婚就獨自一人在鄉下居住，勢必會產生相應的痛苦。」實際上，在俾斯麥住在鄉下那麼多年間，身上還是有著一種浪漫主義情懷，即追求心靈的慰藉。

對於現在的生活，俾斯麥也覺得實在沒有辦法再繼續下去了，所以不久之後，他就第三次進入政界。此時俾斯麥已經三十歲了，但他的性格仍然那麼獨特。有一次，他在給布蘭登堡的副長官的信中說道：「環境使我原有的生活發生了改變，現在，我不得不離開鄉下那種環境，不過我終於可以無所顧慮地為國家做事了。」從這些話中，依然可以看出俾斯麥孤傲和強勢的一面。

俾斯麥的第三次從政經歷並不順暢。有一次，他和長官在工作中發生了爭吵。長官十分生氣地說道：「我曾經歷過很多不一樣的事情，但是到現在為止，還從來沒有遇到過一個能把六十三件事情都辦砸了的年輕律師。」聽到長官如此評價自己，俾斯麥氣憤地拂袖而去。但實際上長官並沒有想過要解除他的職務。在當晚舉行的宴會上，俾斯麥與這位長官再次相遇，有人問兩個人是否認識，俾斯麥很快回答道：「我們不認識。」然後便立刻衝進人群向大家做自我介紹去了。在給朋友的信中，俾斯麥這樣說：「我這麼做是為了試驗一個心理學上的小技巧，我的目的是讓自己真正地忘掉那件事，因為我每天都要重複去做同樣的事情。可是長官整天都喜歡擺出一副高傲的樣子，這實在是讓我難以忍受，我真的討厭那樣，而且即便是到了現在，我也無法學會忍受。」

俾斯麥說，在生命的長河中，自己漂來漂去，找不到長久的方向，因

為沒有什麼東西可以幫助他掌舵，所以不管什麼東西把他往岸上推，他都不去理會。

六、一見鍾情

那時，俾斯麥已經非常清楚地知道，自己那段年少輕狂的日子已經成為過去式，再也不可能重新來過了，他的內心也已經產生了新的憧憬，他需要去發掘自己的全部潛力，以便充分掌控自己未來五十年的人生。俾斯麥最開始發跡的地方是薩克森，那裡的堤工局在議會中擁有席位，這也讓他沉睡多年的感覺被喚醒，他覺得自己的命運與這條河（易北河）息息相關 —— 經過他的苦心經營，這種感覺終於變成了現實，距離易北河河堤幾步之遙的地方就是議會。

剛剛從波美拉尼亞搬到易北河邊時，俾斯麥的心裡很是難過，在他的內心深處，對這片熟悉的故土很難割捨。在他的文章裡，也流露出了這種傷感的心情：「我完成了一件令我非常糾結的事情，傍晚時分，我告別了自己喜愛的那個地方。那是一片曾經見證過我成長的土地，今天我便要離開這裡了。我的眼淚不斷溢出，滑落在草木之上，在這裡，我見過很多次的日落，我心中的淒慘和追悔也即將溢出心湖，我想起了自己少年時代所擁有的睿智、健康和財富，但當時我卻不知道珍惜……等我回到自己的房間時，我感到非常的悲傷。我還仍然對自己當年親手種下每一棵樹的情景記憶猶新，每一株橡樹都似乎在責備我不應該就這樣將它們轉手送給外人。那些工人們也紛紛聚在門口向我發難，說他們受制於其他佃戶將會飽受各種痛苦……他們對我說，他們已經在我父親手下工作多少年了，其中

一些上了年紀的人還忍不住流下了眼淚。」如此真誠感人的文字，讓我們感受到了俾斯麥在離開家鄉時的那種依依不捨之情，他並非因缺少錢財而離開家鄉，更不是嫌棄那棟簡單的房子。其實，導致俾斯麥離開家鄉的最根本原因就是奢望。

俾斯麥早早就給自己的未來做出了規劃。所以，對於擔任東普魯士特派委員的職務而言，俾斯麥並沒有太過在意，他認為當議員的前程更加遠大。因此在寫給哥哥的信中，俾斯麥這樣說道：「雖然在東普魯士我很快就能夠升遷，但是按照我的性格，一旦我擔任了這一職務，就會很快感到無聊。假如我真的到東普魯士去，那我就必須辭掉現在的工作，因為政府現在已經答應讓我做河堤監督官和議會的差事了。當選之後我的工作就會變得很忙，因此，我也無法同時兼顧兩份工作。」事實上，俾斯麥有著很明確的想法，他要千方百計地擠走河堤監督官並取代他的位置，所以，俾斯麥故意採取了擅離職守的做法而遭到免職。

此時的俾斯麥不但向自己的上司請求原諒，還為如何減少自己的產業所應繳納的治河費而絞盡腦汁，為此他還專門找到了一條古老的提議──凡是擔任河堤監督官的人，他的產業必須與他的職業有著直接的利害關係。機敏的俾斯麥還翻出了幾百年前的一樁舊案，說這肯定會迫使自己的祖先交換產業。俾斯麥這麼做的目的就是為了能夠讓自己這份工作更加穩固，同時還能夠證明，他是有能力從無能之輩手中奪得這個席位，並且為他的鄰居們提供幫助。但更為重要的是，他能夠保護好自己的產業，同時還能減少他要繳納的費用。當然，他更願意讓自己成為當地的行政長官和代表。

俾斯麥最為顯著的特質就是精明，正是這一特質讓他在自己今後的政治生涯中展現出了非凡的才能。俾斯麥的人生也由此發生了重大改變，他

第一章　聞人（1815-1851 年）

將要追求更高的境界，而所有這一切都源自文化所帶給他的無窮的動力。

喬安娜·馮·普特卡默（Johanna von Puttkamer）是一個清秀美麗而且性格熱情如火的義大利女孩。她長得非常漂亮，身材也很苗條，有一雙時時流露出真誠目光的明亮的大眼睛。她敢愛敢恨，只要是她認定的事情，就再難更改，如果遇到了令她心動的男子，她就會無所顧忌地投入到對方的懷抱，哪怕犧牲自己的快樂也在所不惜。她對愛情並沒有太高的奢望，就是想找一個能夠無限疼愛自己的男人，讓自己擁有一個可以依靠的甜蜜幸福港灣。有一天，在布蘭肯伯格（Moritz von Blankenburg）的家裡，她遇到了俾斯麥。從她見到俾斯麥的第一面，她就確信，這就是她要找的那個男人。不過她從心底還是對俾斯麥有那麼一絲的不放心。因為她的朋友瑪麗（Marie von Thadden）曾經寫信告訴她：「俾斯麥看上去是一個很直率的人，但他的內心世界卻變幻莫測，讓人難以琢磨。」瑪麗簡單的幾句話，把俾斯麥的性格描寫得十分透徹。此外，瑪麗還將俾斯麥比作一條冰封的河，冰層消融得很慢，而且需要外力相助。

俾斯麥對自己的另一半要求也很簡單，在他看來，女人最重要的就是家世，至於其他方面，俾斯麥倒不是很在意。俾斯麥和喬安娜一見鍾情，再加上周圍的朋友也都非常看好兩個人結成一對，於是年輕的俾斯麥下定決心要娶這位美麗的女子為妻。

喬安娜的性格和人品得到了朋友們的一致讚譽，這也讓她和俾斯麥的感情再次升溫。布蘭肯伯格稱讚喬安娜是一個性格和順的女子，不僅人長得很漂亮，頭腦也很聰明伶俐。布蘭肯伯格之所以在俾斯麥面前這樣稱讚她，是因為他真的想讓兩個人幸福地生活在一起。一次，布蘭肯伯格還開玩笑說「這樣一位既漂亮又有才華的女子，你如果再不心動的話，她可就要變成我再娶的對象了。」

　　瑪麗是布蘭肯伯格的妻子，她對喬安娜也非常看好，她對俾斯麥說：「喬安娜就像一朵怒放的鮮花，是那麼的嬌豔和美麗，沒有絲毫的瑕疵，美貌與智慧並存的她，贏得了男人和女人共同的青睞，大家都非常願意和她交朋友。」

　　儘管喬安娜的性格有時顯得刻薄了一些，但這並沒有影響到俾斯麥對她的愛慕之情。喬安娜的身上有著很多的優點，但最令俾斯麥著迷的還是她那種沉穩、天真以及勇於犧牲、做事認真而且專注的精神，因為俾斯麥非常清楚，在自己的身上，就不具備這些特徵。

　　喬安娜比俾斯麥小九歲，沒有什麼人生的閱歷。在她的心裡，早就已經做好了與俾斯麥同甘共苦、相濡以沫生活下去的準備。她將俾斯麥的煩惱和憂愁分擔到了自己的身上，甚至跟他一起去挖苦他人。事實上，她確實是一個如此天真淳樸的女子。

　　俾斯麥下定決心要跟喬安娜結婚，但喬安娜的父親卻不同意將女兒嫁給他。喬安娜的父親是一位非常虔誠的老人，他聽到了很多與俾斯麥有關的傳言，但這些傳言沒有一個是對俾斯麥有利的，因此很不放心讓女兒嫁給一個這樣的人。喬安娜的母親同樣也不喜歡俾斯麥，她是一位學識很高的女性。但是這些都沒有動搖俾斯麥的決心，他依然熱烈地追求喬安娜，並且想盡了一切辦法來說服她那倔強的父親，他買了很多酒，到喬安娜的家裡，與她的家人共飲，沒過多久，這一家人就被俾斯麥征服了。

　　事實上，俾斯麥對喬安娜愛得並不是那麼徹底，但毫無疑問，他也不是為了她的錢財才跟她在一起的，俾斯麥將這個社會當成了他的第二家庭，因此他也要將喬安娜納入其中，成為這個家庭的一員。俾斯麥曾寫信給他的妹妹說：「我真該結婚娶妻了，而且我現在要娶的這位女子，也正是朋友們希望我娶的那個人。現在，我的運氣很好，甚至超過了我的預

期，一位年輕美麗、才華橫溢的女子將成為我的妻子。她看起來是那麼的
高貴。我確信，從今以後，我會和她無比幸福和快樂地生活下去。真的希
望你們也能有跟我有一樣的感覺，能夠跟我喜歡她那樣去喜歡她。我還有
很多的事情想要跟妳說，就等我們見了面以後再詳談吧。」

俾斯麥為自己能夠娶到喬安娜這樣溫柔大方、充滿才華的女子而心滿
意足。同時，他也懇求自己的親人們能夠用和善的態度來對待她。

七、情定終身

對於未婚妻喬安娜，俾斯麥是個非常用心的男人，他想方設法地討好喬
安娜，於是不久後，這位溫柔善良的女子便義無反顧地投入了他的懷抱。他
們的愛情是那麼的甜蜜。訂了婚之後，俾斯麥的情書便時常飛到喬安娜的手
中，以充分表達他對喬安娜無限的愛意和思念。他多麼渴望喬安娜能夠時時
刻刻陪在自己身旁，讓兩個人共享甜美的愛情啊！俾斯麥寫給喬安娜的情
書是那麼的煽且充滿了誘惑，足以令單純的喬安娜沉迷。此刻，喬安娜再也
無法抵擋這樣的誘惑。她對俾斯麥的愛也正變得越來越深，以至於從那時便
開始擔心俾斯麥會不會在將來的某一天突然厭倦了自己。喬安娜也不時回信
給俾斯麥：「此時此刻，我已經深深地愛上了你，這樣的愛讓我感到十分幸
福，真希望這樣的幸福能夠一直持續下去。同時，我對我們結婚以後的生活
也充滿了期待，因為我知道你會帶給我更多的驚喜和快樂。俾斯麥，真的非
常期待你來到我身邊的那一天，我希望你能夠用你的真心來愛我，讓我倍加
滿足。在以後的生活中，我會對你更加信任，因為我知道，兩個人生活在一
起，最重要的就是彼此之間相互信任。即便你跟我有什麼矛盾，你也完全不

用擔心，因為我會為了你而做出改變。」

同樣，俾斯麥也對自己和喬安娜未來的幸福生活充滿了希望，他發自內心感受到了這種即將到來的幸福所帶來的快樂。每當兩個人分別，俾斯麥獨自回到家裡之後，就會變成一個感慨良多的人，這些感慨都是喬安娜帶給他的。他寫信給喬安娜說：「親愛的寶貝，從我離開妳回到家的那一刻開始，妳就無法猜到我的心情變成了什麼樣。我是那麼地無法割捨，即便只是短暫的分別，也依然令我無法釋懷。即將和妳組成家庭的那種快樂的感覺已經包圍了我，一想到這種家的快樂，我就感到非常幸福。還有，我的生活也會因此而隨之發生變化，這樣的變化是非常豐富的，甚至關係著我的將來。因為我很清楚，有妳在我的身邊，我必然會更努力地發揮我的長處，去開創屬於我們的美好未來。親愛的喬安娜，此時此刻，妳是否也有跟我一樣的感受呢？」就這樣，俾斯麥一次又一次地將自己的愛意傳送到喬安娜的內心深處。他覺得，自己所有的好都是喬安娜帶來的，而這種愛的力量也是無窮的。

俾斯麥是一個非常樂意將情感表達出來的人，他總是會將自己的所見所聞用文字記錄下來，然後與未婚妻共同分享。他好像有著無窮的駕馭文字的力量，能夠一連好多天都保持這樣的興致。有一次，他見到冰河解凍、春水開流時的景色，便一連幾天都將這種場景記錄了下來。俾斯麥的文字擁有一種足以令人產生身臨其境之感的力量：「整個冰面慢慢裂開成一道道縫隙並分成一塊一塊的，在河水表面漂流一段時間之後，便有兩個冰塊撞在一起，然後更多的冰塊撞在了一起；很快，河水表面就有很多大大小小的冰塊出現，它們看上去就像在一起玩遊戲的小朋友們一樣，顯得非常開心。」俾斯麥這段描寫似乎蘊含著一定的深意，就如同革命的戰火已經點燃，時不時會碰撞、迸發出激烈的火花一樣。俾斯麥始終在想一件

第一章　閒人（1815-1851年）

事情 —— 一位能為民眾做實事的官員才算是好的官員，才能真正感受到當官的快樂。跟他的寫作能力一樣，他的戰鬥力也很強，沒有什麼事情能夠讓他感到害怕。反過來說，越是遇到重要的事情，他的精力就越旺盛，或許他天生就是一位武士。

俾斯麥對生活有著自己獨到的見解，他希望兩個人生活在一起之後必須要相互信任，這一點倒是與喬安娜的想法不謀而合。一個家庭要想幸福，就必須透過兩個人的共同努力來實現。所以，兩個人必須為家庭付出自己全部的力量才行。但在某些時候，他有些話也會令喬安娜感到害怕。例如俾斯麥會在喬安娜面前提起自己的前女友，這就讓喬安娜的心裡感到很不舒服。她想，一個人難道能夠同時愛上兩個人嗎？當然，面對喬安娜的猜疑，俾斯麥也會及時予以化解。他在給喬安娜的信中說道：「親愛的寶貝，妳不要想太多了，我會用自己的實際行動來證明，妳那些胡亂的猜疑，全部都是錯誤的。妳一定要學著讓自己滿足，學會珍惜自己當下一切所擁有的，只有這樣，妳才能夠發自內心地感到快樂。」俾斯麥就是一個這樣的人，他自己是從不知道什麼是滿足，卻要求自己的未婚妻學會知足。俾斯麥發自內心地認為被他選中的女人肯定是世界上最好的女人，所以他也會十倍、百倍地對這個女人好。為了她，他會能夠付出很多，而他只希望對方能夠安靜地享受他為她帶來的這一切。一有時間，俾斯麥就會給他的未婚妻寫信，因為他覺得這樣做既可以讓對方在第一時間了解到自己的最新情況，同時又能夠很好地溝通彼此之間的情感。當然，在信中，俾斯麥會時常向喬安娜表達自己的某些觀點和看法。

俾斯麥在平時的生活中是一位充滿了愛心的人，對那些貧苦人，他會積極地幫助他們。他經常說，為有困難的人提供幫助其實是一件讓人感到非常快樂的事情。俾斯麥對待自己家的僕人們也非常好。他說：「每一位

勞動者都很不容易，我真的不忍心看見他們為了生計而每天奔波勞碌。所以，我必須盡我的最大努力去幫助他們。有時，我甚至想把我所有的錢都拿出來去幫助他們，但是現在這個國家的窮人真的是太多了，我這點力量似乎只是杯水車薪，起不了什麼太大作用。假如有可能的話，我願意號召大家都去做善事，一起去幫助那些生活上遇到困難的人。」他曾經這樣說，自己的財產好像就是透過窮人得到的，這讓他感到無顏以對，所以他感到非常的厭惡，甚至都不願去享受各種事物所帶給他的快樂。因為每當這樣的時候，他便會想到那些事。

有一次，當他再次寫信給自己的未婚妻喬安娜時，他說：「我收到了妳的來信，當時，我的心裡有一種非常強烈的不安，這讓我感到十分害怕。我極為迫切地想知道妳的現狀，想知道妳過得好不好，因為我真的是太擔心妳了──既擔心妳的身體，也擔心妳的生活。當我收到妳的來信時，我祖先世世代代留傳下來的鐘錶突然停止了擺動，這是否意味著會發生什麼糟糕的事情？現在我只想確認妳沒有發生任何事，只有這樣我才放心，才不會繼續胡思亂想下去。」這封信足以證明俾斯麥也是一個有些迷信的人，儘管他也明白這是一種迷信的行為，但他仍然會忍不住去想很多，就像他給喬安娜寫的那封信一樣。對於他人寫給自己的信，好多時候俾斯麥不會去顧及別人怎麼想，而是將自己的想法融入信中，很明顯，這是他自身性格中的又一大特色。

然而，在他的日記裡面，我們也經常能夠看到一個憂愁的俾斯麥，由於他非常喜歡對事物進行觀察和判斷，這無疑會讓他變成一個多愁善感的人。

俾斯麥非常喜歡這樣的句子：「一個人得到某種東西的欲望越是強烈，他就越會成倍地感受到憂愁」；「只要你去努力的話，就肯定能夠收穫所對應的成功」；「這個世界有許多東西都是莊嚴的」。在俾斯麥的日記中，

不難看出，他的一生曾經擁有過很多次機會，而且從日記裡的每一句話，都可以找到與他性格特點相對應之處。有時，他就像個詩人一樣，會將某種場景描繪得極富詩情畫意。當然，只有在他閒暇的時候，這種充滿了浪漫主義色彩的東西才會出現，而當他有重要的事情去做時，他仍然會以莊重肅穆的形象出現在人們的面前：他的情緒會隨著事物的變化而產生波動。他有很深的文字功底，經常會 —— 個人坐在搖椅上給家人和朋友寫信，用文字去描繪自己靈魂深處的那道影子。

八、參選議員

俾斯麥沒有一刻放棄過藏在自己內心深處的那個夢想，他的整個精神世界似乎全由這個執著的夢想支撐，現在這個年輕人的夢想馬上就要實現了。從他得知普魯士國王即將在柏林召開會議、研究在每個省設立議會的消息時，他的內心就充滿了去嘗試一下的強烈衝動。因為他非常清楚，如果自己能夠進入議會並贏得一個席位，那麼他必然就能得到一次發言的機會。這對他的將來而言，有著巨大的好處。但是，由於當時的俾斯麥太年輕、資歷太淺，所以他最終只成為了這次議會的替補議員。

到了 1847 年，已經三十二歲的俾斯麥仍然沒有放棄成為議員的想法，而且始終在尋找著機會。要說這個年輕人的確有著很不錯的運氣，沒過多久，俾斯麥就得到了一個機會。有一位薩克森的議員病倒了，無法繼續參選，俾斯麥用了所有能用的辦法，終於讓自己成功取代了這位薩克森議員的位置。至此，他總算如願以償地成為了柏林議會中的一員，這讓俾斯麥感到非常興奮。

俾斯麥本人很有才華，同時他的性格也很獨特。一直以來，人們都對俾斯麥的那種傲慢很是反感，不過也沒有誰能夠真正與他相抗衡。如今，他仍然不想當官，不想從軍，因為他始終都嚮往自由的生活。他之所以非常努力地想要成為一名議員，倒並非是對國家的政治或經濟發展有什麼高明的見解，而是他覺得作為一個議員，一個可以代表人民發言的人，只要可以大膽地將自己所了解的事實說出來，然後再提出一些建議就足夠了。

在議會上，俾斯麥將自己直言不諱的性格特質展現的淋漓盡致，或許這恰好是一位天才所應具備的特質。俾斯麥曾經在議會上用激烈的言辭對一位自由派貴族的觀點進行了反駁。這位自由派貴族覺得，像他們這麼高貴的人，在內心根本不會存在仇恨。例如 1813 年普魯士出兵法蘭西，並非是由於他們對拿破崙（Napoleon Bonaparte）有多麼憎恨，而那時的政府也是建立在人民的基礎之上的。俾斯麥聽了之後立即進行了反駁：「在當時那樣的情況下，誰還能有什麼其他的動機和理由呢？當自己的國家遭受屈辱的時候，它的人民滿腔的熱血就會沸騰，這種反應是很正常的，哪裡還有什麼其他的藉口和理由？你這麼說簡直是毫無根據、可笑至極！就如同一個人被別人打了，他不去解釋自己為什麼要揮起拳頭進行反擊，反而卻說這麼做的目的是為了保護第三者的利益，你覺得這樣說行嗎？別人會相信嗎？」在俾斯麥看來，自己的這番反駁的言論一經發表，便可以得到眾人的一致稱讚和全力支持，但令他沒想到的是，很多議員對他的觀點都不贊成。甚至有的人還反駁說，在支持人民拿起武器奮起反抗的時候，很多人只是源自愛國之情，你還很年輕，對於事情的真相和實質到底是什麼還不明白。可俾斯麥卻覺得那位貴族的話裡似乎暗含著這樣一種意思，即自由之戰是國人為了贏得自由而發起的戰爭，但是 1813 年的那場戰爭的起因卻是民眾政治。但是俾斯麥的觀點卻仍然遭到很多人的反駁，其中就

第一章　閒人（1815-1851 年）

包括一些在解放戰爭中英勇奮戰的人和他們的子弟、一部分保守黨人、還有他的部分朋友。

在遭受這麼大的攻訐與反駁的時候，俾斯麥覺得，將來這位貴族男子必將變成自己的勁敵。在眾人的反駁言論發表完畢之後，俾斯麥居然又一次帶著怒氣走上了演講臺，但是這一次他的大聲反駁並未引起現場任何人的關注和重視。因此，俾斯麥便想出各種辦法來改變這一局面。他從自己的口袋裡面拿出了一張紙，開始大聲朗讀起來，直到眾人全都停止了對他的議論，他才繼續開口進行反駁。

「解放戰爭期間，我沒能貢獻一份力量，那是因為當時我還未出生，對此我也感到非常的遺憾。可是今天，我突然覺得這種遺憾消失了，因為我聽到了你們的言論。原來，想要將普魯士人變成奴隸的不是外國人，而是你們。」俾斯麥首次登臺演講，便發生了這麼重大的事情，並不是因為他沒有做好準備，正好相反，是由於他早就已經為這次演講做好了充分的準備。他之所以要這樣做，是因為他根本就沒有將那些人放在眼裡。不過並沒有人能夠理解俾斯麥為什麼要這麼做。

俾斯麥有著令人捉摸不透的性格，不管怎樣，他看起來都非常滿足。一天，他再次寫信給自己的未婚妻喬安娜說：「對我來說，政治生涯讓我達到了人生的一個新高度，我喜歡從政。」這些話是俾斯麥當了兩週的議員之後說的。當然，俾斯麥也沒忘了給喬安娜一個幸福的承諾。他對未婚妻說，等他和她結婚的那天，他會帶著她去打獵和遊玩，一起過幸福甜蜜的生活。俾斯麥這個人就是如此的矛盾，在他沒有投身政治的時候，他會削尖了腦袋想要加入。等到他真正進入這個圈子以後，他又渴望回到原來打獵遊玩的自由生活。

九、封建情愫

　　到了 1847 年，俾斯麥在這一年間經常出入王宮，很多王室子弟都對他在議會上的精彩演講讚不絕口。當時在位的普魯士國王是腓特烈‧威廉四世（Frederick William IV）。他很了解俾斯麥是一個什麼樣的人。

　　事實上，俾斯麥始終都在為了自己的前途而不懈奮鬥。同時，他也透過自己的實際行動讓自己所面對的一切一點一點地發生改變。他對自己日後要做的所有事情都做好了打算，必須既能夠對國王有利，又能夠給自己帶來光明的前途。他的努力和堅持，為自己的未來奠定了扎實的基礎。當時的俾斯麥被大家稱為「封建情愫」。為了自己的遠大前程，俾斯麥樹立了情操。他之所以要這麼做，也有為自己家族考慮的成分在，但他身上那股傲氣卻始終沒有改變。他仍然嚮往著自由，仍然是一個批判家。當時的他確實就是那樣，至於以後他會變成什麼樣子，他自己也不清楚。俾斯麥曾給自己的未婚妻寫過一封這樣的信：「我們對待國王必須要注重禮節，絕不能在提起國王時信中泛起不屑的感覺，要像對待父母一樣去敬重他，就算他的身上存在著很多的缺點和問題，我們也不能去責怪他。」從俾斯麥這番話裡面，我們可以看出，在他身上所流淌的血液中，遺傳了祖先的性格特點——儘管他經常不服從國王的命令，但也從不會犯上欺君。事實上，這樣做也正是為了讓他的家族獲得安寧與富裕。

　　俾斯麥的性格始終都是那麼的強硬獨立，如果在某件事上無法達成一致意見，這位年輕的議員便總是拒絕出席議會。尤其是在對猶太人的問題進行審議時，俾斯麥與政府的態度都不能達成一致，所以他每次都拒絕出席會議。但從另外一個角度來審視的話，這時的俾斯麥儼然已經變成了一位極右派的領袖。

第一章　閒人（1815-1851 年）

俾斯麥儘管年輕，但仍然沒有辦法離開演講臺。他曾說道：「不管到任何時候，我都會對猶太人採取寬恕的態度，因為他們和我並非仇敵，從我個人的角度來說，我非常願意讓他們擁有全部應得的權利，但唯有一件事是我必須要堅持的，那就是他們不能在這個國家的議會中占有太多的席位。如果一個國家連宗教的基礎都失去了，那麼這個國家就會出現很多偶然的權利堆積的情況，那會讓整個國家陷入動盪不安之中。當我成為國王的代表時，我並未想過我要服從於一個猶太人。如果真的發生了這樣的事情，我會從內心深處產生莫大的屈辱感，不管我代表誰 —— 是猶太人，還是基督教徒。」雖然俾斯麥自己也是國王的代表，但迫使自己去服從國王，也絕不是他的性格。

俾斯麥同時也是一個非常浪漫的人，這一點他與父親的想法是一樣的，那就是帶著自己的妻子去周遊世界。此時，隨著婚期越來越臨近，他顯得非常興奮，他曾給喬安娜寫過這樣一封浪漫的信：「那天，陽光明媚，我身上穿著一件天鵝絨上衣，頭上插著一支駝鳥毛，邁著輕盈的腳步來到妳的面前……早晨，我的身上穿著一件綠色的騎馬服，而妳就幸福地依偎在我的身旁，認真傾聽我唱給妳的歌謠。」無論何時，俾斯麥說給喬安娜的話總是這麼動聽。

婚禮如期舉行。在婚禮上，一位朋友給新娘送上一條漂亮的手帕，裡面包裹著一朵白玫瑰，朋友是想為新娘送上最美好的祝福。但是俾斯麥卻產生了誤解，當他看見這份禮物時，連新娘的解釋都聽不進去，十分生氣地毀掉了玫瑰花 —— 他從來就不會給別人任何的機會去解釋。

婚禮結束之後，俾斯麥就與他的嬌妻開始了浪漫的周遊世界之旅。在度過了一段非常愉快的旅程之後，他們的感情也變得更加甜蜜。在這段浪漫的度假時間裡，俾斯麥也沒有忘記將遊玩的心情傳達給自己的家人。他

在給他妹妹的信中說道:「或許我確實是老了,儘管旅程非常的浪漫,但我對所有讓人感到新鮮事物的感覺都是那麼的平淡。但是,每當我看見妻子喬安娜的臉上洋溢著幸福的笑容時,我的心裡就有一種無比歡樂和激動的感覺。」

十、柏林革命

「柏林革命[1]」這一事件的發生,令原本就孤傲倔強的俾斯麥踏上了反社會主義之路。1848 年 3 月 19 日這天,俾斯麥正在遠方的一位朋友家裡就政治話題展開討論的時候,突然跑來了一輛馬車,馬車上的人慌慌張張地講述了柏林被革命者攪得天翻地覆的場景,這場革命來勢洶洶,就連國王也被扣押起來,而馬車上這個人也恰恰就是從柏林逃出來的。

俾斯麥聽說這個消息之後,心情變得非常煩躁。他明白,此時的柏林已經亂成一團。這個國家正面臨著嚴峻的局勢。沒過多久,巴黎人也開始起來鬧事,他們不僅把皇帝趕跑了,而且還成立了共和國。為了防止德意志也發生這種情況,政府採取了多種措施,但是看上去一切都沒有太大的必要了。

俾斯麥此時的心情也非常緊張,在這種情況下,他做出了立刻回到家鄉的決定。從一開始,俾斯麥就非常清楚,那些造反的人肯定會掠奪人民的財產和利益,當然,他自己也毫不例外地屬於被掠奪的對象。所以,面

---

1 柏林革命,1848 年 3 月柏林爆發了革命,革命者要求擁有言論自由、出版自由,普魯士國王威廉四世先是舉行了一次立憲會議,他對外宣稱將要成立一個聯邦制的德意志帝國,這個帝國將組織民選議會,國家的公民擁有言論自由、出版自由。約有五千名決心爭取自由、平等和民主的德意志人聚集在法蘭克福召開了議會。但最後的結果卻遭到了威廉四世的拒絕,並派出普魯士軍隊驅散了與會者,這五千位自由主義者大多逃往美國,革命以被鎮壓失敗而告終。

第一章　閒人（1815-1851 年）

對目前的局勢，他一定要勇敢地站出來，用盡全力發動反攻。在返回家鄉的路上，俾斯麥透過自己的朋友了解了整件事的經過，並得知軍隊中將士對國王的決定感到非常氣憤，因為國王下令不讓他們去攻占柏林。經過這件事，俾斯麥已經在心裡認定這是一位平庸的國王，他知道不可能在這位平庸的國王身上看到希望。此時，有人建議他到國王的弟弟 —— 威廉親王的王妃奧古斯塔（Augusta）那裡去試試，或許可以取得意想不到的效果。

讓人感到意外的是，俾斯麥這次真的接受了這個建議，去拜見了王妃。這位奧古斯塔王妃不僅容貌美麗，而且才華橫溢。她的美貌為她贏得了親王的萬分寵愛。當然，親王也為這位漂亮的王妃提供了很多展示才華的機會。王妃同意了俾斯麥的會見請求，在王妃貼身女傭的客廳裡，奧古斯塔王妃坐在客廳的長條椅上接見了俾斯麥。這位王妃僅僅比俾斯麥大四歲，但她嫁給親王已有二十多年的時間了，她是一個非常勇敢的女子，而且她也正用自己的行動去證明，她將會成為普魯士歷史上最偉大的王妃之一。國王沒有子嗣，國家此刻又如此動亂不堪，她早就對其失去了信心，此時她最想讓自己的兒子獲得王位的繼承權，而且她也與自由黨的領袖商量過這件事。儘管此前王妃與俾斯麥從未謀面，但在這件事上，兩人卻有著相同的看法。

俾斯麥確實是一個能做大事的人，在緊要的關頭，他的理性勝過了情感。俾斯麥本來是一個絕對忠誠於國王的人，但事關大局，他又表現出了絕對理智的一面。其實上，他完全沒有必要去得罪國王，可是誰又能夠預料到，如果他轉而投靠奧古斯塔王妃，又會發生怎樣的變化呢。可以說，在當時那種情況，整個王室的命運都在他的控制之下，因為議會的大部分議員都是自由黨的人。

在當時情況下，俾斯麥知道威廉親王是肯定不會繼位的，他的兒子必然會繼承王位。如果真是那樣的話，那肯定會對他未來的發展造成影響。俾斯麥因此決定嘗試另外一種辦法。不久之後，他就將自己打扮得非常莊重，穿上禮服、戴上禮帽、剃光鬍鬚，準備去拜見國王。但事情卻沒有他想得那麼順利，他最終也沒能見到國王。儘管他想了很多辦法，但都沒有起到什麼作用。此時，俾斯麥只好做出了回薩克森見上司的選擇。事實上，早在馬德堡的時候，就曾有人建議他馬上離開那裡，因為他在那裡不會得到他想要的東西。如果時間拖得太久了，他不但無法實現自己的願望，反而還會遭到逮捕，並且被定一個很大的罪名。聽到這些之後，俾斯麥只好無奈地再次回到了申豪森。

這次革命並未輕易終結，但對於此時的俾斯麥來說，已經是滿心失望。不久，又發生了一件讓俾斯麥感到頭痛的事情——政府被迫頒布了選舉的法律，這讓俾斯麥的內心感到很不舒服，他絞盡腦汁才將那些對參與巷戰的亂民的恭維話給刪掉。但是國王馬上又頒布了新的政治綱領，決定讓普魯士在德意志發揮作用。得知此事就要發生，俾斯麥發自內心地表示強烈反對，但他並沒有馬上說出口。在他看來，立即提出反對意見，不如等到法令實施時再說。果然，當國王下令實施這一綱領時，俾斯麥首先站出來表示反對。在演講臺上，他情緒十分激動，痛哭流涕地說道：「對於近來發生的眾多事件，我比誰都感到傷心和難過，但這些事情都已經過去並且變成了歷史——歷史是沒有人能去改變的，但我們不能任由事態繼續發展下去。此刻，我們仍然有其他的出路，如果能夠與德意志聯合，或許能夠出現積極的變化。」

從始至終，俾斯麥都對這一想法抱著很大的幻想，他從來都不覺得那些不盡如人意的事情會發生。但是當他知道這一切竟然真的發生了——

國王向民眾妥協了 —— 他幾乎無法承受。此時，俾斯麥才真正意識到自己失敗了。他的腦子開始對一切事物產生了懷疑。但是他似乎也慢慢變得清醒，他想，自己的所作所為也許都是自己和自己過不去，他開始對那些曾經立下新功勞的人表示感謝。漸漸地，他覺得自己的前途十分渺茫，他的心情也開始變得非常慌亂和緊張，甚至無法在臺上繼續進行演講。

十一、初露鋒芒

　　不久之後，俾斯麥與威廉親王有了一次非常奇怪的相遇。當俾斯麥得知親王即將回來的消息時，心裡就一直有一個想法 —— 必須要親自去晉見親王，可親王並不知道他會到車站去接他。因此當親王在接站的人群中一眼就認出俾斯麥時，俾斯麥感到非常的不可思議。親王來到他的身邊對他說：「我知道你在這段時間裡為我費了不少的心思，我會永遠記得這些。」之後，俾斯麥和威廉親王又在巴貝斯柏格堡相聚。不過這次是威廉親王主動而且親自邀請他前往的。俾斯麥向親王講述了這段時間內所發生的事情。他對親王說：「這場革命的叛亂，國王沒有出動軍隊，讓很多士兵都感到無法理解，他們不僅十分生氣，而且還作了一首詩。」隨後，俾斯麥大聲地把這首詩念了出來：「索倫（Zollern）曾經的輝煌在哪裡？此刻，我們全都已經不再是普魯士人了，但是普魯士人仍然是非常忠心的。如今這裡亂成一團，再也無法看到以前生活的安定狀態，親王，您聽了之後，能不為此感到難過和傷心嗎？」聽完這段話之後，親王的心情也變得很沉重，兩人都受到這種氣氛的感染並且哭了出來。

　　這時，俾斯麥與威廉親王似乎已經擁有了很多共同的觀點，兩人的關

係也變得非常密切。但是到了七月分，俾斯麥收到禁令，無法再私自進宮拜見親王，一定要得到親王的傳召才能進宮，這令俾斯麥感到非常難過。威廉親王時常會邀請俾斯麥一起用飯、散步，還向他詢問鄉下的情形。對此，俾斯麥毫無保留，當說到家鄉執行新法令的情況時，甚至變得很不友好。當王妃聽到俾斯麥向親王說那些話的時候，生氣地說：「你怎麼能夠說這樣的話呢！」但是這對威廉親王的情緒並沒有造成影響，他反倒是讓王妃暫時迴避，然後，他又繼續向俾斯麥問道：「你為什麼要這樣說？我並沒有打算離開柏林。」這時王妃距離他們談話的地方並不遠，她突然插話道：「你不要把這件事的責任全都推到親王身上。」當時，沒有哪個人敢這樣跟親王說話，因為這些人都明白，這樣做不會對自己有任何好處。

而俾斯麥這樣做也並不是為了透過與威廉親王的一番談話就達到什麼政治方面的目的，否則他也不會這樣跟親王談話。他之所以這麼做，只是為了向親王表明內心的真正想法。俾斯麥就是這樣的一個人，他會用一切可行的辦法來保全自己。當然，俾斯麥心裡也很明白，他這麼做了以後，親王肯定不會還對他這麼客氣。果然，不出所料，不久之後，當俾斯麥被路德維希・革拉赫（Ludwig von Gerlach）向國王推薦為大臣人選的時候，國王就在奏摺上明確批示：「除非短兵相接之際，否則不能任用他。」

但凡是俾斯麥想去做的事情，他便會千方百計去做到。在他的心目中，始終希望自己可以當選普魯士國民議員。有一次，他在給妻子的信中說道：「我無需特意要求什麼，無論今後有什麼樣的事情發生，我只希望自己能夠留在國王的身邊。」在之後進行的選舉，俾斯麥更是無所不用其極，甚至放低姿態去討好那些對自己競選有利的人，當然，他對自己這種做法也是很不屑的。在他寫給哥哥的信中，他也提到了這種感受：「近來我非常瞧不起自己的某些做法，真正的我根本就不是那樣的。但我必須去

第一章　閒人（1815-1851 年）

巴結那幫人。」事實上，俾斯麥根本就沒將那幫農民放在眼裡，他只是將他們看作自己贏得選舉的投票工具。

俾斯麥有強烈的普魯士主義傾向，但同時他也是一個非常保守的人，因此在德意志統一這個問題上，他堅定提出了反對意見。他始終都在為普魯士的強大不遺餘力地奮鬥著。當有人在某次會議上說他是德意志祖國遺失的兒子時，他直言反駁道：「我的祖國是普魯士，我永遠都不會拋棄它。」在法蘭克福，各派之間的鬥爭非常激烈，令一些反對民主的精神受到了動搖，甚至有些人開始反對起普魯士來。但正是在那段日子裡，俾斯麥卻與國王完全達成了協定。

國王並未接受皇位，這令每個人都覺得驚訝萬分。當國王在講演臺上表明自己並不想當德意志皇帝的立場時，俾斯麥極為震驚，因為就在頭一天夜裡，他已經與國王達成協議，並且在他遞交給國王的文書中說：「請您擔任這崇高的席位，德意志民族的代表對您深信不疑，而且衷心地希望您能夠接受這一建議，請千萬不要讓大家失望。」當令俾斯麥萬萬沒有想到的是，皇位還是遭到了國王的拒絕。此時，最高興的莫過於那些貴族。但不久之後，俾斯麥就再次走到演講臺前，說道：「我實在無法接受普魯士和德意志兩個名字，很顯然，法蘭克福國會提出的議案只是為自己的利益考慮，其中有太多不合常理之處。所以，我們不能同意。更何況在德意志眾多民族之中，人數最多的就是普魯士，其他人只占很少的數量。如果要靠著犧牲憲法來換取德意志的統一，我覺得這樣的做法是極為荒謬的，我強烈反對這麼做。我幾乎不敢相信，將普魯士的王冠放到熔爐裡重煉之後再拿出來，還能夠在憲法的光環下大放光彩嗎？我誠懇地希望所有人能夠從現實的角度去看這個問題，不要輕易而盲目地去相信什麼。」

俾斯麥是一個極端的革命反對派。他明白，英、法兩國的國王都是透

過流血才將王位握在手中的，因此他反對將德意志的統一進程拿來與英法進行比較。不管在柏林還是在艾福特，俾斯麥唯一想做的事情就是扼制革命的爆發。所以對於憲法問題，不管是不是和自己有關係，他都不是特別在意。但是對於納稅問題，俾斯麥也會在公開場合表示對議會的反對，不肯行使表決權來讓納稅議案通過。除此之外，俾斯麥還非常反對將婚姻用法律形式固定下來的做法。俾斯麥對大城市也很討厭，在他的心裡，始終都認為大城市是革命爆發的根源所在。再者，對於自由職業，俾斯麥也是非常反對的。到 1849 年時，統一德意志的想法被俾斯麥暫時放棄了。拉多維茨（Radowitz）擔任大臣期間，他也曾經勸說國王贊同小德意志的計畫，並且進行了詳細地闡述。

這場革命的爆發導致了許多變化的出現，對此，俾斯麥的心情極為糟糕，特別是有些貴族的特權遭到了廢除，這是他無法容忍的。他找到一位自由黨的黨員，對他說道：「我必須要擁有應得的權利，你們怎麼可以把它給廢除了呢？」從那之後，無論在什麼樣的情況下，他在簽名的時候都會把「馮」字加上。在之後的一段時間裡，俾斯麥又一次開始對各國貴族的狀況進行研究，例如荷蘭、威尼斯和熱那亞。在俾斯麥看來，很多歐洲國家的貴族都面臨著一樣的問題，而且導致問題產生的原因也都是一樣的，這令他產生了極為強烈的好奇心。從那個時候開始，他就下定了決心，必須要鞏固王權。

俾斯麥身上的階級烙印將與其政治生涯產生緊密的連繫。在他的性格中，獨斷專行的特點已經表露無遺，很多人在聽他的某些言論時都是似懂非懂，並且經常對他的言論感到很奇怪。或許正是由於俾斯麥如此的不同凡響，他的演說才總是會引起如此巨大的反響。有一次，一家名為《喧聲報》的媒體質問他：「1813 年時，俾斯麥，你在什麼地方帶兵打仗？」這

種問題令俾斯麥的心裡很不好受。他立刻帶著十足的火氣回答了這個問題，他是這樣說的：「對於這個問題，我肯定是要在這裡向大家做出詳細回應的。在 1813 年那一年，我家族的四位祖先都在戰場上指揮戰鬥。」如果俾斯麥內心認為有人話語中帶著對自己祖先的不敬之意，他便會千方百計地蒐集所有的證據，去反駁那些不負責任的言論 —— 他必定能夠找出一個強有力的證據，給那些人一個滿意的回答。

十二、幸福之家

　　應該說，俾斯麥不平凡的一生，正是由他那與眾不同的性格所造成的，強大的意志支撐著他最終踏向了通往成功的道路，他想實現的目標都達成了。若干年後，他已然成為一名正式議員了。此時的俾斯麥，每天也過得非常充實，而且他的身體也很健康，不過他的性格還是沒有絲毫的改變，他也依然喜歡喝酒，喜歡喝完了酒去散步。俾斯麥還時常因為吃得太飽而無法坐下。他曾經如此寫道：「現在我的食慾確實變得越來越好，我時常會吃得很撐，這些美食帶給我非常不錯的感覺。有時明明已經吃飽了，可我還是控制不住地很想繼續吃。我知道，這個時候我必須要控制住自己。」

　　俾斯麥與妻子的感情一直很甜蜜，這時的他們仍然像處於熱戀時一樣，生活幸福，而且充滿了激情。俾斯麥與妻子生的第一個孩子是個女兒，小女孩從小就十分惹人愛。俾斯麥對這個女兒非常喜歡，對於為他生下如此可愛又聰明的寶寶的妻子十分感謝。妻子懷孕期間，俾斯麥始終細緻周到地照顧著她。喬安娜當然也為自己能夠找到如此體貼的丈夫感到幸

福萬分。此時，他們正在享受快樂、寧靜的生活。俾斯麥經常對妻子說，在接下來更長的時間裡，他們一家人要繼續像現在一樣幸福地生活下去。俾斯麥仍然深愛自己那和善美麗的妻子，這倒不是由於喬安娜多麼的不同凡響，而是由於他們當年結婚時，似乎少了點愛的激情。那時，俾斯麥在日記裡這樣寫道：「我和妳結婚了，我覺得我們剛分開了不過幾個小時的時間，但卻感覺到了妳對我深深的思念，這樣的牽掛和思念讓我無時無刻都感到溫暖，真感謝上帝能夠讓我遇到妳，是妳給我帶來了愛的力量和感覺。」俾斯麥一向如此，他喜歡將日常生活中的一些資訊，以及內心隨時隨地所流露出來的真實情感用文字記錄下來。在他的生活中，始終充滿了樂趣。

俾斯麥對這個家傾注了很多的愛，對他來說，每一位家庭成員都是非常重要的。假如要是哪個生了病，俾斯麥會十分緊張，這樣不安的情緒源自他內心對家人最真摯的愛。有一次，當女兒生病時，俾斯麥急得就像熱鍋上的螞蟻一樣團團轉。此後，他不再同意妻子待產時回娘家去，因為他認為只有讓他親自照料妻子，才是最好的，也是最安全的。此外，他也無法容忍妻子不在身邊的生活，他覺得自己越來越離不開妻子。不久之後，兩人的寶貝兒子也誕生了。這個男孩的出生，為家裡平添了許多快樂，俾斯麥給兒子取名赫伯特（Herbert）。孩子還很小，俾斯麥有時會感到麻煩，一次，他們全家外出旅遊，小孩子有很多事情都需要父母給予細心的照料，比如他們還不能自己大小便，經常會沒來由地哭鬧，但這卻讓俾斯麥感到無法忍受。尤其是當他看見妻子在人群裡害羞地解開衣扣給孩子餵奶時，他決定從此之後再也不去旅遊了。

俾斯麥始終希望讓自己的妻子和孩子過上幸福快樂的生活，有時甚至會想著給孩子們找個奶媽，給他們每個人都買張床，可是僅靠議員的薪水是根本不足以支撐的。這令他從內心感到非常的不公。

第一章　閒人（1815-1851 年）

　　如果一個人待在家裡，俾斯麥就會感到很寂寞，他非常不喜歡那種滋味。有一次，妻子回了娘家，最開始的幾天，俾斯麥還覺得挺開心，但是幾天之後，他就感到非常無聊了。此外，他很不喜歡家裡的女傭，因為她不愛乾淨、不講衛生，這讓俾斯麥非常討厭。於是，他給妻子寫信，盼望著她早些回家。在信裡，俾斯麥是這麼寫的：「親愛的俾斯麥夫人，我請求您早點回家，這些天，我真的是百無聊賴，我非常懷念我們在一起的日子。這段日子妳不在家，務必要多給我寫信，我非常想妳，也非常想孩子們，我獨自待在家裡，經常想念和惦記著你們。對我來說，妳和孩子是不可或缺的，已經成為我生命中一部分，在我的腦海中，時刻都會閃現出你們的身影。」每一天，俾斯麥都如此瘋狂地想念著自己的妻子和孩子，假如他們有一天真的離開了俾斯麥，那他肯定會瘋掉。

　　俾斯麥曾寫道：「為自己愛的人祈禱時應當採用何種方式，我心裡完全知道，這件事令人感到非常快樂。在教堂裡跟大家一起吟唱祈禱文的方式我就不喜歡，不過我非常喜歡在廣闊的田野中低聲吟唱祈禱文，我覺得那種感覺很不錯。」他也總是回想以前的生活，而且永遠也無法忘記過去的影子，並且對曾經下過的某些決定感到後悔。在他內心的最深處，青年時代那種傲視一切的態度依然保留著，但這樣的念頭一閃而過，很快就會被俾斯麥所壓制。在他的生活中，對政治方面的追求始終未曾發生變化。雖然一路走到今天並不順利，卻也寄託著他對未來的美好希望。

　　或許是性格決定的，俾斯麥對過去的生活似乎總帶著一種眷戀，他時常回想起以前的生活，妻子總能為他帶來新鮮動力，甚至在很多時候令他充滿激情、備受鼓舞。妻子也是俾斯麥釋放情懷的對象，他總是會為她寫下動人的、詩一樣的文字：「美麗的大自然，你的風景讓我們產生了無限的遐想，給我們帶來了無限的希望，我們安靜地在院子裡坐著，欣賞著眼

前的眾多美景。天鵝正在向我們溫順地揮手，傳達著幸福的訊息；在水裡游來遊去的鴨子，代表著快樂與自由。就在此時、此地，妳和我靜靜地感受這美好的生活。」俾斯麥還經常給妻子寫信，信中說道：「我們把木料賣掉吧」，不久又寫信說：「我又不願意賣掉那些小樹了，還是讓它們再長一段時間吧，因為我確實有點不捨得砍斷它們。」俾斯麥是一個心地善良的人，他不願意去對其他的東西造成傷害。比如狩獵時，他經常在看到獵物時無法開槍，因為他會對獵物產生同情心，覺得牠很可憐，「有時會看到是一對母子的動物，那我就更不忍心去動手去傷害牠們了。」

俾斯麥重情重義，生活中有很多人事物令他難以忘懷。不過，他也是個情緒化的人，有時候會產生劇烈的情緒波動，對於這一點，我們都很了解，俾斯麥的性格就是證明。俾斯麥此生活習慣上的變化和他年少時的成長經歷有關。偶爾回學校探望時，他還能夠非常詳細地回憶起以前發生的事情。他曾這樣說：「我曾經在這裡生活，那時它相當於我的全部人生和整個世界，我可以在學校做我想做的事。比如，我曾修建了一座專屬於我的空中樓閣，在裡面種過一些蔬菜，經常忙得喘不過氣來。在那座花園裡，我有時自己都不知道會有什麼事情發生。如今看來，這裡真的是太小了，但是那些森林和樹木，那繽紛多彩的王國和小城堡，以及那些銘心刻骨的曾經和過往，一直都深深地埋藏在我的心裡。如今凝望著這裡的一切，在我內心深處仍然有一種無法言說的感覺，各種思緒紛紛狂亂地湧上我的心頭。此刻，我有一種忍不住要流淚的感覺。實際上，我非常清楚，在威廉大街上，這裡也只不過是一處小小的、很普通的風景罷了，其實並沒有什麼特別吸引人之處，但我仍然對此地有著某種極為特殊的感情，而且就算很久之後，這種感情都不會在我的記憶中抹掉。」

十三、升任大使

1850 年，這一年的五月有很多事情發生。革命結束之後，在黑森出現了部分不服政府管理和統治的民眾。解放後，一直到現在，在德意志愛國者的內心始終燃燒著熊熊火焰。這一情況的出現也讓革命進一步發展。俾斯麥此時也正在為普魯士擔憂，到底會變成什麼樣子，大家不知道，俾斯麥也不知道。這時，在奧地利和俄羅斯的威脅下，艾福特議會也正式宣告解散，這表示戰爭即將開始。雖然會對老百姓們的生活造成巨大危害，但戰爭無法避免，也無人可以阻止。當時，奧地利和巴伐利亞的軍隊都已經駐紮在普魯士境內，兩股勢力即將為哪方能夠成為德意志領袖進行一場激烈的角逐。

俾斯麥被調往柏林，去柏林的途中，他與一位曾經參加戰爭的老軍人相遇。這個人非常好奇地詢問了他目前的情況，還問他現在的敵人是否還是法蘭西。當老軍人聽說此次敵人是奧地利時，覺得十分失望。他們聊了很久，似乎有不少的共同語言。事實上，俾斯麥原本也做過一段時間的軍官，或許這是他們談得來的最主要原因。每次到柏林，俾斯麥都要去拜望一位陸軍大臣，他很喜歡與這位大臣聊天，俾斯麥從中能夠獲得很多有用的資訊。有一次，俾斯麥從與他的交談中得知，普魯士的兵團目前並不集中，如果持續下去，必將導致非常不幸的後果。因此他馬上組織會議的召開，對具體應對方案進行了研究並立即實施。俾斯麥做事非常嚴謹，他總是把所有事情考慮得非常周到，有時甚至會考慮某些行動是否會引發巨大矛盾，所以他每次進行演講時，都會保持非常冷靜的態度。俾斯麥始終都抱著和平的主張，但並不意味著他對普魯士的戰備有絲毫的放鬆，他隱約覺得，所有人的想法大概都是一樣的，那就是不希望透過革命的方式獲得

統一。他早就已經猜出來了，連國王和大臣也不例外，心裡也都是這種想法。所以，他也開始感到猶豫，甚至開始著手取消正在進行的備戰工作。這時，在他的內心同樣也隱藏著很多的心事。有一次，他在給妻子喬安娜的信中說道：「在這樣的時機打仗，或許看不到什麼好結果。它將決定千百萬人的命運，這是一次將陰謀展現出來的行動，所以此刻必須要保持狀態的平穩。」

之所以對戰爭持反對態度，俾斯麥有著自己的理由。如今的他仍然像以前那樣熱衷於演講，而且每次演講之前都會將準備工作做得非常充分。對於自己為何反對戰爭，俾斯麥說：「我們不能在這個時間去征服他們，如果征服了他們，那也意味著我們將要為這群人辛苦勞碌。」但是不久之後，戰爭仍然爆發了，既然已經到了無路可退的退步，那也只好屬兵秣馬，迎戰來犯之敵。這場戰爭雖然來得很突然，但結束的速度也很快，最終，透過一種和解的方式，這場反奧地利戰爭結束了。這也是沒辦法的辦法，面對俄羅斯的逼迫，只能如此，因為沙皇其實更偏愛奧地利。不久之後，一貫強勢的普魯士正式宣布不再稱霸，奧地利成為新的領袖，一輪新的明月將在法蘭克福冉冉升起。

每一個普魯士人都接受不了這一現實，可現實就是如此殘酷無情。俾斯麥的內心感到非常沉重，在他的內心，始終都盼望著獲勝的一方是普魯士。但是在一番搏鬥過後，遭到沉重打擊的俾斯麥內心變得非常憤怒，這一點透過他的表情就可以完全展現出來。接下來，俾斯麥又一次在演講中表明心跡，而且，這也是一次非常重要的演講：「為什麼戰爭仍然要這樣繼續下去？我覺得這件事不得民心。戰爭必然會令民眾負擔沉重，必然會讓很多人的利益受到損失。我總是這樣想，這次戰爭絕對不是某一部分人為了實現什麼浪漫主義才發起的，在這些戰爭的發起者之中，必然有不

第一章　閒人（1815-1851 年）

少人是為了實現自己在某一方面的利益。所以，我覺得這場戰爭其實是一種非常自私的行為。這與其它小國所發生的戰爭在性質上根本就是不一樣的。我想知道你們有沒有想過普通百姓的感受。等到戰爭結束，他們將會面臨什麼樣的殘酷現實。請你們把後果想清楚，因為這一定會影響到很多人的利益。」

俾斯麥說完這番話之後，立刻又將話鋒轉向了普魯士，「我覺得，普魯士的人民，此時此刻最重要的事情就是要將自己的名譽保護好，至於其它的，暫時都可以不去考慮。普魯士擁有最光榮的人民，但是普魯士的陸軍不可能接受議院的管轄和指揮，因為他們永遠忠於國王、屬於國王。他們最光榮的職責就是服從國王。普魯士仍然是那麼不簡單，如今的普魯士無需再與其他民主政治結成毫無意義的聯盟，這也是普魯士所擁有的最大優勢。」在俾斯麥看來，奧地利代表著一個古老的德國，這個大國仍然擁有很大的勢力，而且曾經還是德意志各邦軍隊想要征服的目標。

俾斯麥有著很超前的想法。事實上，很多人之所以反對戰爭，是因為他們從內心認為維也納的反動點就是奧地利。在這樣的情況下，俾斯麥明白自己應該做什麼，就算是為了個人的前途，他也肯定會在此時做出令人震驚的反應。就連他自己也認為這是一個機會，所以他寫了一封文書，竭力證明自己的想法就是為幫助國王和政府，以便讓自己獲得來自各個方面的幫助和支持。這時，俾斯麥是多麼希望自己能夠手握大權，唯有如此，才有機會完成自己的遠大目標。幸好，他的努力沒有白費，最終他還是獲得了國王和大臣們的充分信任。不久之後，俾斯麥被任命為安哈特的大使。這也讓俾斯麥的內心終於得到了放鬆一下的機會，他的心情非常愉快，並立即寫信將這個好消息告訴了妻子喬安娜：「此時我的心情萬分激動，曾經我付出了那麼多努力、花費了那麼多心思，目的就是為了今天的

一切，現在我覺得所有的付出都是值得的。我熱愛現在的工作，我非常確定，從今以後，我將帶著巨大的動力去面對生活和工作。我希望能夠跟妳一起分享這樣的快樂。」

在革拉赫看來，俾斯麥從一開始就是自己心目中最有才華的人。對俾斯麥，他給予了充分的認可。1851 年，革拉赫就向國王請示，能否將俾斯麥調往法蘭克福，經過充足的準備，這件事情果然運作成功了。這也讓俾斯麥非常高興，他的夙願終於實現，結果一公布，俾斯麥立刻就去拜見了國王。他對國王說，自己對這一職務非常喜歡，對於國王對自己的認可及賞識，他表示了感謝。同時他也保證，要在這一職位上不斷取得新的成績。在這樣的時刻，俾斯麥將壓抑已久的心情全都充分地表露出來。可以看出來，他對這份工作非常滿意。「真的非常感謝您將這一重擔交給了我，讓我這樣一個從未有過外交經驗的人來擔任這麼重要的職務，也充分證明了您是個膽識出眾的人。從今以後，我肯定不會令陛下失望。我會盡我最大的努力，認真地做好每一項工作，如果您發現我有什麼不足之處，請及時予以指教，我將虛心接受，並在最短時間內改正和提高。」在給妻子的信中，俾斯麥說：「從前我說自己再也不會返回此地，但現在我卻受到重用，對我而言，這是一件比天還大的好事。我的夙願終於得以實現，從今以後，我會對這份工作倍加珍惜。我的心情現在真的很好。」從俾斯麥的話裡，不難發現他極為重視這份工作，而他想要做官的心情也更加直接地展現了出來。

在這裡，俾斯麥一直都在擔心妻子喬安娜和他們的寶貝孩子們，所以不管在這邊的工作多麼順利，他的心情始終都無法平靜下來，因為他真的是太想念身在遠方的親人了。在寫給喬安娜的信裡，俾斯麥很明確地表達出了自己這樣的心情：「親愛的妻子還有我最愛的寶貝，此刻，你們是不

第一章　閒人（1815-1851 年）

是跟我一樣，正在期盼著一家人團聚在一起。我實在是無法忍受這種不與你們在一起生活的日子，儘管此刻我在這裡可以說是萬事順意，可我仍然盼望著回到鄉下與你們一起生活。因為我一直都覺得，只有跟自己的家人在一起，每天都能團聚，這才是最幸福的生活。我今天去拜見了國王，因為一件事情，我被他指責了，但我卻並未表現出太多的情緒，我只是對你們更加想念了。我在花園裡走來走去，手裡拿著一束花，此時此刻，我只想跟妳一起欣賞這束美麗的花，但是我的身邊卻沒有妳，我的心情是如此沉重，妳不在我身邊的日子，我又怎能感受的到溫暖。從妳的回信中，我得知妳病倒了，我非常擔心，同時我也覺得自己作為丈夫太不稱職了，在妳最需要我的時候，我卻無法陪在妳的身邊照顧妳。請妳務必原諒我。我依然是那麼的愛妳，而且這種愛將永遠持續下去。」

俾斯麥仍然一身傲骨，面對事業和家庭，他覺得很難做出選擇。儘管此時的他對一切都感到滿意，但他尚未達到自己政治生涯的巔峰。在他的心裡，還存在著這樣那樣的憂慮，他為自己的家人擔心、為自己在工作中被上司呼來喚去擔心、擔心自己受壓迫、更擔心每天都要重複做一些無聊的事情。因此他又一次產生了回到鄉下與妻子兒女一起生活的想法。他不斷回想著與妻子孩子一起生活時的幸福場景。但是，一切都要繼續下去，他只能在給妻子的信中表示自己的無奈。

第二章
鬥士（1852-1862 年）

第二章 鬥士（1852-1862 年）

一、大使生

　　俾斯麥並不是發自內心的喜歡現在的職業，他這個人就是如此，一份差事做得久了就會感到厭倦。這時他便是這樣的一種心態，與外交官這份工作相對而言，他其實更想成為國王那樣的人。像他這樣已經習慣了自由的人根本就無法承受一丁點的束縛，即便是在若干年之後，他真的能夠擁有很大的權力，他也不願意繼續這樣等待。毋庸置疑，他肯定會在獲得大權之前便主動辭職。

　　俾斯麥有精明的頭腦和強大的自信，這也決定了他做事的結果。就像在處理奧地利的問題上，他非常擔心會出現不利的結果。假如國王無法承受來自奧地利的壓力，最後做出不派遣大使的決定 —— 想到這一點他就非常擔心，因為他很清楚，這樣的事情如果真的發生，那就會招來很多人的嘲笑。但是他又不能直接向國王提出自己的疑問，因此他便想寫信詢問革拉赫。俾斯麥知道，革拉赫一旦讀過信之後，就必然會將這件事轉達給國王。在信中，俾斯麥這麼寫道：「我這個人並沒有什麼野心，假如讓我擔任一個不錯的職位，那能力出眾的那些人就會覺得我無法勝任這份工作。此刻，這是我所能想到的全部。」俾斯麥從來都非常自信，他這麼說當然不是因為對自己信心不足。他在某次寫信給妻子時說道：「眼下我們的生活已經很好了，錢也夠用，不過我們仍然要培養節約的好習慣。假如我無法當大使，他們也不給我漲薪水，那麼我馬上就辭掉這份工作。」

　　很多女孩都會對瀟灑的俾斯麥發出讚揚的聲音。雖然他不過是個普通的鄉紳，但他能夠以極為從容的心態去應付任何事情，這令每個人都佩服不已。在波美拉尼亞，甚至有人將他稱為「世紀偉人」，多麼了不起的稱呼啊，而且這種傳奇的經歷就發生在俾斯麥自己的身上。俾斯麥一點一點

發生著改變，年輕的時候浪費錢財、放縱不羈，後來一點一滴地學會了節約，現在已經開始想著如何建設家園，為自己的家鄉做貢獻，為普魯士人的子孫後代考慮，這足以令人驚嘆。儘管有些時候，他並不願意這麼做，可是這麼做卻無可辯駁地為他日後的成功奠定了寶貴基礎。隨著慢慢累積經驗、學習知識，俾斯麥開始成為一位經濟方面的專家。

俾斯麥的新生活中不單單是快樂，還有很多令人感到無奈的地方。他經常會覺得這種生活非常的無聊。所以，他經常會給家裡寫信，講述他這段時間的生活狀態。一次，他還給岳母寫信，表達他的不滿：「在這裡每天都過得非常無聊，日復一日的工作就是接見大使，然後就是聽報告，接下來就是立刻開會，一直到下午四五點才能結束。到了晚上，我才徹底閒下來，這也是我一天中最開心的時刻，因為我的身邊有妻子和女兒的陪伴。但是這樣的快樂時間非常短暫，因為很快就又有人來找我報告，儘管我的心裡特別不開心，但我仍然不得不去面對。有些時候，我跟妻子會帶著女兒去參加宴會，喬安娜會跟自己的朋友聊天，我也會去跳幾支舞，不然的話就跟朋友們一起談論些事情，我們很晚才會回到家裡，此時我已經筋疲力盡了，倒在床上很快就能睡著，直到喬安娜第二天早上叫我起床。」

儘管有很多的無奈，但其實俾斯麥在這裡的生活是非常悠閒的。這裡的人對他都非常友好，不論是年輕的人、老年人還是孩子，大家都和睦相處。在寬敞的庭院裡，香檳、啤酒、飲料應有盡有，大家在一起吃吃喝喝、抽菸、彈琴等，非常快樂。俾斯麥也非常喜歡自己那件花色的衣服，穿上它讓俾斯麥感到非常舒服。有時，他會從早到晚都穿著這件衣服，即使要出門，他也捨不得換掉，然後將自己裝扮得非常莊重。有一次，莫特利——俾斯麥的一位朋友來到法蘭克福探望他，看到俾斯麥過著這樣的生活，就說道：「在這好幾間大房子裡面隨意居住，肯定是件十分幸福的事情。」

第二章　鬥士（1852-1862 年）

　　俾斯麥過著越來越逍遙快樂的生活，他也學著讓自己打扮起來看著更年輕，鬍子被剃掉了，因為他知道沙皇討厭留著鬍子的人，而他正準備去拜見沙皇，為了討沙皇的喜歡，他決定把鬍子剃掉。但他跟妻子說是因聽了妻子的建議才這麼做的，他做事一貫如此。果不其然，俾斯麥剃掉鬍子之後變得很精神，他的面容再也不是以前那種滄桑的感覺了。俾斯麥整天都閒不下來，他討厭日復一日地重複著枯燥無味的生活。他曾這樣說道：「每天都參加一些無聊的宴會，我不喜歡過這樣的生活，這種日子不知道還要堅持多久。雖然醫生跟我說每天都應該早點起來，或許這樣做真的有利於身體健康，但我就是不想起來，就算是讓我去死也是如此。」

　　在這種情況下，俾斯麥又對鄉下的生活念念不忘了，因為在鄉下他每天都能夠無拘無束、自由自在。他十分熱衷於騎馬，只要有時間他就要去騎馬。假如工作十分繁忙，導致他沒有騎馬的時間，他就會變得十分暴躁易怒。有一次，他實在感到無聊，就給遠方的哥哥寫信，說自己非常希望能夠擁有一匹馬。在他的理想中，這匹馬必須非常壯實，以便更好地匹配他的身材。此外，他還說不想要一批過於野性的馬，只要能夠讓自己無聊時解解悶就行。這時的俾斯麥真的跟過去不一樣了，或許是工作原因造成的，或許是上了年紀的緣故……總之，在他身上，發生了很大的變化。

　　在經歷了那麼多事情之後，俾斯麥感到身心俱疲。儘管現在的他變得更為敏銳、成熟和老練，但同時他目光中的疲倦也展露無遺。從三十七歲到四十八歲，或許是新工作都給他帶來的壓力太大，這段時間他開始快速衰老。與此同時，他從前的那股衝勁也消失了。這幾年裡，雖然還有很多事情令他不滿，尤其是與普魯士有關的事情，但他一次又一次的反抗卻並沒能帶來多大的改變。這段時間裡，他仍然會寫些文章。有一次，他這樣寫道：「有時候我真的不敢相信自己會發生這麼大的改變，我生來就不是

特別喜歡文字，現在卻寫個不停。更令人感到不可思議的是，我居然已經適應了這樣的工作氛圍，看起來時間真的能夠讓一個人變成他不喜歡的樣子。」俾斯麥這個人非常喜歡回憶過去的生活，正因如此，他才有機會發現現在的自己與過去的自己有多麼大的差別。

每天，俾斯麥的工作都非常輕鬆，以至於經常出現無事可做的情況。對此，他也經常抱怨。無聊至極時，他就會給家人寫信，這樣不僅能夠與他們說說自己的近況，同時也可以起到消磨時間的作用。

俾斯麥是一個很正直的人，他喜歡無拘無束的生活。他的兩個祕書對他這種性格非常了解，俾斯麥也經常請這兩個人一起去騎馬打獵，然後大家一起暢快地喝酒，對俾斯麥來說，這是他最樂意做的事情了。俾斯麥工作的時候非常認真，而且他的性格中還有著非常嚴厲的一面。如果他的祕書做錯什麼事了，他就會毫不留情地指責他們。有一次，一位祕書工作時沒有遵照他的指示，他就非常氣憤地對祕書說：「這麼做一定會讓你覺得後悔的，為什麼做出來的結果和心裡原定的計畫是不一樣的？以後請你務必要為自己所做的事情負責。」當然，當俾斯麥心情愉悅時，他會給家人寫信，這時，他也會叫祕書過來，因為他正非常愉快地形容自己這時的心情，他會讓祕書把他說過的每一句話都記錄下來。這樣做在俾斯麥看來也是很有意思的。

二、政治迷局

俾斯麥始終都夢想著成為外交部長，甚至還想讓普魯士統一德意志的其他各邦，這是他一直以來的夙願。但是在法蘭克福，這些夢想卻讓俾

第二章 鬥士（1852-1862 年）

斯麥苦等了二十年的時間。在這段時間內，最令他討厭的就是奧地利。因為他早已斷定奧地利將成為普魯士的最大敵人。甚至當他在哈布斯堡（Habsburg）朝廷上體驗對方那種傲慢無禮的態度之前，他就已經將奧地利當成假想敵來制定全部的作戰計畫了。有時，他的欲望往往會成為他制定重要行動方針的驅動力，例如奧爾米茨事件，儘管他內心感到非常難過，但他仍然想辦法讓這場戰爭延遲了。

歷史讓許多事情發生了改變，很多事也令人不禁為之慨嘆。有一段時期，普魯士宣稱要撇開奧地利成立一個新的組織。儘管當時各個國家表面看起來地位是平等的，但其實奧地利仍占據著顯要位置，因此普魯士的這一想法不久之後就宣告夭折了。更令人感到氣憤的是，這件事情發生不久之後，奧地利的地位又得到了進一步的提升。在不同的投票選舉活動中，奧地利得到的票數總是第一名，而普魯士只得到了為數不多的選票。其實各個國家當時更擔心普魯士會在會議上對自己進行壓制，可事實上，普魯士卻並沒有這麼做。

對於事情的結果，俾斯麥並未覺得吃驚，因為他早就料想到了。而且事實也證明他的預測是正確的。俾斯麥始終都在想，年輕一代會覺得奧地利與普魯士有著良好的關係，但事實卻並非如此。一開始，俾斯麥到法蘭克福來就是為了反對奧地利，但他卻發現奧地利同樣也對普魯士有著很大的仇恨。此外，俾斯麥對《奧爾米茨條約》非常袒護，等他發現公文上有這樣幾句話時，他覺得非常生氣：「施瓦岑貝格（Schwarzenberg）在普魯士問題上擁有很大的決定權，要麼會欺負普魯士，要麼就是最大程度地寬恕普魯士。」

在奧地利的問題上，俾斯麥仍然抱著很大的幻想。他仍然透過演講的方式來表達自己內心的想法。在法蘭克福時，他這麼說：「奧地利依然是

那麼強勢，這種強勢就是它對其它國家進行無休止的欺詐的資本。所以跟奧地利在一起是不會有什麼好結果的。我也明白，他們在外交政策的策略更不會是正確的，我確信奧地利人肯定不會找到自己的同盟。」俾斯麥帶有強烈攻擊性的語言表露出了他內心的真實想法。不久之後，俾斯麥再次進行演講：「我認為，按照目前的情形來看，有一件事是值得惋惜的，那就是普魯士及宗教的存在。因此建議這些事情必須要透過武力來解決。」普魯士這些強勢而充滿刺激性的語言多次傳到了維也納。這也令當時的局勢發生了很多微妙的改變。革拉赫在看到俾斯麥這篇演講稿以後，便在當時的國王面前大聲地讀了起來，其中有一段話是這麼說的：「奧地利做出的讓步導致很多不幸遭遇的發生，身邊人對自己造成的傷害還比一個無關緊要的人造成的傷害人許多。所以，我更覺心痛。」俾斯麥這樣說也可以證明他是帶有某種程度的傾向性的。事實上，當時帶有這種傾向的人遠遠不只俾斯麥一個，很多人的想法都與俾斯麥類似，只是沒有像俾斯麥一樣這麼清晰明瞭地表達出來而已。

俾斯麥和普洛克希‧奧斯騰（Prokesch Osten）的關係不是很好，雖然他很有才華，也有很強的能力，相對而言，俾斯麥與圖恩（Thun）的關係要更加密切一些。俾斯麥向來都是直來直去、毫不隱晦，所以他對布魯加‧俄斯坦時常表露出的虛偽一面很是看不慣，因此喜歡講實話的圖恩更受俾斯麥的青睞。有一次，幾封反對普魯士的文件不小心被普洛克希‧奧斯騰遺落在辦公桌上，更慘的是這幾份文件竟然被別人偷走了，而且還要刊登在報紙上。這將導致後果非常嚴重的政治事件，因為文件的內容屬於機密。為了解決這個問題，俾斯麥想到了一個辦法，他馬上給自己的上級寫了一份報告，他希望透過相同的攻守之道，而不希望那位大臣因此而立即遭到罷免。因為他認為因為擔責而被罷免也並不是解決問題的好辦法，

第二章　鬥士（1852-1862 年）

最好的辦法是不讓這份文書被公開發表，但是向外界透漏出一點風聲，從而讓政府產生一種危機感。

俾斯麥在剛剛接任這份工作時，並未得到大家的肯定。原因非常簡單，曼陀菲爾（Manteuffel）這個人冷漠、狡猾，喜歡玩弄權術，俾斯麥又正好他手底下工作，更重要的是這份工作是革拉赫為俾斯麥爭取來的，而曼陀菲爾和兩人的關係都不是很好。曼陀菲爾對俾斯麥的性格非常了解，在俾斯麥面前，他甚至不敢擺出一副長官的架子。因為他深知俾斯麥個性很要強，一旦這麼做，就會令俾斯麥感到反感，甚至會讓俾斯麥因此離開，因此他在俾斯麥面前一直都表現得非常友好。其實論能力俾斯麥比曼陀菲爾要強很多。儘管曼陀菲爾平時幾乎不怎麼管俾斯麥，但偶爾他也會因為一些小事而向國王彙報，對俾斯麥的做法持表示反對。有一次從法蘭克福發來了一封電報，說領事的行李箱裡面藏著可疑物品，曼陀菲爾馬上舉行緊急會議就此事進行討論。還有一次，俾斯麥想將一個無法勝任工作的職員辭退，卻招致曼陀菲爾的激烈反對。

每次俾斯麥到柏林去時，曼陀菲爾都會叮囑他別待太久，能早點回來就早點回來。如今俾斯麥覺得自己非常輕鬆，工作並沒有那麼多，這也讓他變得懶惰了不少。他經常這樣對自己說：「曼陀菲爾做了俾斯麥的兒子的教父，這個人非常了不起，他手下擁有很厲害的私人偵探，經常會讓他得到意料之外的收穫，例如一些非常重要的文件，還有俾斯麥與國王之間的通信。」

革拉赫對俾斯麥非常信任，對於俾斯麥的能力更是推崇備至。革拉赫好像預感到自己會發生什麼事情，所以他更希望借助俾斯麥來為自己做點什麼。革拉赫對曼陀菲爾很厭煩，當著俾斯麥的面，他總是說曼陀菲爾這個人很糟。很明顯，革拉赫給俾斯麥灌輸的都是令他對曼陀菲爾印象不好

的東西。革拉赫是一個閱歷豐富的大陰謀家，他比俾斯麥整整大了二十五歲，他對俾斯麥身上所展現出來的才華欣賞到了無以復加的地步，周圍那麼多人，他只對俾斯麥青睞有加。但令他絕對想不到的是，這個比自己小了二十五歲的年輕人日後也變成了一個陰謀家，而且比自己還要陰險。

俾斯麥有一種能夠影響國王的力量，他經常將自己在政治上的一些觀點大聲地讀給國王聽。俾斯麥的文筆很好，他還經常寫信給妻子和朋友，闡述自己的觀點。所以，他的留下來每一封信都有很高的價值。俾斯麥書信中記錄的內容並不都與政治相關，其中還記載了很多他平時聽過見過的逸聞趣事，這些他也會記錄下來，然後讀給國王聽，這麼做的目的很簡單，就是讓國王聽了之後心情愉快。國王對俾斯麥也很欣賞，1854 年俾斯麥被任命為大臣。革拉赫是國王和俾斯麥兩個人之間的友好橋樑，所以在很多情況下，革拉赫會勸說他不要去做某些事情，俾斯麥幾乎是言聽計從，這與俾斯麥一貫的性格大不相同，他知道自己必須要聽革拉赫的，否則自己在國王心目中的好印象就要消失，這對自己未來的發展可是一點好處都沒有。

給革拉赫寫信的時候，俾斯麥都自稱是他「最忠誠的朋友」，讓革拉赫感到非常的舒心，這正是俾斯麥的聰明之處。俾斯麥在平日的生活中會借助一切可以借助的力量來為自己搭建平臺，他絕對不會讓任何一個機會從眼前溜走，他的目的就是讓國王來扶持自己，因為他那遠大的目標和理想必須要在很多人的支持下才能夠實現。威廉親王對俾斯麥也非常欣賞，他曾慨嘆俾斯麥是普魯士最後的賢臣，是他的得力助手。在那個時候，俾斯麥有著很大的價值，國王甚至把他當成了阻止曼陀菲爾的最後的希望。當然，國王更是對俾斯麥的文章擊節讚嘆，這樣的人才，國王怎麼捨得讓他離開自己呢。

對於國王的想法，俾斯麥也揣摩得非常精準，他總能夠在合適的時機做一些令國王滿意和喜歡的事情。其實，俾斯麥並不在乎國王對自己是什麼樣的看法。俾斯麥經常這樣說：「等我擁有權勢時，會有很多想要故意巴結我的人。就算是非常了不起的人也會時常來拜訪我，也會很多傭人來侍奉我。可我非常清楚，即便如此美好的未來真的能夠屬於我，那只可能是很短的時間，絕不會太長。」

三、政壇新秀

俄國沙皇尼古拉（Nicholas I）始終夢想著能夠將奧地利操控在自己的手裡，而且從來都沒有放棄過這一想法。當匈牙利發生革命時，他這個想法變得更加明顯和不可抑制。當時的尼古拉擁有著非凡的實力，的確是個可以對大局進行掌控的人。雖然當時的歐洲已經處於革命的躁動時期，但在俄羅斯境內卻沒有一點硝煙將起的跡象。除此之外，農奴制在俄國也沒有發生任何改變。尼古拉稱當時的土耳其為「病夫」，因為好幾個國家正忙著瓜分土耳其。那時的歐洲也正發生著很大的變化，讓人覺得奇怪的是，令歐洲發生劇變的原因並非什麼出人意料的大事。當時的拿破崙三世（Napoleon III）因為難以容忍拿破崙一世在 1812 年和 1814 年的兩次失敗，發誓要讓兩次戰敗帶給法國的巨大損失得到彌補。當時，社會上都在議論與英國、法國、土耳其結盟的相關問題，而奧地利對俄羅斯在巴爾幹半島迅速擴張勢力感到害怕，所以才導致當時那種局面的出現。

對於攻打俄羅斯，很多人都表示贊成，尤其是那些想藉此贏得自由的人，更是表示了強烈、堅定的支持。當時，威廉親王是主戰派首領。進入

三月以後，備戰形勢已經越來越嚴峻，此時，親王又想起了身在柏林的俾斯麥，他便馬上通知俾斯麥趕回來。其實，革拉赫並不喜歡俾斯麥，可他對俾斯麥的才能也非常清楚，將這樣一個人留在自己身邊肯定是有好處的。沒過多久，威廉親王就見到了俾斯麥，「目前有兩個黨派在我們的面前，一個黨派的首領是曼陀菲爾，另一個黨派的代表人物則是革拉赫和身在俄都的明斯特（Munster），現在俄羅斯已經被整個歐洲打敗，面對這樣的情況，如果繼續打下去的話，我們勢必也將遭受嚴重的損失。因此，我很想聽聽你的想法。」俾斯麥聽完親王的詢問之後，立刻回答說：「為什麼我們要參加這次戰役呢？是為了發洩內心壓抑已久的情感呢？還是由於害怕？依我看，我們這麼做似乎是因為畏懼法國。」威廉親王聽了俾斯麥這些話之後變得極為憤怒，他大聲說道：「我們做出這樣的決定並非由於害怕！」

這次談話最終點燃了威廉親王和俾斯麥兩人之間的戰火。這兩個人政見不同早就不是一回兩回了，威廉親王非常生氣，他甚至給曼陀菲爾寫了一封信，信中說俾斯麥就像個小學生一樣幾乎什麼都不懂，他的政治觀點非常幼稚。不過俾斯麥始終都沒有向親王屈服。早在四年前，俾斯麥就已經在奧地利的問題上跟親王爭吵過多次。此後，二人之間的分歧變得越來越大。沒過多久，俾斯麥去了一趟巴黎，但並非為了國事而去。俾斯麥的心中始終都在想一件事情，只要眼下的局勢朝著有利於普魯士的方向發展，那麼與拿破崙三世聯手也不是不可能。但是這種想法卻遭到了很多人的堅決反對。慢慢地國王也對俾斯麥表現出了極度的反感。但是在俾斯麥的內心，與法國結盟的想法不但從來都沒放棄，反而隨著時間的推移變得愈來愈強烈了。

俾斯麥好像早就知道日後將會發生什麼事一樣。從他的態度中可以了

第二章　鬥士（1852-1862 年）

解他的信念如何。俾斯麥知道，拿破崙三世到最後肯定會跟俄羅斯結成同盟。對於奧地利與沙皇重歸於好，俾斯麥也想到了。可是要怎麼辦才能改寫普魯士被毀滅的命運呢？他一直都在心裡默默地想著這個問題。

俾斯麥第一次出現在屬於自己的歐洲戰場上時，就充分展現出了機智、靈活、有膽識的性格。「雖然義大利與奧地利之間的爭執已經變得異常激烈，但我依然認為善良的普魯士人應該始終保持中立的態度，我不清楚你們的國王會怎麼想這個問題。」當俾斯麥聽到拿破崙三世的這番話之後非常感激。他趕忙說道：「謝謝您向我說這番話，我明白，一切都源自您對我的信任，否則就不會和我說這番話。我回國之後絕對不會洩露這個祕密，更不會讓我們的國王知道，雖然我是這裡唯一的一名普魯士外交官，但我絕對不會因此而不遵守與您的承諾。我非常清楚，我的國王絕對不會接受這樣的建議，假如他得知了這件事，他反而會覺得普、法兩國的友好是一件十分可怕的事情。」拿破崙三世也在這時說道：「這樣的建議簡直是太危險了。」俾斯麥說：「難道您能夠不進入這個危險的區域嗎？」拿破崙三世對俾斯麥的直言不諱表示感謝，因為這也能夠給他帶來非常好的效果。拿破崙三世應允俾斯麥，從此之後再也不會提起這件事。在這次戰役中，俾斯麥的表現可以說十分出色。儘管他也視奧地利為仇敵，但他的計畫仍然不得不令人感到吃驚。

很明顯，俾斯麥是帶有目的性的和拿破崙三世談話。事實上，他最簡單、最直接的目的就是獲得拿破崙三世對自己的信任。如果拿破崙三世真的能夠相信俾斯麥，那他可真是看錯了俾斯麥。因為俾斯麥從來都不會輕易向其他人坦白。但最後的結果是俾斯麥真的獲得了拿破崙三世的信任，在隨後不久舉行的會議上，拿破崙三世果然沒有再提此事。這對俾斯麥來說無疑就是最大的成功。一段時間之後，俾斯麥回了國，他馬上就將所有

的事情原原本本地向國王和革拉赫做了彙報。儘管他已經對拿破崙承諾自己會成為唯一知曉祕密的那個人，可是轉眼就發生了這樣的事情。作為一位偉大的實踐家，俾斯麥第一次對波茨坦的浪漫派表示反對，對專制派也表示反對，他將黨派、宗旨全都拋棄了，也從未說過要忠於某個黨。從古至今，人們都是用武力來搶奪自己想要的東西，利益在眼前而心不動，幾乎沒有人能做到，這也是不容忽視的事實。

　　這個社會有太多的階級鬥爭，很多的地位都是靠贏得戰爭才能獲取的。古往今來，這樣的例子實在太多了。不過俾斯麥早就對這些事情有了預感，他只是不願意接受現實罷了。實際上，在其他國家，人們都會擁有相對的自由，只要能夠獲得利益，那麼這件事情就可以做。但在這個不同於其他國家的地方，是根本不可能讓此類事情發生的。在外交事務上，俾斯麥並不願意發表太多意見，他滿心想的只是如何成為一個了不起的人物，他的很多觀點都是在經過細密比較之後才得出來的。—— 用不同的觀點和標準來衡量一切，他總是這樣做。在他的行動中，我們可以非常清晰地總結出他的個人特點。靠著從不間斷地學習，俾斯麥總是在一點一點地進步。甚至是在他的勢力得到增長時，整個國家的勢力也會隨之增長。與此同時，他也不會受周圍環境和宗教信仰的影響而讓自己的觀點發生改變。在這一方面，他不但有著自己的主見，而且充滿了豪情和智慧。或許只有當他在某一件事情上獲得成功時，他做的所有事情才會得到別人的認同。俾斯麥的內心對普魯士始終是最忠誠的。所以，但凡一件事情對普魯士是有利的，俾斯麥就會去做。一旦某次戰爭或政府某項政策對普魯士的發展不利，他便會盡全力去阻止。所以，在革命的發展歷程中，就算戰爭一次接一次的爆發，俾斯麥也毫不在意，只要這些戰爭不要影響到普魯士就行了。在此次革命爆發期間，有許多已經發生的事情都令人再難忘懷。

在這種非常時刻，俾斯麥透過過人的智慧以及多年以來累積下來的財富創造了很多奇蹟，他是一個絕不會為了自己的理想而放棄奮鬥的人。等到他在歐洲戰爭中贏得最終勝利時，他的全部才能將在世人的面前展現無遺。

四、敞開心扉

　　為了鞏固自己的地位，俾斯麥付出了很多的努力，而且也已經在政界累積並產生了一定的影響力。當然，這與他的前途息息相關。有些時候，他也會考慮是否要藉著現在的影響力為自己謀取更多的利益，不過這僅僅是他心裡突然冒出來的一種想法罷了，最終他也沒有下定決心這樣做。為此，他還曾經專門寫信給自己的哥哥，詢問到底該怎麼辦才好。不過，俾斯麥仍然在不斷尋找各種機會，力爭讓自己擬定的方案付諸實施，哪怕只是施行一段時間也好。所以，在國王召開的會議上，每次遇到有關錢財的問題，俾斯麥都會小心翼翼地進行回答，生怕會有什麼差錯出現。

　　此後，俾斯麥一些做事的方法也發生了改變。儘管他依然對破壞憲法的提議表示反對，但這時的他卻不會像從前在會議上那樣，總是表示反對。正好相反，在大多數情況下，他甚至全都表示贊同。這樣看起來，俾斯麥真的是一個難以捉摸的人。他的想法總是快速變化，令人揣摩不透。有一次，他在一家酒館看到幾個自由黨黨員坐在那裡喝酒，於是走到了一旁，最開始他只是靜靜地坐在那裡觀望著什麼，隨後開始帶著微笑一會摸摸這個人的臉，一會再碰碰那個人的手，這讓那些自由黨人覺得十分反感，可是又想不出解決的辦法。俾斯麥看到幾個人一臉怒氣的樣子，心裡卻笑開了花。當然，在工作上，俾斯麥的態度是極為認真的，在未上任以

前，他就曾經發誓，將來必須到德意志所有的宮廷去拜訪。這並非隨便說說，俾斯麥真的兌現了他的誓言。不久之後，他就開始拜訪德意志所有的宮廷，而且還拜訪到了很多重要人物。特別是報社的主編和一些有才華的人，俾斯麥非常喜歡和這些人交朋友。

　　同時，俾斯麥也非常懂得享受生活，他喜歡一個人靜靜地聆聽音樂，也喜歡在閒暇時外出旅遊，他總是說一個人旅遊能讓自己享受到無限快樂。他喜歡這種自由自在、隨心隨性的生活。很多的城市如匈牙利的首都、丹麥的首都、巴黎、阿姆斯特丹等，俾斯麥都已經去過了。每一次旅行，他都非常享受由此所帶來的快樂，彷彿覺得自己仍然很年輕，還忍不住想起自己小時候經歷的一些事情。在享受快樂的同時，俾斯麥也沒有忘記用筆記下自己當時的心情。他曾經在筆記中寫道：「一位男子，只有當他擁有了最棒的身材以後，才會當著全世界女人的面，把自己的衣服脫下來。雖然我對自己目前的身材感到非常滿意，可我仍然要選擇一個較遠的地方，因為我必須脫光了衣服才能洗澡。」此外，俾斯麥還非常喜歡在皎潔的月光下，獨自駕著一艘小船，在萊茵河的水面來回划上幾圈，他認為這也是一件很浪漫的事情。

　　俾斯麥對貝多芬（Beethoven）的音樂已經到了痴迷的程度，他認為貝多芬的音樂和自己的精神世界是相吻合的。那些嘈雜喧鬧的音樂他不僅不喜歡，聽的時候甚至會感到很不舒服。相對而言，他還是更喜歡恬靜的音樂，伴隨著音樂，他可以慢慢地進入記憶深處，享受那令自己感到幸福的很多個瞬間。

　　有一次，他的朋友問道：「你有沒有覺得自己今天的生活依然充滿了曲折？這樣的現狀不亞於上學時。」俾斯麥聽完之後猶豫了一會才回答道：「等到我可以隨心所欲地去做自己想做的事情時，或許我真的會這樣

第二章　鬥士（1852-1862 年）

想，不過最令我害怕的事情是，我一生的時間都因為指導別人和接受別人指導而浪費了。」這次談話，俾斯麥跟這位朋友聊了很久，也充分表明了自己的心聲，或許這些話已經在俾斯麥的心理憋了很長一段時間，一下子說出來讓俾斯麥覺得痛快了許多。

多年以來，俾斯麥的好朋友路德維希．革拉赫在如何處理政務方面給了俾斯麥很多的指教和幫助。當他看到俾斯麥的精神世界正在發生改變時非常著急，因此，他就托朋友向俾斯麥傳話，讓他切莫因為追求名利而掉進無法抽身退步的深淵。路德維希．革拉赫是一個虔誠的教徒，因此在宗教信仰方面他希望俾斯麥能夠繼續堅持下去。當時，俾斯麥在政治「戰場」上的敵人是溫克（Georg von Vincke），兩個人是死對頭。在俾斯麥看來，溫克這個人很沒有教養，他們兩個經常會因為一點小事爭吵個不停。有一次，兩人吵得很厲害，便決定到外面去決鬥。當然，不是沒人勸阻過他們，可是根本沒用，兩個人誰都不停。他們走進森林裡，按照事先約定好的，每人開兩槍，只要其中一人先提出道歉並認輸的話，那麼這件事就到此為止，可是這兩人誰都沒有這麼做。「開了一槍之後，誰都沒打中對方，在彌漫的硝煙中，彼此都能夠看到對方，四周圍觀的人為我們仍然還活著而歡呼。可是我並沒有什麼感覺，只是偶然間還想著，為何不能多開幾槍呢？」就這樣，此事最終以兩人握手言和而告一段落。

俾斯麥無論做什麼事都只會為自己考慮，一點都不會考慮別人的感受。從這一點，我們也能發現他身上的矛盾之處。在開槍決鬥時，兩個人都開了槍，當開槍產生的硝煙慢慢飄散時，兩個人都看見對方仍然站在原地，但俾斯麥當時並未想過自己為什麼沒能擊中對方，反而一直在說是上帝寬恕了溫克。他沒想過的是，為何溫克同樣也沒有打中他，上帝難道不是也同樣寬恕了他嗎？在身上，矛盾的一面最終還是表現了出來，他一面

認為自己是一位勇敢的戰士，另一面又說自己有著虔誠的宗教信仰，但在俾斯麥看來，開槍卻不是不道德的行為。

在妻子喬安娜的眼裡，俾斯麥是個好丈夫，他體貼入微、為人正直並且懂得生活。她多麼希望俾斯麥每一天都可以無需理會那些令人厭惡和憎恨的事情。但是真的無計可施，對於自己的丈夫，喬安娜非常了解，他是一位愛國者，為了國家利益，他必須要這樣做，而且必須堅持做下去。每次有什麼事發生時，喬安娜也會給自己的朋友寫信，有一次喬安娜是這麼說的：「假如我能到申豪森去，那我每天的工作就是好好照顧父母和兒女，再來就是跟幾個好朋友聊聊最近發生的開心事，至於其他的事情，完全不用考慮。我敢肯定，俾斯麥的身體也會慢慢好起來，甚至跟年輕的時候一樣。」從這封信的字裡行間，我們可以發現喬安娜深愛著自己的丈夫，此外，她是那麼的渴望俾斯麥能夠在身邊陪伴自己，一家人過上團圓美滿的幸福生活。俾斯麥做每一件事情都要考慮是否能夠利人利己，他明白，自己的上司和同事比自己要狡猾多了。所以，他更加不願意自己的妻子也是一個爾虞我詐的人，當然，喬安娜本就不是那種人。在俾斯麥看來，喬安娜既聰明又得體，這也正是喬安娜令俾斯麥著迷的地方。

俾斯麥對自己的妻子也很好，他在為喬安娜做每一件事情之前都會謀劃周全，為的是讓她盡量覺得滿意。但凡是喬安娜想要的東西，俾斯麥就會想方設法地送給她。有一次他托朋友買來一件毛衣送給了喬安娜，就連配飾都是他根據喬安娜的喜好所精心挑選的，以確保最適合喬安娜。不久之後，他又委託自己的妹妹為妻子訂做了一件精美的衣服，這件衣服從顏色到質料再到款式都是俾斯麥親自精挑細選才確定的。這令喬安娜周圍的很多女人都感到非常羨慕。當然，喬安娜自己內心也充滿了細心的丈夫帶給自己的甜蜜和幸福。還有一次是在法國的巴黎，喬安娜相中了一款藍色

的項鍊，於是俾斯麥尋遍了巴黎的每一家商店最終幫喬安娜買到了這款項鍊，這也讓喬安娜十分感動。俾斯麥的脖子上也戴著一條項鍊，儘管他並不怎麼願意戴項鍊，但他卻一點都沒有將這種感覺表現出來，因為項鍊是妻子送給他的，他當然知道拒絕戴這條項鍊是什麼後果，喬安娜肯定會特別傷心。

俾斯麥非常尊重喬安娜的父親，他對一家人可以時常團聚在一起感到非常高興。所以，大家經常每隔幾週就共同生活一段時間。俾斯麥認為這樣的生活很幸福，也非常滿足。他曾在日記中寫道：「儘管現在的社會變得比以往更加複雜，而且人與人之間時常會表現很冷漠，可是這些在我家是不可能發生的，我的家庭很幸福，而且生活豐富多彩，不管外面的世界如何變化，我的家永遠都是溫暖的。」

五、威廉攝政

這一段時間，似乎要有什麼驚天動地的大事發生。近年來，國王的身體每況愈下，他得了非常嚴重的精神病，很多情況下都無法正常處理政務，這不得不令他身邊的人為之擔心。但國王仍然想保住自己的王位。等到 1858 年時，他的病情已經嚴重到了十分危急的地步。有一次外出，他因為中風而當場昏倒。很多人因此開始討論起王位的繼承問題。這件事情發生時，俾斯麥並不在國王身邊。後來他得知了這件事，也沒有太過擔心。因為他知道這件事的結果會是什麼。早在很久之前，由於自己的天性，俾斯麥與親王曾經針對克里米亞戰爭的問題展開多次激烈交鋒。很明顯，俾斯麥沒有給親王留下什麼好印象。可是國王昏倒這麼大的事情發生

之後，出於政治上的需要，他們也不得不多次聚在一起商量如何解決這件事情。親王同樣也想問問俾斯麥究竟該怎麼做。這種情況下，俾斯麥建議親王第一件要做的事情就是繼續承認憲法的地位。

不久之後，俾斯麥從小道消息得知有人建議由王后來執政。俾斯麥立刻對親王透露了這個消息。不過親王聽了以後並沒有表示反對。

但是馬上就出現了一種新的局面，1858 年秋，在奧古斯塔王妃的鼓動下，親王宣布普魯士由他攝政。這並未讓俾斯麥產生危機感，他心裡仍然堅信，如果他想要做一件事，就沒有任何東西能夠阻止他。攝政王上任以後將自由黨重組，而俾斯麥面對此時發生的一切，決定暫時先去法蘭克福待一段時間。烏思敦（Usedom）夫人對俾斯麥這種做法感到非常生氣，因為她也很想去法蘭克福。為了讓自己保有一定的地位，俾斯麥不得不事先想好對策來給自己留一條退路。

不久，俾斯麥就被罷免了職務，但令人感到意外的是，他居然又被派到俄國當大使。而俾斯麥此時居住在法蘭克福已經很多年了。他一聽到這個消息就立刻說道：「我已經在法蘭克福生活了很久，對當地的人和事可以說十分熟悉。如今，我在法蘭克福積攢下來的那麼多經驗全都派不上用場，真的太可惜了。」俾斯麥非常清楚，攝政王也老了，奧古斯塔王妃將成為貴族黨會議的召集人。俾斯麥心想，烏思敦肯定會因為有一位那樣的夫人而立足不穩。可是攝政王卻說：「烏思敦夫人這個人就是這樣，不管在哪裡，只要自己的丈夫受了別人的利用，她就會站出來鬧事。」俾斯麥趕忙答道：「看來當初我沒有娶到這樣一個蠻橫無禮的女子為妻，真的是一個重大失誤啊，假如我的妻子也像烏思敦夫人那樣，讓她到宮廷去鬧上一鬧，或許能夠讓我留任一個比較滿意的職位。」攝政王不明白俾斯麥的反應為什麼會這麼強烈。因為他覺得現在讓俾斯麥擔任的職務也很不錯，

第二章　鬥士（1852-1862 年）

這是自己所給予俾斯麥的莫大肯定和信任。

聽到攝政王這麼說，俾斯麥也沒有再繼續反抗。可他的心裡此刻肯定還在思考著什麼問題。不錯，俾斯麥依然對法蘭克福感到擔憂。可實際上呢，俾斯麥也完全沒有必要這麼擔心，因為攝政王很清楚自己應該怎樣做。他肯定不會輕易放棄手裡所掌握的一切權力。果然，攝政王決定外交總長的職務由他親自來擔任，這也充分證明俾斯麥一切的擔心都是多餘的。

但是，對於這件事情，俾斯麥和威廉親王仍然有很大的分歧。俾斯麥對親王說道：「要想當好一個地方的行政長官，一定要找個不錯的助手，不然的話工作就無法做到完美。同樣道理，如果您的身邊沒有一位合格的部長，您也必定不肯善罷甘休，必須要找到一個讓自己滿意的人才行。」對於這個問題，親王也思考了很久。不過由於他出身行伍，所以只能站在軍人的角度來看待政治問題。

俾斯麥的確是一個讓人揣摩不透的天才，他從來都不會滿足於現狀，這或許就是他與別人的不同之處。俾斯麥做事很執著，只要他下定決心要做的事情，就肯定會義無反顧，即便最終不能達到目的也在所不惜。

俾斯麥很清楚，威廉親王為人很保守，只要他還活著，就不可能為普魯士爭取到什麼利益。在德意志統一的問題上，他也不會主動去做點什麼。在執政期間，威廉親王秉持了認真謹慎的一貫作風，他就是這樣一個非常穩重的人，不怎麼願意去發脾氣。不過，一旦遇到非常重要的事情時，他也會表露出凶狠暴戾的一面。可以說威廉親王的性格和俾斯麥的性格是截然相反的。

六、出訪沙俄

　　攝政王是俄國沙皇亞歷山大二世[2]（Alexander II）的舅舅，換言之，亞歷山大二世的母親是攝政王的姐姐，這樣的血緣關係令普、俄兩國不論發生多麼大的糾紛都會在很短的時間內平息下去。亞歷山大非常喜歡俾斯麥，他覺得俾斯麥這個人十分有趣，當然，他也非常希望俾斯麥能夠為俄國工作。確實，俾斯麥出眾的才能贏得了很多人的讚賞。在俄羅斯的宮廷中，亞歷山大對俾斯麥的喜愛表現得非常明顯，每次在接見俾斯麥時，他都會連續吸上好多菸，以示對俾斯麥的特殊對待。在那麼多外國人裡面，最受亞歷山大青睞的就是俾斯麥了。另外，亞歷山大還經常將自己跟俾斯麥放在一起來比較，一比之下他發現自己跟俾斯麥的確有很多相似之處，兩個人就連政治方面的觀點也都驚人的保持一致。由於志同道合，兩人很快就建立了良好的關係。

　　跟奧地利的戰爭仍在繼續進行著，這一次，奧地利將要向薩丁尼亞對戰。這時，俾斯麥已經來到俄國。攝政王任命參謀總長毛奇（Moltke）來主持戰事。對此，俾斯麥有些擔心，怕威廉會重蹈覆轍，就像當年他的父親一樣──到了最後，只剩下孤身一人來反對法國。對於攻打法國，俾斯麥依然持反對意見。可是這件事已經被拿到會議上進行討論，對此，俾斯麥仍然極力表示反對，甚至完全不怕這樣做會讓自己處於險境，當眾大臣都贊成攻打法國時，只有他一個表示反對。在任何時候，俾斯麥都不願意去幫助奧地利，在他的心裡，他始終都把奧地利當成外國，所以他希望

2　沙皇亞歷山大二世，透過 1861 年的改革，亞歷山大二世終於破除了阻礙俄國發展的最大桎梏，因此在 19 世紀後半期，俄國呈現出了資本主義飛速發展的態勢。歷史是一位最公平的裁判，儘管這次改革並不徹底，卻依然推動了歷史的進步。此外，亞歷山大二世還首創了國家杜馬制度，直到今天，俄羅斯仍然保留了這一制度。

第二章　鬥士（1852-1862 年）

普魯士能夠在法奧戰爭中保持中立。

到了最後，普魯士真的沒有被這場戰爭捲進來，當所有的人都在為此感到憤怒時，只有俾斯麥一個人在暗處偷笑，因為這個結果正是他想要的。到了六月分，奧地利軍隊開始屢屢吃敗仗，威廉親王也曾派去援兵，可是法國和奧地利怕因此會傷害到其他國家的利益，而且拿破崙三世和法蘭茲・約瑟夫（Franz Joseph I）也都不願意賭上自己的地位來冒險，所以到七月分時，雙方便開始議和了。在宮廷中，幾乎每個人都非常喜歡俾斯麥，俾斯麥也趁機讓俄、普兩國的關係變得更加穩固。能夠讓大家都喜歡自己，充分顯示了俾斯麥的手段很高明。有一次，有人告訴俾斯麥，宮裡有個四歲小女孩也很喜歡他，而且這個小女孩就是俄國公主，她對俾斯麥的評價是：「他真是個可愛的寶貝。」俾斯麥與俄羅斯皇太后的關係也很好，有一段時間太后生了病，俾斯麥就一直守在太后身邊，陪著她聊天解悶。太后對俾斯麥也非常喜歡，兩人的閒談也能夠令俾斯麥得到很多值得注意的最新消息。

俾斯麥對俄國也很喜歡，他覺得生活在這裡也是一件很舒服的事情。他還經常給妻子寫信，將自己在這裡的情況告訴她，「在俄國，最令我高興的事情，莫過於在這裡住著也非常舒服，我費了不少心思去挑選，在我居住的房間裡擺上了我鍾愛的傢俱。我還為你跟女兒準備好了房間，還有傭人住的地方，全都準備妥當了。」此外，在俄國，最讓俾斯麥高興的事情就是打獵，而且還能獵到熊，這令俾斯麥驚喜萬分。每次打獵回來以後，俾斯麥都會寫信，向妻子分享自己打獵時的心情：「每一次打獵，我都會感到萬分的驚喜，這是一種非常刺激的遊戲，每次當我的面前出現一頭熊的時候，我似乎也沒有什麼害怕的感覺。有時身上會流血，我只是退步，不再繼續堅持，但從來都沒有感到害怕過。」俾斯麥仍舊那麼勇敢，

甚至覺得自己像個超人一樣。

　　俾斯麥多才多藝，這一點令很多人感到羨慕。在俄國生活期間，也有一些令俾斯麥感到驚訝的事情。一次，俾斯麥讓自己的祕書抄寫一份公文，卻被這位祕書拒絕了，這位祕書對俾斯麥說，那並非我分內之事。這位祕書比俾斯麥還小了兩歲，但性格卻和俾斯麥驚人的相似。這一事件的發生令俾斯麥非常吃驚，他甚至從未經歷過這樣的事，日後也不可能讓這樣的事情再次發生了。這位使館祕書很年輕，受過高等教育，是一個極為聰明的人，他與俾斯麥最大的相似之處就是膽識過人和自重身分，所以他也不習慣讓別人對自己指手畫腳。

　　俾斯麥發自內心地對祕書的做法感到敬佩，但同時由於他從未經歷過這樣的事情，所以他也感到非常困惑，不知道該如何去面對。突然之間，他覺得自己所擁有的知識太少了，似乎沒有辦法來應付這個充滿智慧的年輕人。對他而言，這種事情是沒有辦法承受的。但是在之後的時間，俾斯麥就幾乎沒有再讓這位祕書做過什麼事情，有什麼事情他會找其他人來做。有一次，有些工作需要在非工作時間來完成，這位性格倔強的祕書 —— 他的名字叫施洛塞（Schlozer），在規定的時間很久之後才姍姍來遲。當他趕到後，才發現上司已經跟另一位工作人員開始工作了，他便跟俾斯麥聊了幾句話，他說，自己也明白，長官對他直言的性格是可能喜歡的性格。之後俾斯麥馬上就對他做出了具體要求：「施洛塞，你每天十一點鐘到我這裡來，我們一起討論日常的公事。」這之後，施洛塞每一次都非常準時，然後向俾斯麥驕傲地問道：「有什麼事情需要我來做嗎？」這時俾斯麥就會反問道：「難道必須有事才能讓你過來嗎？」俾斯麥內心決定繼續與施洛塞這樣周旋下去，在以後的工作中，他也從沒給過這位祕書好臉色，俾斯麥想要看看，他們兩個之中到底誰的耐性更好。俾斯麥總是

第二章　鬥士（1852-1862 年）

透過書信來讓自己內心的情感得到發洩。有一次，他的信是這麼寫的：
「跟這樣一個人共事，對我來說就是在受折磨。這個年輕人對自己的職務
和工作似乎根本就沒當回事，他常做出無禮的表現，也令人感到氣憤。但
是又有很多人對他非常重視，因此也就沒有什麼太大的改變。」施洛塞祕
書也常常對別人說：「我的上司俾斯麥好像從來都不會相信別人，在他手
下工作，是一種非常殘酷的折磨，他總是會做一些陰險的事，還會向別人
發出威脅，我盡量不讓自己跟他產生交集。如果我有什麼事情做得沒有符
合他的心意，他就不會用什麼好眼神看我。」

　　一段時間過後，俾斯麥竟然對施洛塞的印象大為改觀，他也不像以
前一樣反感這個年輕人了。有一次，他給柏林的長官寫信，說道：「一開
始，我是不太喜歡施洛塞這個人的，可如今再看，這個人其實還是非常不
錯的。」—— 此時的俾斯麥因生病而離開大使館很久了。還有一次，施
洛塞給自己的姨妹寫信說道：「土耳其總督總是用盡各種辦法來折磨我，
但我卻從未跟你提起過這件事。」

　　一轉眼就到了夏天，施洛塞說道：「如今我也非常喜歡俾斯麥了，這
個人並不像最開始我所以為的那樣，當我聽說在柏林的開會期間，他幫我
說了很多的好話時，我發自內心地對他十分感激。他幫了我那麼多，而且
還是在自己病得非常嚴重、工作也不是非常順利的時候。如今我跟俾斯麥
的關係已經非常好了，我希望自己能夠跟他一直做好朋友。俾斯麥這個人
究竟是什麼樣的呢？我根本沒有辦法用語言形容。」隨後不久，俾斯麥又
給柏林寫信，推薦施洛塞做一等祕書，然後將克累王爵辭退，因為在俾斯
麥看來，克累王爵這個人的能力不是很夠格，有時他甚至認為他就是一個
智障。俾斯麥為了讓自己在施洛塞心目中的形象發生改變，寫好信之後特
意讓施洛塞先看。在信裡，俾斯麥這樣說到：「一開始的時候我對施洛塞

這個人簡直無法忍受，因為他對別人總是表現得非常傲慢和強硬，根本就令人無法接受，或許當長官的都不會喜歡這種下屬。可是過了一段時間之後，我驚奇地發現施洛塞各方面的工作能力都很強，他對待工作的態度也很認真，這是值得稱讚的一點。如今我越來越欣賞這個人了，我對他的印象正在發生飛速的變化。」

　　俾斯麥和施洛塞兩個人身上有很多相似之處。他們從最初的相互厭惡到後來彼此欣賞，經歷了很長的時間。或許正是由於兩個人身上所沾染那種貴族的傲氣，讓他倆在開始時誰也不服誰，不過施洛塞在工作上展現出來的能力和態度令俾斯麥很快就改變了對他的成見，而施洛塞也對俾斯麥產生了新的認知。兩人就好像剛剛結識一樣，現在已經變得非常好。從本質上相同的兩個人，在各自的工作生涯中，都能獲得一大批寶貴的財富，那麼他們倆就都是十足的贏家。

七、破繭成蝶

　　有一次，俾斯麥在騎馬的時候受傷，幾天以後他的兩隻腳就疼痛難忍。儘管有一位土耳其的醫生為他提供了治療，可是他的腿傷不但沒有康復的跡象，反而變得更為嚴重。當俾斯麥揭掉貼在腿上的藥膏時，發現有些血管已經破了。那時有個著名的俄國醫生提出截肢的建議，被俾斯麥趕忙拒絕了，他強忍著疼痛迅速返回了自己的家裡。像俾斯麥這樣的性格，就算丟了一隻腳，他的睿智也不會有絲毫的減少。等到他的腳好了一多半的時候，有一天他獨自外出散步，結果走到半路，那隻受傷的腳再次傳來劇烈的疼痛。一開始他想坐在大樹下休息一會，但是他突然之間就昏倒

第二章 鬥士（1852-1862 年）

了 —— 血管又一次崩裂。此時血塊已經從他的腳上流到肺部，情況非常危急，他甚至覺得自己即將進入生命的倒數計時，於是便立刻將遺囑寫好了。

在俾斯麥養病期間，他對自己的工作仍然非常關心，對於政治，他始終保持專注。回到柏林養病以後，俾斯麥的情緒在那段時間好像也穩定了不少。當時，攝政王讓俾斯麥留在柏林養病，因為他也很想讓俾斯麥留在自己身邊，儘管他對俾斯麥很不喜歡，但是他很清楚，如果以後要是跟自由黨進行鬥爭，那麼能夠幫助自己的就只有俾斯麥了。所以，他更加不想失去他。

有一次，攝政王請俾斯麥和施萊尼茲（Schleinitz）來跟自己共商國事，他仍然沒有放棄想當德意志皇帝的念頭。施萊尼茲當時擔任普魯士的宰相。攝政王這次將兩人全都召集來，也表明了他的想法。攝政王先是讓俾斯麥談一談他對奧地利的看法，他最想弄清楚為什麼俾斯麥一直都說奧地利沒有用，只有普魯士是最強大的，同時，他還讓俾斯麥談了談今後的打算。攝政王這個人非常滑稽，有一次他將普魯士比喻成一隻母雞，然後他還向大家進行解釋，他這樣比喻有何寓意。當時大家都在幫助奧地利，對法蘭西持反對態度。因此當施萊尼茲陳述完自己的觀點後，攝政王也發表了很多意見，很顯然，攝政王為自己說的這番話做了非常充分的準備。整件事都是在奧古斯塔一手安排下進行的，她的目的很明確，就是想讓反對派們都知道，如果不這麼做，就將產生非常嚴重的後果。

當時，對於部分大臣的意見，俾斯麥依然極力地表示反對。對於統一德意志的計畫，他的方案也沒有受到眾人的認可，所以有不少人都對俾斯麥當領袖表示反對。當時，對於德意志的聯邦制，很多大臣都希望能夠保留下來，但俾斯麥堅決表示反對。此時的俾斯麥就像是一隻被關在籠子裡的老虎，隨時都有可能爆發。俾斯麥仍然想著自己有朝一日能夠掌握最大

的權力，因此他對自己以前那段荒唐的經歷感到後悔萬分。此時的他已經不再熱衷於打獵，因為他認為那是對時間的浪費。事實上，這才是那個真正的俾斯麥。他依然沒有放棄自己的夢想。

攝政王最終還是在 1861 年時當上了普魯士的國王。在剛即位時，發現國內局勢仍然一片混亂，這也令他的內心感到了些許的不安。那時，威廉國王已經是一位 63 歲的老人了，為了這個王位，他苦苦等了 30 年。為此他請來了羅恩（Albrecht von Roon）幫自己整頓陸軍，這個羅恩很有智慧，他帶著威廉國王追憶普魯士歷代偉大的祖先，而且羅恩也下定決心要扶持這位國王。等到威廉國王即位之後，羅恩多次勸說威廉要向祖先學習，而且還要大臣們向國王宣誓效忠，威廉的祖先以前就都是專制國王。羅恩心裡，最受他器重的人就是俾斯麥，他覺得俾斯麥不僅做事果斷，而且很有想法。這種堅強的意志和獨特的性格都是羅恩非常欣賞的。他始終都堅持一點：有資格接替施萊尼茲席位的人只有一個，那就是俾斯麥。

儘管俾斯麥已在某種程度上獲得了威廉國王的信任，但國王仍然沒有讓他擔任外交職務，因為他屬於「拿破崙黨」。這令俾斯麥感到非常憤怒，他認為這麼做對自己來說是很不公平的。所以他在一封信中寫道：「就算有人要把我當成一個魔鬼，那也請你們把我當成一個條頓種的魔鬼。」這是俾斯麥首次承認自己是一個德意志人。由於羅恩要求每一個大臣必須向國王宣誓效忠，每個人都必須要遵守規矩，於是，俾斯麥又一次到了柏林。此時，俾斯麥仍然盼著自己可以當上大臣，可是一切並未如他所願，對此他也感到非常失望，但也無可奈何，一切還要繼續向前看。到了柏林以後，他對自己的策略進行了闡述：「王室中沒有一個人能夠與國王同心同德。這令國王內心十分難過，對目前的狀況也感到非常的不滿。」事實上，俾斯麥很早就預測到了如今這一局面，現在所有的事情都

第二章　鬥士（1852-1862 年）

讓俾斯麥萬分惱火，就連自己的地位也讓他覺得不滿意。等俾斯麥又一次來到柏林時，他發現自己的老對手奧古斯塔這次總算成功了。

俾斯麥做好了所有的準備去見威廉國王，但是威廉國王卻並不歡迎俾斯麥的到來。那時還有個人也對威廉國王的做法感到不滿，並且曾試圖暗殺他，因為這個人覺得威廉國王對德意志的統一根本就沒有做出什麼貢獻，他覺得讓這樣一個庸碌無為的國王繼續做下去最終也不可能有什麼好的結果。但是，幾次暗殺最終都失敗告終。俾斯麥的想法與這個人有些類似，差別在於這個男子想犧牲自己的生命來改變普魯士的歷史，但俾斯麥卻只想在思想上對國王進行改造，只不過俾斯麥始終沒有合適的機會來跟威廉國王探討這些問題。這一次，俾斯麥覺得時機成熟了，便在精心準備一番後去拜見了他，但威廉國王一見到俾斯麥就露出非常厭惡的表情。因為威廉國王內心始終覺得俾斯麥是因為發現政府目前有了新的變化才趕來的。但是俾斯麥仍然要將自己的建議告訴威廉國王。從內容上來看，俾斯麥向威廉國王遞交的這份公文是經過了極為周密的分析才寫成的，足見這份公文有多麼珍貴。

這份公文充分展現出了俾斯麥成熟的政治家風範，「對於各個國家的內政問題，首先要確保本國的權益不受任何損失。一個聯邦要想擁有多大的權利，就必須要做出多大的表率，只有這樣才能讓眾多邦國同時接受另外一個邦國的領導。要做到這一切其實是很困難的，但只需下定決心，就一定能夠實現。在會員制度方面，必須採用直接選舉的方式，這樣才能做到公平、公正。如果不能在任何一個德意志聯邦中建立民眾代表的制度，就不能認為整個德意志都採用了同一種制度，這也不會被認為是革命。如果想要達到預期效果，就必須在聯合的中央法權內派出德意志人作為民族代表，當然還可以聯絡眾邦國，如果能夠形成一股強大的力量去衝擊一個

點，那麼這時這種力量才能夠無限大。目前這種情況下，大家每天都還在為一些不必要的小事進行無意義的爭論，這麼做簡直就是在浪費生命。在這樣的時刻，大家都應當將全部的精力放在德意志統一的問題上。必須要研究出一套對所有人的利益都適用的方案。由於奧地利必定不會贊成這個計畫，所以當然也不能將這個計畫提交給現在的聯邦議院進行審議並實施。」為了進一步推動德意志民族的發展，俾斯麥覺得可以透過徵收關稅來實現。「當所有的計畫都同時宣布的時候，或許我們能夠看到預想不到的效果。在我們事先制定的計畫中，必須要有一部分是讓德意志人民的內心得到撫慰，讓他們不會因此產生恐慌。我們要讓他們每時每刻都覺得我們並沒有強迫他們，而是發自真心地在幫助他們。我們不能一遇到困難就說要放棄，更不能把自信心丟掉，我們絕不能養成這種半途而廢的性格。每時每刻都要相信自己，只要不停止奮鬥的腳步，總有一天勝利的曙光會降臨，讓我們共同期待喜訊傳來的那一天。」

　　想必每個人都已經對俾斯麥的性格特點有了深刻的印象，但是在他身上所發生的巨大變化也著實令人感到震驚。他的文字記錄中反映出了他思想上的變化和性格特點的改變。俾斯麥身上仍然保存著曾經的那股傲氣，不過又帶著一種閱歷漸豐之後的成熟。他說話時仍然非常堅定，在德意志這個問題上，他說必須要召開一次德意志帝國的大會，這話剛一說出來，大家立即投來了質疑的目光。多年以後，他仍然沒有忘記自己曾經說過這番話。結果十年之後他真的將諾言兌現了。

八、改任巴黎

對待工作，俾斯麥的態度開始變得愈發積極，他仍然為了自己的目標努力奮鬥著。這一回他真的做出了決定，因此當威廉國王不同意他擔任外交總長時，他馬上就寫了一封信，信中這樣說道：「如果您認為我無法勝任這一職務，那我只能選擇辭職。」俾斯麥透過這一強硬態度表明了自己的決心。不出意料，俾斯麥得到了自己想要的結果，不久之後，威廉國王就任命他擔任巴黎大使。此時已經到了 1862 年，俾斯麥對這個新職務充滿了熱情。不過在俾斯麥看來，工作都是暫時的，他可沒想過要把這份工作當成終身事業。一開始俾斯麥對巴黎非常喜歡，可是如今巴黎也沒有什麼令俾斯麥感興趣的東西了。他只能表面上裝出喜歡這裡的樣子，但實際上他已經開始對巴黎有些厭倦了。他像是去巴黎旅遊一樣，在巴黎的那段時間，只要國內一有風吹草動，他就會立刻回國。俾斯麥在巴黎待了兩年的時間，滿腦子想的都是如何在將來的某一天重掌大權，這個念頭在他心裡從未斷過。在此期間，他有時也覺得很無聊，所以他總是回憶起很多的往事。想起了小時候發生的那些事，俾斯麥的心情就會變得格外沉重。

拿破崙三世已經有這樣一種預感，在未來的某一天俾斯麥會將普魯士的國家大權掌握在自己手裡。一想到這一點，他便想盡各種辦法來阻止這種情況的發生，因為他不想讓自己多出一個像俾斯麥這麼可怕的對手。事實上，在巴黎並未能讓俾斯麥得到自己想要的東西，他反倒因此而倍感無聊。有一次，拿破崙三世為了俾斯麥而大發雷霆，這一次他的怒火明顯比前幾年那次更大。兩人在一次閒聊時，拿破崙三世突然向俾斯麥問道：「你覺得威廉國王會跟法蘭西簽訂和約嗎？」

「我們兩國一直都很友好，而且看起來似乎也不再有任何的矛盾。我

覺得只要時機恰當，這個和約就一定能夠達成。當然，如果沒有共同的利益，簽不簽和約似乎都是一樣的。」

此時法國皇帝說：「如今國與國之間並非都是友好關係。誰也不知道以後會發生什麼樣的事，所以，我覺得雙方必須要建立起互相信任的基礎，只有這樣，才能得到獲取更大收益的機會。我覺得同盟關係的建立很有必要，因為它關係到很多人的利益，除非是有人有意阻止這件事的發生。在做每件事之前，我們都要做好充足的準備，避免發生出人意料的結果。誰都不敢想像奧地利會跟我簽訂什麼樣的和約。在當時那種情況下，政治上一片恐慌，誰都不敢把事實和真相說出來，每個人都明白為什麼會這樣。此外，他還擁有很多其他大臣無法擁有的權力。他還想跟我一起借助手中的權力來完成幾件大事。但是每次說起這些時，我卻不知道怎樣回答。尤其是談到革命時間的問題時，我只能刻意閃躲這些話題，因為我害怕會因自己不經意間說出來的一句話就讓國家命運發生了改變。」

俾斯麥並沒有將自己跟拿破崙三世的談話內容告訴威廉國王。他曾想從法蘭西皇帝嘴裡探聽到一些資訊，但他也明白這樣做會面臨很大的風險。如果他確實是帶著重要問題回來求見威廉國王，國王是會跟他一起商討的。可是俾斯麥卻並未這麼做。對俾斯麥來說，他打從心底就不喜歡奧地利，更不要說去幫奧地利對抗法國了。他對威廉國王說道：「我們要想提高自己在德意志的地位，奧地利是絕不會無條件同意的，他們肯定會在實現自身某些利益的前提下同意我們的想法。從某種程度上，我們能夠想到，他們最有可能捨棄或犧牲的就是威尼托與萊茵河左岸。」簡而言之，他們肯定是在欺壓普魯士的前提下簽訂和約，這是俾斯麥最不願意看到的結果。

俾斯麥並未把所有的話說給自己的長官聽。從他的言行，明顯能看出，俾斯麥此時正盼著這位長官早日離任，以便由自己來接替他的位置，

第二章　鬥士（1852-1862 年）

從而讓自己的理想更早實現。同時，他還盼望著伯恩斯托夫（Bernstorff）在不久之後出使英國，到了那時，俾斯麥認為自己就會成為外交總長。俾斯麥幾乎將所有祕密都對伯恩斯托夫說了，可是沒有人明白他為何要這麼做。雖然俾斯麥所說的只是一些籠統情況，但是以俾斯麥的聰明，必然能夠在拿破崙三世那裡換來更多、更重要的資訊。四年之後，當普魯士與奧地利的戰爭開始，俾斯麥和拿破崙三世兩人之間的關係變得更為密切，也許閒聊時他們仍然會提起這件事情。

關於俾斯麥的傳言有很多，但事實證明，大部分傳言都是假的。當時曾經有人問過俾斯麥：「假如你有朝一日真的大權在握，那麼你會做出怎樣的改變呢？」俾斯麥說：「我必定要讓軍隊發展壯大起來，使之成為歐洲實力最強大的軍隊。等到時機成熟，我一定會將德意志邦國解散，然後與奧地利開戰，讓普魯士重新站起來。」當時有很多與之類似的傳聞，但實際上到底有沒有這種事情，估計已經沒人能夠說清了。

在這樣一段醞釀著激烈變革的時期內，所有的人都被分成了三派，而三個派別之間也存在著很深的矛盾。在當時那種情況下，每一派都牢牢地握緊了自己手中掌握的權力。從俾斯麥想要對陸軍進行整頓，到現在已經過去 30 年的時間了，他每時每刻都在關心著這件事。從解放到現在的幾十年裡，陸軍幾乎沒有任何變化。他多麼希望能夠有更多的人加入這支軍隊，讓軍隊變得日益強大啊。他也正在一支新的陸軍的崛起而不懈奮鬥著，俾斯麥的計畫是這樣的：「服役期為三年的士兵大部分都是身強力壯的年輕人，上了年紀的就無需再當兵了。」這樣的計畫很符合民意。如果照此執行，那麼在不久的將來，陸軍的戰鬥力就能大幅提升。

俾斯麥的祖先打了很多勝仗。每一次的勝利都應該由他們獲得功勞，而並非那些貴族。那是因為，雖然貴族們也在那時參加了很多次戰役，但

一到關鍵時刻,那些貴族就變得六神無主。而國王也並非每次都會為人民考慮的,因此人心也沒有偏向國王這一方面,所以也無法將功勞都歸到國王一個人身上。如今軍隊已經發生了很多的變化,有些人為了推動德國實現統一,更願意將兵役期限設為兩年。似乎從那時開始已經沒有人去計較這些了。只要能夠獲得利益,那麼誰也不願意多嘴。軍隊肯定是要跟人民一條心,否則就無法得到人民的認可和支持。

羅恩這個人很有些頭腦。他在這時始終對一些事物的存在持反對態度,並且將這種衝突推向了高潮。羅恩不願意讓那些虛偽的人把持著所有的權力,因為這麼做對國家的發展是不利的,這些人只會為自己的利益考慮。羅恩作為一個勇於將自己的真實想法大聲說出來的人,對憲法始終保持著強烈的反對態度,對於那些只熱衷於發表演說卻從來不去實踐的人更是瞧不起。這次會議上,在將自己的想法大聲說出來的同時,他也又一次將這種衝突推到了顛峰:「我必須要讓普魯士成為一個立憲的國家,這樣的話你們就必須要去服兵役,因為只有這樣做,我們的國家才會變得越來越強大。」

此時,俾斯麥仍然待在巴黎,儘管目前的形勢也變得非常緊張,但他早就把政治拋到一邊,暫時沒有時間去思考這方面的問題。因為他正在享受輕鬆自在的生活,他已經很多年都沒有享受這樣的生活了。他就這樣靜靜地躺在沙灘上,沐浴在溫暖的陽光和清新的空氣中,他的嘴裡叼著一支香菸,耳畔不停地蕩漾著悠揚的樂曲,這正是俾斯麥理想中無比愜意和閒適的生活。能夠過上這樣的日子並不是因沒有人重用俾斯麥,恰恰相反的是,他此時正受到威廉國王最大程度的信任。可是俾斯麥卻說到:「假如沒人傳達威廉國王召喚我的旨意,我就在這裡長久地沐浴這溫暖的陽光。」

第二章　鬥士（1852-1862 年）

在俾斯麥悠然享受生活期間，很多事情正在悄悄發生。羅恩身邊的一些人仍然希望將兵役期改成兩年，在經過多次爭論之後，羅恩答應他們會考慮一下，然後再做出最終決定。可是威廉國王聽過之後，態度卻依然非常強硬，並堅決反對將兵役期設為兩年。就是在這種緊張的局面下，羅恩想起了俾斯麥，於是他又一次寫信給俾斯麥，求他馬上趕回柏林。俾斯麥一收到消息就立刻動身。21 日，俾斯麥回到了柏林。儘管現在的形勢變得十分嚴峻，但俾斯麥仍然非常平靜，因為他早就把一切都準備好了，在回來的途中，俾斯麥就料到肯定會有好多人向他訴說各不相同的想法。所以他並未感到特別緊張。這時，太子並沒有說太多的話，但他還約見了俾斯麥，因為他也想聽聽俾斯麥的建議，而且也想從俾斯麥那裡探聽到一些消息。可是俾斯麥並未跟太子說太多，以俾斯麥的聰明，早料到太子約見自己之前並沒有向國王報告，所以他也保留了內心的想法，沒有對太子說什麼。可是威廉國王還是知道了這件事，而且心情很差。因此當俾斯麥再次被國王接見時，威廉國王的話裡就明顯表露出了自己的態度，他說：「不要再聽這個人說的話了，因為他早就已經跟太子見面了。」

威廉國王的態度很明確，他必須要為人民做一些事情，不然的話他會覺得自己對不起上帝的恩寵，威廉國王的這番話只對俾斯麥一個人說過。有一天，在威廉國王的書房裡，俾斯麥前來拜見，當時國王不像以前那樣總想著退位了 —— 但退位詔書卻早就準備好了，還拿給俾斯麥看了。事實上，很早之前，國王就已經產生了這樣的想法，那時他已經讓羅恩和太子看過了詔書。威廉國王依然是個極為勤奮的人，而且時刻都展現出了一位軍人的風采，他對每一次戰爭都充滿了期待，他還對俾斯麥說：「如果我無法做好每一項工作，那我肯定不會再當這個國王了。」威廉國王這樣說的原因非常簡單，他心裡其實非常清楚，這些話也是俾斯麥最想聽的。

但俾斯麥也猜到了威廉國王會跟他說這些話，因為威廉國王內心的真實想法幾乎已經是無人不知、無人不曉了。這時，俾斯麥也猜到威廉國王會對他所做的一些事情進行指責，所以他就很自然地將一些事情推到了別人身上。他對國王說：「其實我是非常願意進入內閣的，但從目前的情況來看，羅恩仍然要繼續留在他的位置上，所以還是要選擇其他人來任用。」這時威廉國王向他問道：「你能夠不顧大多數人的反對而繼續堅持對陸軍進行整頓嗎？」俾斯麥用非常堅決的語氣回答道：「我肯定能夠做到。」威廉國王繼續說道：「好吧，既然你有著如此堅決的態度，那我們兩個就要好好進行合作。既然有你這樣一個好助手來幫助我，現在我收回退位的決定，我相信，在我以後所開展的計畫中，你一定能夠為我提供很多的幫助。」

　　俾斯麥明白威廉國王對自己說這番話的心意。國王早就做好了充足的心裡準備，來跟俾斯麥進行這場談話，他的想法很直接，就是希望俾斯麥充分發揮自己的傑出才智，幫助自己實現夙願，因為威廉國王非常清楚，在目前這種情況下，只有俾斯麥能夠幫助自己鞏固地位，也唯有俾斯麥可以將更多對自己有利的建議提出來。因此他毫不遲疑做出了向俾斯麥表明心跡的決定。有一次，威廉國王趁著邀請俾斯麥到花園散步的機會，給俾斯麥看了一份自己早就寫好的文件，文件的內容都是國家現在所面臨的問題以及相應的對策。俾斯麥只看了一半，就猜到這份文件都是按照王后的意思來寫的，俾斯麥覺得背後肯定隱藏著不可告人的陰謀。這時，他身上那種驕傲和自信的性格再次展現了出來，他馬上對威廉國王做出了最為堅決的回覆——拒絕就此事展開討論。俾斯麥對他說道：「目前我們最應該做的就是集中精力解決普魯士的未來發展問題，其中的重點則是普魯士將來的政體到底是採用議院制，又或者是獨裁制，至於各黨派之間的矛盾，

第二章 鬥士（1852-1862 年）

倒不是最急需解決的。我希望我們制定所有計畫的目的都不是為了去對某個人進行過多的制約，否則這樣做只會產生適得其反的效果。我的建議是，在一段時間內，國王應該透過獨裁制來對議院制進行壓制，也許這樣做能夠產生出其不意的效果。如果我的建議不被您接受，而您仍然要我去做那些事情，那我是不可能接受的。就我個人而言，我肯定不會去做那些容易產生不利後果的事情。今天我是以一種非常誠懇的態度來向您提出建議的，我希望您可以接受這些建議。我保證，自己所做的每件事都秉持著對您負責的初心，如果某些事情會對您的權益造成損害，那我肯定不會那麼做，因為我始終認為這樣做會令我生不如死。」

如此堅決的語氣、如此誠懇的態度，在俾斯麥身上似乎從未出現過。事實上，俾斯麥正是希望透過這種非常獨特的方式來獲取威廉國王對他的信任。從他的話語中，能夠看到一個全然不同的俾斯麥，他就如同一個「魔鬼」一樣，在他的身上，總是能夠展現出不同的態度和觀點，他總能夠在最緊急的關頭閃耀出奪目的光芒，他的意志對他做事的態度發揮了決定性作用。

第三章
勛臣（1862-1871 年）

第三章　勳臣（1862-1871 年）

一、鐵血宰相

俾斯麥執政期間，對身邊一些人的言行充滿了鄙視。他曾給自己的朋友莫特利寫信說：「我非常討厭每天看到身邊圍著一群目光呆滯而木訥的人。在這些人裡面，很多都有著豐富的學識，但他們仍然經常會表現出非常白痴的一面。在這裡，每個人都會不擇手段地為自己謀取利益，有時甚至會自相殘殺，或許他們如此豐富的想像力可能就是因為擁有過人的智慧吧！他們也算是有學問的人了，畢竟德意志的教育還是很不錯的，也許是因為當今政府的體制出現了問題，才讓他們有了這麼大的改變。我已經厭倦現在的生活了，對這裡的人和事也越來越討厭。每當我們討論一件事的時候，尤其是與歐美問題有關的事情，這些人就總是表現出一副無所不知的樣子，可實際上他們內心深處的激烈鬥爭卻時刻都沒有停止過。」

這時，俾斯麥的性格也有了很大的改變。從前，對自己不喜歡的人和事，他會隨時隨地、毫不遲疑地說出來。每次在會議上發表演說，他都視為一場戰鬥，在由他組織的會議上，他會以演講的方式將自己的想法全都表達出來。但是，只有當初那個俾斯麥才會這麼做。現在的俾斯麥，每天都將自己的全部心思放在了對將來的規劃和思考上，他不再像以前一樣有那麼多的話要說。因為他非常清楚地知道，當自己的計畫尚未完全成熟時，是絕對不能洩露一點消息的，因為哪怕有一丁點的相關資訊被洩露出去，就將給自己帶來很多不必要的煩擾。

俾斯麥變成了一個越來越理性的人。上任伊始，他便決定與議院休戰，對待內閣，俾斯麥的態度也發生了很大的改變。就在那些內閣大臣們覺得俾斯麥會對他們報以非常不友好的態度時，俾斯麥做出了讓這些人大感意外的舉動。例如，每次俾斯麥接見這些人時，都表現得十分友好，有

時俾斯麥甚至會對他們說,他覺得自己所屬的黨派在很多事情上都做得過於偏激了。很明顯,這樣做是為了拉攏人心。而且俾斯麥還很會做人,他從不會因自己手握權勢而仗勢欺人。儘管此時他的心裡還隱藏著很多的不快,但他仍然表現得非常大度。在此期間,俾斯麥非常謹慎地一步一步將自己的計畫逐漸變成現實。

在會議上俾斯麥曾這樣說:「德意志一直都是如此,從來都不會考慮普魯士的利益,總是在為自己謀求更多的利益。」正是在這次會議期間,他幾乎將自己想的所有事情全都說出來了。期間他還從自己的雪茄菸盒裡拿出了一根橄欖枝,並對所有在場的人說,他是在農場裡撿到這根橄欖枝的,並且想將它送給民主黨派當作紀念品。這種做法表明了他對這群人的不屑態度,不過他也沒有表現得非常明顯,這也體現了他成熟的一面。然後,俾斯麥又把話頭引到了最近報紙對他的控訴。他辯解道:「那樣的事情根本就沒有發生。如今的德意志確實非常混亂,但也不能把所有的罪過都推到我一個人身上。我反倒覺得這正好是普魯士所能夠把握住的最好時機,應當集中全部精力做好戰備。當然,這麼重大的問題,絕對不是靠著幾次精彩的演講就可以解決的。從目前的形勢來看,必須要透過鐵血政策才能令現狀有所改變。如果現行的政策和條約不夠好,我們的邊境也無法得到安寧。」

這一次,俾斯麥的話又惹惱了很多人,這也是最令他覺得後悔的事情。十多年前,俾斯麥就曾經犯下同樣的錯,因為類似的言語得罪了不少人,這對他日後的發展沒有任何好處,而且還令他喪失了很多重要人脈。這回也是一樣,會議結束之後,他的好友羅恩就批評他的言論。此時的俾斯麥才趕忙進行解釋:「我並沒有幫助德意志獲取更大進步的意思,反倒更像是一種帶血的警告,而我更在乎的是對軍隊進行整頓,如果你們這麼

想，那就誤解了我的真實意思。真的非常抱歉，我以後在遣詞造句上一定會更加小心，絕對不會再造成這麼大的誤會了。」

俾斯麥剛剛就任時，便請求王后對他更加嚴厲些，他渴望靠自己的努力做出真正令人信服的成績。威廉國王看到了他的那些措辭之後都感到害怕，甚至非常擔心他的安全。俾斯麥也意識到自己這番話究竟產生了多麼大的影響，因為就連王室成員在聽說了這番話之後都感到非常憤怒。

此時的俾斯麥也很想弄清楚威廉國王對自己到底是一種什麼樣的態度。俾斯麥內心猜想著威廉國王此次回來後的情形，他認為肯定是充滿了責備和疑問。所以，他覺得自己一定要想出個好辦法來應對。因此，他決定祕密求見威廉國王，當俾斯麥見到他時，他看到了這位普魯士國王臉上的不悅，正當俾斯麥要做出解釋時，威廉國王卻沒有給他這個機會，他非常生氣地說道：「此事的影響肯定是無法估計和無法想像的，甚至可能造成極為可怕的嚴重後果。用不了多久，奧本巴拉茲就會先把你殺掉，然後再殺掉我們。」但是俾斯麥本性難馴，又說了很多足以令威廉國王大發雷霆的話。

他說：「您說得不錯，到那時，我們都會被殺死！每個人遲早都要死去，但還有比這更光榮的死法嗎？我應該為我的國王、我的領袖英勇戰鬥而死。那您作為普魯士國王願意用您的鮮血來祭奠上帝賜予您的權力嗎？為了感謝上帝的恩賜，用自己的肉體和生命作賭注，不管是死於絞刑架還是死於戰場，二者都沒有太大的區別！每個人都難逃一死，關鍵要看是怎麼死的。當您說上帝賜予我權利和富貴時，就必須要為此去付出一些代價，不能枉費了上帝對我的恩賜。難道您作為普魯士的國王，就願意用自己的鮮血來換取權力嗎？我們就不能向上帝付出回報嗎？用自己的性命當賭注，這太不值得了。在目前這種情況下，您不要總是去想那些

懦夫的表現，因為不管到任何時候，他們一直都會是那副樣子。就像路易十六（Louis ⅩⅥ），不論活著還是死去，同樣都是一個懦夫，但查理一世（Charles Ⅰ）在歷史上卻是一個非常高貴的人。他在捍衛自己的權力失敗之後，仍然能夠神色不變地走向絞刑架，帶著王者的氣度從容赴死。」

「我越是這樣說，威廉國王的精神就愈發振奮，也愈發覺得自己作為軍人，就應當下定決心為捍衛自己的王位和國家而奮鬥。⋯⋯他是普魯士軍官裡的表率，如果不是為了自己，他絕對不會害怕死亡，他會去拼殺搏命，會服從戰鬥命令。但是要讓他為了自己而奮鬥，他就產生了畏懼，怕那些地位比他高的人，怕全世界的人會指責他，這時的他就會變成一個很脆弱的人。但是當威廉國王聽了我這番話以後，他那軍人的一面又全都展現出來了。」此事發生很久之後，俾斯麥用文字將其記錄了下來，不僅記錄了整件事的經過，還寫下了自己的感受。在普魯士軍官隊伍中，俾斯麥同樣堪稱模範，他從來都不會對那些用言語對他進行無限指責的人感到畏懼，相反，他總是能夠用各種各樣的方法來應對。但有些時候，他也會為此感到悲傷和難過。

俾斯麥總是透過各種手段令威廉國王改變對自己的看法，儘管有時候他也會為此感到不好意思，但他只能這麼做。在他剛剛當上宰相之後，他就決定向威廉國王澄清自己當時所說的「鐵血」的真正用意。俾斯麥的身上能夠發生這樣的改變，也源自威廉國王給他的啟迪，他必須要為日後的一切打下扎實的基礎，因此，這時的俾斯麥也終於懂得了這個道理。所以俾斯麥經常這樣想，必須要努力地說服威廉國王，這樣對他今後要做的事情更加有利。當然，從一開始到此時此刻，國王身上就經常展現出軍人的氣質，因此他對於俾斯麥倒是從來都沒有害怕過，反倒在有些情況下變成一種贊成和欣賞。就這樣，俾斯麥一點一點地改變了國王的想法。

二、君臣生隙

　　俾斯麥曾說過：「我和威廉國王的關係並不是特別好，所以要對付這個人就要用一些必要的手段。」當時威廉還是攝政親王，而俾斯麥還未當上宰相。等到威廉當上了普魯士國王之後，俾斯麥面臨的最大問題就是：自己是不是適合普魯士？威廉國王是否會將普魯士交給自己來掌管？自己又應當用什麼樣的政治手段來支使威廉國王。事實上，俾斯麥確實透過某些手段令威廉國王對他深為信服，不過這種信服完全是出於彼此的需求，因為他們兩個都不是為了權力而奮鬥。

　　威廉和俾斯麥在討論國家大事時，會直抒己見，也因而發生多次激烈爭吵，甚至到了分道揚鑣的地步 —— 每次一到這種地步，俾斯麥便會用辭職來要脅，而威廉國王會因恐慌而讓步。當然，這些都是俾斯麥所希望和已經預料到的場景。從俾斯麥擔任大使開始，就每天跟威廉國王討論國家大事，他會透過自己的閱歷和優勢處理各種事情，相比之下，當時的俾斯麥是那麼友善，很容易與人溝通。當時威廉國王已經 72 歲了，但難免會有發脾氣的時候，這時的俾斯麥會用微笑來面對一切。

　　俾斯麥很了解威廉國王的性情，但威廉國王卻花了很長時間去了解俾斯麥，因此對俾斯麥有了成見，直到俾斯麥做了宰相，充分展現出自己的才能以後，才終於得到了國王的肯定。一開始，威廉國王並不想跟俾斯麥共事，這也令俾斯麥遭到了很多人的排擠。俾斯麥同樣也不喜歡威廉，他覺得自己的才能要比這位國王高得多，因此而表現出一種驕傲自大的情緒。但每當有重大事件需要作出決策時，他們兩個也會坐下來慢慢商議，往往是經過細微的觀察和對國王心思的準確揣摩之後，俾斯麥才將決定的權力攬過來，這也正是俾斯麥的高超之處。在讓威廉逐漸接受他支配的過

程中，俾斯麥也慢慢體諒了自己的國王，有時甚至也會做出一些讓步。同時，由於俾斯麥對威廉國王的態度發生變化，他也將國王視為封建主，在心裡逐漸將威廉國王放在了至高無上的位置，甚至在給妻子寫信時都這樣說：「我已經向國王的血統宣誓效忠。」這時，從某種角度來說，俾斯麥似乎變成了威廉國王的守護者，他對封建制度的忠誠，人們不會有絲毫的質疑。到了晚年，俾斯麥曾經將君臣關係比作父親和兒子的關係，有個任性父親，當兒子的也默默地忍受。等到威廉國王去世後，俾斯麥這種感情就變得更加強烈了，他甚至充滿感情地說道：「墓地就是留給後人來瞻仰的。」

對威廉國王來說，君臣和諧相處的最大障礙來自王后，王后對俾斯麥提出的「戰略方針」進行了批判。而俾斯麥對干預政事的奧古斯塔也有些厭惡。俾斯麥曾經將自己與奧古斯塔之間的爭鬥稱為「平生最艱難的一場戰爭」，奧古斯塔的最大優勢在於她能夠躺在帷帳裡，隨時在國王的枕邊說俾斯麥的壞話。除此之外，她沒有辦法在政治及觀點上獲得任何優勢。在奧古斯塔看來，俾斯麥這個人只會給自己的丈夫帶來災難。

俾斯麥不僅性格多疑，而且對社會上的一切都感到憤怒，這也讓他遭到了很多人的抵制和反對，唯獨在奧古斯塔的問題上，俾斯麥確實是無辜的。奧古斯塔身為一個女子而且還是王后，令俾斯麥毫無還手之力。面對王后的蠱惑和挑撥，俾斯麥只有沉默應對，因為只要他問國王是不是王后在幕後指使，國王就一定會板著臉矢口否認。

俾斯麥也曾鼓動威廉國王來反對王后，當然他沒有直截了當地提出來，而是鋪墊了很多客氣話。1865 年，他跟威廉國王在加斯泰因討論與奧地利簽訂條約的問題，俾斯麥的提案招致了各方反對，原因是威廉國王將此事告訴了王后。俾斯麥深感絕望，他覺得國王在處理國家大事時猶豫不

第三章　勛臣（1862-1871 年）

定，但他對國王這樣做也有所準備，同時也預感到繼續這樣下去他的計畫就會遭到全盤破壞。於是他給威廉國王寫了一封親筆信：

> 「首先，如果我這封信中所說的話對陛下有所冒犯，那麼懇請陛下寬恕我。我跟陛下一樣，相信王后會嚴格保守您對她說的那些祕密。但道理是相同的，如果過於相信血緣上的關係，那麼就會有各種消息從科布連茲傳到維多利亞王后抑或是太子和太子妃那裡去，甚至會傳到威瑪和巴登，至於我們正在嚴格保守的祕密則會被很多人知曉，這恰好可以令法蘭茲‧約瑟夫皇帝陛下對我們不再信任，甚至出現更糟的情況，至於最壞的結果，就是無可避免地與奧地利開戰。正如陛下說的那樣，處理如此重要的國事一定要格外小心，原因正是如此。」

> 「一旦我們與奧地利交戰，這件事就不能由國王一個人做主了，奧地利也不可能授予陛下這種權力。當然，戰爭也並非由那些包藏禍心的人引發的－如果真是因這樣的原因與奧地利開戰；我反而會以一種較為自由的、甚至完全不同的心態來應付。但是，請您相信，我考慮一切事情的前提都是對陛下及陛下的高貴人格有利，否則就不會制定這樣的計畫。如果陛下認為我無需顧慮這麼多，那麼我就只能祈禱上帝來指導陛下了，但我也絕對不會因此不去恪守職責，我仍然會為了讓自己的良心得到一絲絲寬慰而做好自己的本分。我深信陛下具有寬恕的美德，因此我也相信，就算陛下反對我的提議，也會給予我最大的寬恕，我之所以如此忠誠地為國王做事，一方面是要盡到我的職責，另一方面更是要令陛下高貴的人格獲得滿足。」

那時，政治家給國王寫信是很有必要的。政治家的看法是，如果沒有了政治家，這位威廉國王在歷史上將毫無成就可言。我們可以想像一下當時的場景，一個政客進出宮廷並非為了獲得榮華富貴，只是為了獲得國王的寬恕，這是多麼令人費解的一件事情啊。不管是站在上帝的視角還是憑良心給出客觀公正的評價，俾斯麥都是一位優秀的政治家，就如同下棋的好手，每一步棋都會讓人難以捉摸，他會將對手的棋子趕到角落裡，毫不

留情地吃掉。但實際上，當他正與威廉國王商討最為困難的問題時 ——
儘管這些事情就足以令他心力交瘁了，計畫仍有被破壞的可能。因為他精
心制定的計畫很有可能在無意間被洩漏，例如源自宮廷或從一個國家傳到
另一個國家的閒言碎語。假如奧古斯塔將這一計畫告訴維多利亞（Princess
Victoria）王妃，而王妃又將這個消息告訴她的母親 —— 英國的維多利亞
女王（Queen Victoria），然後再被其他人傳到維也納或是德勒斯登，那麼這
個計畫就會胎死腹中。由此可見，當時俾斯麥面對這種局面有多麼的無奈。

所有王室成員，沒有一個人支持俾斯麥，而且威廉國王也不是那麼小
心謹慎，當然，有一部分原因也是由於他受制於王后，而且王后的學識確
實比他高。雖然他將一些先進的英國觀念引入了普魯士，但卻沒有相應的
能力和手段讓國人去接納這些理念。威廉國王曾進行過多次努力，但始終
收效甚微。當俾斯麥頒布了對新聞自由進行限制的法令後，有一次，在但
澤市政廳對正在出巡的太子和太子妃的歡迎會上，太子大膽地說道：「真
是可惜，我來這裡的時機不對，因為政府與人民之間正在鬧矛盾，我知道
這件事情以後感到十分驚訝。因此我對現行的法律還不清楚，而且此前我
對這件事情也沒有耳聞。」

太子這次演講令威廉國王十分生氣，他一直覺得自己是一個以服從命
令、遵守紀律為天職的軍人。當年他在克里米亞戰爭期間，始終都是默默
地服從命令，但現在他的兒子卻公然對政府的法令進行非議，從而將事情
逼到了危險的邊緣，這讓他感到極為惱火。對於這件事，俾斯麥又是怎樣
處理的呢？身為宰相，他原本是能夠勸威廉國王對太子進行嚴懲的，因為
國王擁有這樣的權力，而且也確實應該這麼做。但俾斯麥反而勸說威廉國
王饒恕太子。俾斯麥說：「您需要慎重考慮對年輕太子的懲罰，特別是不
能在生氣的時候做出決定，要把國家的利益放在第一位。假如您與弗里茲

（Fritz）產生了爭執，人們通常會站在兒子那邊。在我看來，太子應當擁有言論自由這項權利，這也沒什麼不對的。」就這樣，俾斯麥以一種謹慎的方式對父子二人的矛盾進行了調停。

就在太子即將進入內閣主政時，俾斯麥說：「我認為還是先做好鋪墊，有一個過渡的階段，然後我就能更早地進入聽命於太子的狀態。太子當時那種驕傲的口吻，在後來的好幾年間我都沒有辦法忘記，他的脖子微微向後傾斜，臉色發紅，目光向左斜視著我，我心裡感到非常憤怒，但我強忍住了，向他解釋說我所說的過渡只是在指朝代⋯⋯我從內心期盼著他不要讓我來當他的內閣大臣，而在此之前我從來都沒有過這種想法。」

可以想像一下當時那種場景：兩個身穿軍服、腰間佩刀的人站在陰冷的大廳裡，俾斯麥感到自己受到了巨大的羞辱，從來都沒有人用這樣蔑視的眼神看過他。他怒火中燒，身上的血都沸騰了，有一種想拔刀與太子決鬥的衝動。但是，他就繼續傲然站在那裡，把一切都忍了下來，他一面猜測著太子的想法，一面逼迫自己低下了高傲的頭顱，以屈服的口氣說：「我絕對沒有這樣的想法。」

三、政見之爭

很多人都有反對俾斯麥的理由，有的是因為跟他的血統不一樣，有的是因為雙方的性格和興趣不一樣，還有的是站在了不同的立場上，俾斯麥將自己的反對者們分成了三個等級。俾斯麥認為，自己與其他的內閣大臣、軍事長官、經常出入宮廷的人以及各黨派的首領，全都缺少相互之間的信任。比如《十字報》、路德維希·革拉赫以及自由黨，與俾斯麥都有

很深的隔閡。只有羅恩是個例外，羅恩是唯一一個可以讓俾斯麥以一種非常大度的姿態與之交往的人，以至於當羅恩向他請假六個月時，俾斯麥儘管心有不滿，但仍然批准了，並且說道：「如果我想長久地走下去，就離不開你在政治法權方面所給予我的支援，因為我們兩個相處的時間最長久。」

而對於喬特爾——這個與自己有 15 年交情的老朋友，俾斯麥又是另外一種態度，喬特爾是一位音樂家，曾深得俾斯麥信任，但兩個人卻在丹麥的問題上產生了爭執。俾斯麥對喬特爾說道：「你覺得自己可以在潛移默化間讓我改變決定，但這是絕對不可能的事情……我的為人你很了解，因此你也能夠想像出來，我是否能夠像你想的那樣來處理此事……我只想對你說，你這麼做實在是令我傷心！」喬特爾馬上收回了自己的請求。從這件事，我們能看出俾斯麥處理問題時的睿智。

同樣，在外交部，也有人反對這位外交總長，但俾斯麥卻並未在意。駐巴黎的哥爾次（Goltz）、在佛羅倫斯的烏思敦，他們兩個也都想坐上外交總長的位子，於是便寫信給國王對俾斯麥的政策進行攻擊，但威廉國王卻把這些信都交給了俾斯麥。俾斯麥對這些信件是這樣回覆的：「從來沒有人如此反對過總長的報告和建議，這讓你們的報告看上去更像是參奏總長的奏摺……我對你的政治見解很是看中，但我並非像你所想的那麼蠢，或許你會覺得我是在自欺欺人，但我可以非常鄭重地告訴你，最近這兩個星期，我正在做的事情，就是你在報告裡提的建議，你也將會被我的愛國精神和正確見解所深深折服。你能夠提出不同的見解，這一點我很佩服，但是我最終的想法，卻不一定像你想的那樣……我從來沒有寫過這麼長的信，其實我完全可以給你發公函，但是我並沒那樣做。」俾斯麥的手法非常高明，讓對手們一個個敗下陣來。儘管其中有時會帶有一定的恐嚇，卻

第三章　勳臣（1862-1871 年）

也讓他得到了應有的尊重：這也足以證明俾斯麥在外交方面的出色能力。

　　什列斯維格的總督和威廉國王是朋友，跟俾斯麥也是老相識，但他實在忍受不了外交部的工作，於是給俾斯麥寫了一封辭職信。俾斯麥回復道：「假如你真的做出了這個決定，我會十分樂意幫你把這封辭呈轉交到國王手裡。但你能否先假設一下，陛下任命你做了外交總長，派我去什列斯維格當總督，那我會怎樣做呢？事先聲明，我會嚴格遵照你的命令去實行所有的政策，而不是讓你感到有任何的壓力……假如我連這點辛苦都無法承受，動不動就感到心力交瘁，那表示我也真的到了該退休的時候了。儘管從表面看來我會過上安逸悠閒的生活，但我的內心會感到愧疚，因為我無法為國家盡力，無法完成國王交給我的任務，因此請你相信，我寫這封信的初衷是好的。」

　　這或許跟人們想像中「鐵血宰相」的形象有些不太一樣，但俾斯麥正是透過這一類的手段，將對手一步一步引入自己的圈套之中。不過對於自由黨，他的態度卻又截然相反，他會毫不顧忌地對他們進行挖苦、諷刺。為了讓自己在道義和法律兩方面都占據有利地位，俾斯麥甚至重新定義了憲法，以便讓陸軍更容易獲得勝利。俾斯麥堅信「強權即公理」，儘管他有時也秉持這一原則來解決某些疑難問題，但卻從不會將它公之於眾，他會這樣辯解：「我只是把事實說出來而已。」

　　俾斯麥提交給下議院的預算更改議案遭到反對，並被告知這個議案是不合法的，於是俾斯麥便採取了強硬手段，他將議員請到了王宮，當眾對議員說國王已經同意進行改革，然後將議會解散了。這件事令俾斯麥立刻站到了風口浪尖之上，有人要求對宰相的權力進行限制，更有甚者提出直接將他罷免。當報社的評論和演說全都在攻擊俾斯麥時，他仍然激昂慷慨地說：「是否宣戰議院無權決定，政府說了才算！」

　　路西亞（Lucius）曾在自己的作品中如此描述當時的俾斯麥：「他留著一副褐色的大鬍子，跟腦袋上的幾綹短髮一樣。身為內閣大臣，站在桌子旁邊的俾斯麥顯得如此魁梧。他精神抖擻，相貌威嚴，即便是他空閒時，他的言談舉止和容貌態度始終保持著一種挑釁的姿態。他總是習慣性地將右手插進褲子口袋裡，這讓我想起了學生們奮戰時那些性情急躁的見證人。」

　　施洛塞也曾對俾斯麥做出了類似的描述：「當時，他說話的時候還有一點口吃，說兩句話都無法相互連貫起來，就像他一個人同時要騎兩匹馬一樣！他的言談舉止每時每刻都流露出了一種挑釁的意味。現在，他講話比上個星期還要流利，當時他還沒有做出最後決定 —— 為了維護自己的統治，是利用議會？還是反對議會？」

　　至於俾斯麥與魏修（Rudolf Virchow）兩人之間的爭鬥，就更加富有戲劇性了。魏修是進步黨人，從少年時代便是一個勤奮好學的人，雖然看上去比俾斯麥文弱得多，但卻同樣有著俾斯麥那樣很強的問題分析能力。在俾斯麥還當著自己的二等地主時，他便已然成為當時病理解剖學方面的權威專家。更巧的是，兩人都是在 30 歲時放棄了原來的工作，半路出家開始從政，兩人經常會在議會進行爭辯，相較而言，俾斯麥在政治方面的天賦令他在面對這位曾經潛心研究病理學的專家時充滿了自信。

　　魏修諷刺俾斯麥對民族政策一無所知，俾斯麥進行了有力的回擊：「這位議員在病理學方面要遠勝於我，可是這並不代表他能夠在我擅長的領域肆意妄為，就政治而言，這不是他不擅長的領域，我也不太重視他的意見，因為我在政治方面的知識比他要強得多，在我看來，真正對政治一無所知的人是他才對。」像這樣爭論和吵鬧有很多次，最激烈時俾斯麥甚至一度要跟魏修進行決鬥，而此時俾斯麥已經是個 50 歲的人了。

　　在議會進行鬥爭時，俾斯麥總是這樣錙銖必較、寸步不讓，但是在處

第三章　勳臣（1862-1871年）

理國家大事時，他還是取得了很多令人稱道的功績。對於政敵，他會透過各種手段來對付；而對於國家這樣一部龐大的機器，他則運用自己豐富的閱歷和傑出的才能來解決問題。俾斯麥覺得解決各種衝突的最好方法就是獨裁，而他本人就是一位獨裁者。凡是與民眾利益相關的事情，他做起來都沒有任何顧忌，儘管有時候看起來真的是冒了很大的風險，但他仍會為這件事的有驚無險而暗自感到慶倖。辛姆森（Eduard von Simson）曾如此評價俾斯麥：「他這樣的政策就像一位並非詩人的人，偶然間獲得了靈感並寫出了一首絕妙的詩歌。俾斯麥就像一個在鋼絲上跳舞的演員，而值得稱道的是，他似乎從來都不會從鋼絲上掉下來，這是多麼的令人不可思議。」

現在，俾斯麥要進行報復了。在用人問題上，他開始遇上從未遇到過的麻煩，凡是他覺得想法不合規矩的人，最終都被他罷免了，就像他剛剛上任時就開始清除那些在行政、司法兩界擁有自由觀點或是令他覺得有自由觀點的人，僅在俾斯麥上任最初四年，被他罷免職務的官員就有1,000多名。而只要來自進步黨的議員來求情，那麼下一次被罷免的人就是他們，可見俾斯麥的手段有多麼狠。來自鄉團的自由黨官員遭到罷免，市長、市政廳參議、銀行職員……薪水會被扣掉一半。其他從事司法工作的官員要麼是薪水被削減，要麼是養老金被取消，全都受到了不同程度的懲罰。

在平定了政敵們之後，俾斯麥著手開始對報界進行整頓。在這方面，他學習了俄國的做法，透過頒布比拿破崙時期更加嚴苛的政策法律來約束報社。有一次，一家報社因為刊登了抨擊政府的文章而令俾斯麥大為光火，他覺得僅僅停版還不足以懲戒報社，於是又給這家報社羅織了更多罪名，最終使這家報社被封禁，工作人員永遠不能再從事出版工作。儘管俾斯麥不擇手段地達到了報復的目的，但在做這些事情的時候卻會打著道德

和法律的旗號,甚至在自己真的沒有辦法時,他仍然會藉著上帝的名號來對自己的行為進行掩蓋,只不過這樣也就是騙騙自己罷了,因為除了妻子喬安娜之外,也許已經沒人想再聽他那些荒唐的藉口了。

身為政客,俾斯麥從未改變自己對權力的追求,這正是德意志人最明顯的性格特點,在這方面,俾斯麥倒確實是一個當之無愧的德意志人。

四、挫敗奧國

普魯士內部衝突四起時,德意志的其他邦國都在看熱鬧,但這些衝突正好給了政府鞏固權力的機會。對德意志的一些小邦來說,議員的主要作用就是辯論預算是否正確,至於其他方面,則很少能夠提出建設性的意見。

革命的波蘭人在正在崛起的奧地利哈布斯堡家族身上看到了希望,但此時的普魯士卻與俄羅斯正式簽訂盟約。1863 年,由於戈爾查科夫(Alexander Gorchakov)得到了俄羅斯親波蘭派的支持,同時也是為了讓那些自由主義者在民族自由的口號聲中掩蓋自己反對俄羅斯的真實意圖,因此波蘭對俄羅斯的反抗是成功的。俾斯麥之所以要與沙皇簽訂陸軍的條約,也是想趁這個機會死死地拖住俄羅斯,以便不讓俄國插手普魯士與奧地利之間戰爭。但英國大使對這件事表示反對,並強調不會讓普魯士去幫助俄羅斯。俾斯麥用非常平靜的語氣問道:「各聯邦難道還想聯合起來反對這件事嗎?」於是大使們都不說話了。

俾斯麥非常清楚目前的局勢,這樣的形勢他已經等待了十二年。他非常謹慎,他會在夜晚花幾個小時去撰寫提綱、報告和書信,對未來的走

第三章　勳臣（1862-1871 年）

勢進行預判，以便於自己布置下一步。對於未來可能發生的各種變化，他一定要迅速做出反應。自由黨的士威斯丁（Karl Twesten）、瓦爾德克（Waldeck）和魏修等人在演說時這樣說道：「俄羅斯人宣戰，我們有四萬五千英里的國土遭受戰火摧殘，但是政府卻不管不顧！……普魯士人為了這樣一項政策而流血，真是太不值得了！……我們此刻正被捲入一件因人為失誤造成的禍事中，這一切都會讓全歐洲感到厭惡！」而俾斯麥則非常客氣地反問：「波蘭這個獨立的國家，為了不讓自己的鄰居普魯士得到但澤和托倫兩個地方，不惜將其國家利益出賣給其他國家，難道這樣做就是正確的？這不但在政治上是一種詬病，而且對德意志來說，更是一種悲哀。」

在外交上，俾斯麥的策略無疑是對的，他這麼做，目的不僅僅是對波蘭表示反對，更是要向俄羅斯展示誠意，因為波蘭、俄羅斯、法國若聯盟，將來都會對普魯士形成威脅，現在俾斯麥的政策正好將波蘭、俄羅斯的威脅消除了，如此一來沙皇就不會在普魯士和奧地利交戰時插手，這正是俾斯麥所希望的。俾斯麥透過這麼簡單的方式就贏得了俄羅斯的友誼，這比進行一場戰爭可要輕鬆多了，而他要做的只是在協議上簽上自己的名字。儘管他因此受到波蘭人的仇恨，但對於俾斯麥來說，這絲毫無法對他造成損傷。

俾斯麥一直都非常崇尚武士精神，面對威脅與困難時，他從來都是選擇一往無前，正是這樣的大無畏精神給了他勇氣，使他能夠從容面對來自兩院的指責、國王的懷疑、王后的反對、各邦國的惡意攻擊、各國大使的陰謀、甚至是外國革命黨給他宣判的死刑。當然，他這種自信源自一種穩固的根基，這種根基的前提是他做的所有事情都是正確的。而且俾斯麥的過人膽識就是很多領袖和諸侯所無法具備和比擬的。

　　剛剛上任時，俾斯麥就對卡羅伊（Karolyi）說：「兩個國家的交情，如果不能變得更好，就是變得更壞了，這是無法避免的，現在普魯士的誠意是有的，可是如果貴國內閣不想遷就我們的話，我們就只能先做最壞的打算了……奧地利對於繼續堅持反對普魯士的政策，是可以選擇否定的，主動權仍然在貴國手裡。請相信，如果貴國仍然對我國的想法和期望繼續不理不睬，那普魯士就只能做點事情來讓你們相信，現在這種選擇是錯誤的。」從腓特烈・威廉四世開始，還沒有哪一個普魯士人敢跟奧地利的大使說這樣的話，好在這位伯爵一直很讚賞俾斯麥，而且他是匈牙利人，所以兩個人避免了一場無聊的爭吵。俾斯麥對另外一位從維也納來的大使說：「你們說是『自相殘殺』，這一點我堅決反對，我唯一承認正確的政策就是『不妥協』，假如你們反對，那就需要一場鬥爭了，拳頭對拳頭，狠狠地打。」對於俾斯麥的說法，維也納和奧地利的大臣們都報以冷笑，他們認為這個人無疑已經瘋了。

　　對於俾斯麥提出的計畫，奧地利提出了改變德意志這種聯邦形式的策略，他們提出可以設立 5 個總理，由奧地利擔任正主席，普魯士擔任副主席，此外再設立代表議會，由德意志各邦國議院來選派。俾斯麥對此表示了強烈反對，甚至以退席來威脅，因為他認為奧地利此時並不具備這樣的優勢。奧地利於是提議召集各國王侯在法蘭克福開會，企圖趁機把俾斯麥甩開。法蘭茲・約瑟夫更是親自拜訪威廉國王，他對威廉國王說自己提議成立帝國議院，分成王侯議院和人民議院，其他的王侯都已經赴約，現在邀請普魯士國王一起參加，威廉國王很想去，因此這會讓奧地利的皇帝感到高興。但他隨後就發現，想要甩開俾斯麥是多麼不容易，因為即便是在奧地利，俾斯麥也始終與這位老國王形影不離。俾斯麥在晚年時曾經為此事懊悔不已：「如果我能趕在奧地利皇帝前面見到國王，那麼國王心裡對

那個提議的印象必定是完全不同的。」但俾斯麥在這時只能又一次用辭職來威脅，勸說老威廉不要參加這次會議。可是等俾斯麥和威廉國王到了巴登，薩克森國王就以全部王侯的名義再次對威廉國王發出邀請，這讓他很難拒絕。

「我滿頭大汗，費盡唇舌終於勸住了他。他在床上躺著，眼睛裡不由自主地流出淚水。此時的我一點力氣也沒有了，差點無法站起來。當我從那間屋子走出來的時候，我的身子搖搖晃晃，根本站不穩，精神差到極點，甚至，在我出門時，竟然把門把手給弄斷了。但我最終還是說服了他。」當俾斯麥把推辭信發出之後，他再也控制不住情緒，將一個裝著玻璃杯的盤子掀翻在地。

正像俾斯麥所顧忌的那樣，假如威廉國王真的接受了奧地利皇帝的邀請，那他就會坐上德意志聯邦的第二把交椅，而他們所商議的事情不會再與俾斯麥有關。但此事最終由於俾斯麥的阻撓和威廉國王的推辭而沒能成功。這是奧地利最後一次嘗試鞏固德意志頭號邦國地位的行動了，隨後，什列斯維格－荷爾斯坦事件就發生了。

五、知己盟友

假如非要在當時的歐洲找一個能夠與俾斯麥相匹敵的人，那必然就是拉薩爾（Ferdinand Lassalle）。跟俾斯麥一樣，拉薩爾也是一個非常有天賦的普魯士人，由於他既沒有強大的黨派支持做後盾，又是一個革命派，因此沒有受到大對頭或者大勢力的注意，但卻在很短時間內得到了俾斯麥的認可。

身為一個畫家，拉薩爾看起來很有風度、性格也很溫和，他似乎將所

有的激情都貫注到了自己神奇的畫筆之下。他的想像力很豐富，將自己理想中的夢幻世界全都在畫布上描繪了出來。但在現實生活中，他也非常擅長使用辭令和語言來跟別人打交道 —— 而非使用拳頭。與他相比，俾斯麥更加充滿了激情，他身體健壯、心思也很細膩，從來不屑於去空想，而是充滿了實幹精神，對待每一件事情，他都是只看對自己的重要程度，而不在意是非曲直。這種性格是由俾斯麥的階級屬性來決定的，因為他出生在一個地主家庭，相對於那些世俗的是非觀念而言，他更在乎實實在在的利益。但拉薩爾卻是個沒有國籍的猶太人，度過了艱苦的青少年時代，逆境的成長經歷使他形成了他遇事孤注一擲的性格。這也就決定了兩個人儘管智慧過人，但個人境遇卻大為不同，俾斯麥三十二歲時就透過不斷的升遷來讓自己的地位更加穩固，而拉薩爾一直到二十二歲才開始擺脫門第給他造成的阻礙。

儘管兩人在生活境遇上截然相反，但卻有很多相同之處 —— 他們會因為同樣的激情而感到激動，都有鋼鐵般的骨氣與意志，而且都是膽識過人、憤世嫉俗的人；兩個人都對權力充滿了渴望；也不懂害怕為何物，對自己的上司更是不肯遷就；他們甚至不會老老實實地去談戀愛。俾斯麥對普魯士充滿熱愛，對奧地利充滿仇恨；拉薩爾則是厭惡第三階級、同情第四階級。他們兩個在自己的圈子裡都無法找到知心的朋友，因為他們都覺得跟自己同一階級的人都是小氣鬼。

俾斯麥和拉薩爾都熱衷於工作，俾斯麥熱衷的是國家大事，替國王效勞；而拉薩爾是站在了人民立場上，為人民服務。與拉薩爾相比，俾斯麥的生活就像一座固若金湯的城堡，但在某些情況下卻必須受制於國王；拉薩爾則正好相反，他生活在空中的樓閣，擁有著彩虹一樣的光環，卻沒能真正掌握權力，二人在地位上的差異，使拉薩爾看上去更像是一個隨波逐

第三章　勛臣（1862-1871 年）

流的演員。俾斯麥就要務實得多，他更看重的是出現在自己眼前的實物，而不是像拉薩爾那樣只關注未來那些虛無縹緲的、遙遠的東西。

兩個人是在跟市儈派的鬥爭中相會並結識的，在世人真正認清兩個人的價值以前，他們彼此之間就已經知道了對方的價值。如果俾斯麥在 1863 年那次跟魏修的決鬥中死去，那麼他的名望是絕對無法超越拉薩爾的，雖然拉薩爾比俾斯麥小了十歲，而且他去世也比較早，可他至今仍然為世人銘記和仰望，當然正是由於他的死，才讓他的聲名流傳至今。他一生都在為自己的理想奮鬥，卻沒能看到理想變成現實的那一天。而俾斯麥卻總是帶著明確的目的來做每一件事，他的功勞完全是因為德意志才建立的。

在與市儈派進行鬥爭期間，俾斯麥需要求助於一些勢力來達到反對憲法的目的，他憑藉手中的權力將矛頭對準了人民，人民必須要服從他的命令，但拉薩爾卻只能依靠群眾，因此他不擁有什麼權力，也不能讓自己所領導的群眾擁有俾斯麥那樣的權力。但是在市儈派這個問題，兩人的觀點是相同的，他們都反對自由貿易，也不喜歡那些主張開展自由貿易的自由黨人。1862 年的 9 月，俾斯麥說：「權利問題很容易發展成勢力問題。」當有些擁有權利的人因為持有同一種看法而集結在一起的時候，就會形成一股勢力。而拉薩爾早在這一年的四月就曾說過：「憲法的問題實際上屬於勢力問題而不是權利問題，那些憲法中的條文只有對社會各方面有關勢力的問題做出充分規定和說明的時候，才能顯示出它的寶貴並且能夠持久施行下去。」由於說了這番話，拉薩爾也遭到了攻擊。對此，他回應說：「我只是在陳述一個歷史事實，並不是要把強權建立在公理之上。」在他創作的劇本裡，他曾經讓一個叫錫金根（Sickingen）的角色這麼說：「只有鋒利的寶劍才具備這樣的威力，它能夠讓一切偉大的功業、一切我們所追求的美好變為現實。」而這些話顯然是他發自內心想說的。

　　凡此種種，可以讓我們清晰地了解到拉薩爾以及普魯士伯爵們的立場，因此《十字報》這樣評價他：「他的自由裡面不包括刺刀和拳頭，當然也沒有更大的權力，但他確實是個實實在在的人物。」此時，反對黨最主要的目的就是拉攏和引誘工人階級脫離進步黨。有的保守黨人說：「我們用什麼樣的理由來說服工人們對一個不為自己辦事的政府表示支持呢？」俾斯麥聽了之後馬上做出回應，他先是派出一個委員團去分析和解決工人遇到的養老金問題，然後又開始對工人的生存環境進行改善，他還提出要讓政府像雇主一樣樹立良好的示範，制定出一個可以遵照執行的工作章程，然後發放給雇主們。這個章程需要對很多方面的內容做出規定，例如工人的薪資標準、如何處理糾紛、成立工會組織、工人在醫療和養老方面的制度保障等。這些計畫都是俾斯麥當上宰相六個月的時候所提出的，而從 1860 ～ 1870 年，這十年間，除了普魯士，還沒有哪個歐洲國家和地區提出過這樣的規劃，在這一點上，俾斯麥的做法與拉薩爾的想法是非常契合。

　　但是，兩個人的目的卻不一樣，俾斯麥這麼做並不是由於愛民，而是源自他對中產階層的怨恨。那些生活富裕的雇主在議會裡自稱是底層群眾的朋友，但他們對俾斯麥的計畫卻表示反對。拉薩爾也在自己的信件和演講中對這群採用雙重道德標準的人給予了猛烈的抨擊，而這也正是宰相俾斯麥最想看到的結果。

　　革命時期的成長經歷對拉薩爾有著深刻的影響，他做任何事情時都不會防著別人，也從來不問自己的同盟者來自哪個政黨，只要雙方有著共同的敵人，他就會與之聯手抗敵。儘管拉薩爾屬於社會黨，但他卻對俾斯麥這個受到萬眾指責的外交總長並不反感，甚至願意接近他。因為在外交政策方面有著相同的見解，他們建立了友誼，拉薩爾同樣也希望建立一個統

第三章　勛臣（1862-1871 年）

一的德意志，他這個願望形成的時間比俾斯麥要更早，而且他覺得德意志的統一應該是種族問題，而非朝代問題。拉薩爾承認，在不侵犯諸王侯的土地前提下，也有實現德意志統一的可能。至於奧地利、匈牙利，他與俾斯麥的看法也一樣，兩人都覺得這兩個總共擁有兩千六百萬人口的國家並不在德意志種族的範圍內，他們的存在對德意志的統一會造成妨礙。

對於實行專制統治的拿破崙三世[3]，拉薩爾和俾斯麥一樣表示反對，但假如真到了緊要關頭，他仍願意與法國聯合對抗奧地利，而不是與奧地利聯手對抗法國，他在一份公文中寫道：「拿破崙三世假如根據民族主義來重新劃分歐洲的南部，那我們一樣也能在北方進行效法。假如他要讓義大利得到解放，那麼我們就應該去什列斯維格，因為只有這麼做，才能洗雪普魯士在奧爾米茨遭受的恥辱……假如普魯士總是持觀望態度、始終猶猶豫豫的話，那也證明了一個君主國是無法解決民族問題的。」對於無權無勢的拉薩爾來說，為了實現目的，只能經常打出民族牌。這一點與俾斯麥不一樣，俾斯麥是個外交家，對他來說，民族問題這個招牌並沒有太大的用處。拉薩爾曾經跟隨黑格爾（Georg Hegel）和費希特（Johann Fichte）學習，因此他的哲學觀點也會在自己的言行中表現出來，拉薩爾說：「德意志是一個崇尚哲學的民族，這對德意志來說算是一種崇高的榮譽，而這也是歷史與民族步伐一致的結果，強大的思想可以轉化成客觀實在的物質。這個過程就如同上帝創造世界的過程一樣……宗教能夠推動德意志的統一，這也將對每個德意志人高貴的心靈形成刺激。」

拉薩爾這篇文章並沒有讓俾斯麥感到生氣，他反而將它記錄下來，並

3　拿破崙三世，法蘭西第二共和國總統、法蘭西第二帝國皇帝。俾斯麥策劃了三次王朝戰爭，可以說是步步為營，與之相比，拿破崙三世在歐洲發動的戰爭無異於四處放火，因為法國得罪了不少國家，反而使德國統一的阻力在無形中減少了許多。看著普魯士在自己的眼皮底下逐漸強大，拿破崙三世居然無動於衷，最終，拿破崙三世因為在「普法戰爭」中法國慘敗而結束了自己的政治生涯。

據此來推演自己的結論。當然,拉薩爾有些話也是在恭維俾斯麥:「俾斯麥非常了解國家真實的憲法,他的很多見解都與我不謀而合。」

此後,從 1863 ～ 1864 年的冬天,這段時間,拉薩爾拜訪俾斯麥的次數超過了十幾次,每次會面他們都會談很長時間。俾斯麥曾經在議會上說:「拉薩爾在很多地方展現出的個人魅力強烈地吸引著我,在我所交往的人中,他是一個很有才能卻又最和善的人。」兩人經常會談論比較重大的問題,例如德意志的統一進程應以王侯為主導還是以民眾為主導。在他們看來,德意志很難實現共和。俾斯麥說:「你們沒有跟保守黨進行合作,是因為你們提名的人選幾乎不可能被選中,但我們雙方的利益是相同的,都是對市儈派奪取政權表示反對。」拉薩爾回答:「勞工黨和保守黨有可能結盟,但這並不代表他們能夠持久。」俾斯麥說:「我理解你的意思,現在的問題是,將來我們之中哪一個可以跟魔鬼一起吃櫻桃?這個結果,到了將來我們就會知道的。」

拉薩爾曾經試著勸說俾斯麥在國內實行普遍選舉,但俾斯麥卻認為目前的時機還沒有完全成熟。在給俾斯麥的信中,拉薩爾說道:「要讓所有的德意志人首先弄清楚什麼是選舉權。至於在選舉技術方面,則需要透過一些手段來防止有人規避投票和分散選票。我想跟你探討這些問題,期待您的約見。」這麼親近的語氣,可以想見當時的場景,俾斯麥一邊抽菸一邊傾聽著拉薩爾的談話,偶爾會開上一兩句玩笑。但是就在這封信寫好的第五天,普魯士就開始向丹麥發起了進攻,這讓他們的計畫完全被打亂,拉薩爾因此急著跟俾斯麥約談此事,但俾斯麥此時卻已無暇他顧,因為他正忙著打仗。

拉薩爾曾經勸導俾斯麥對生產合作社予以幫助,同時要求政府拿出一億元的資金來支持生產合作社的發展,另外,他還宣導建立大型國有企

第三章　勛臣（1862-1871 年）

業 —— 按照馬克思的理論構想，創造一個社會主義國家。但俾斯麥的目的卻恰好與之相反，他只想更好地鞏固普魯士的王權統治。到了新年，拉薩爾的活動更是頻繁，他領導西里西亞的窮苦紡織工人們與國王見了面，但俾斯麥卻很不合時宜地對這群可憐的工人們進行了調侃，這也進一步加深了國王和人民之間的隔閡與矛盾。

　　有一次，一個政府官員在未經調查的前提下，僅僅憑著雇主的單方面的陳述就對生活極為困苦的西里西亞紡織工人進行了處理，這令俾斯麥感到非常惱火，他覺得這個官員的辦事能力太差，提議將他免職，然後重新派出一個專門委員會來調查和研究工人們的薪資和養老問題。事實上，工人們也確實需要一個明白事理、善解人意的人來傾聽自己的心聲，而且這個人的立場一定要跟工人一致，而不是總在幫雇主說話。這些要求，俾斯麥全都滿足了他們。俾斯麥曾經勸說威廉國王從自己的私囊中拿出七千元，照著拉薩爾的建議，嘗試成立一個生產合作社。儘管這樣的工作會耗費較大的人力物力，卻能夠更好地提高工人們的生產積極性，在合作社裡，工人們還享有自由行動權利，不但可以拿薪水，還能分利潤。當時，有的政府宣稱反對國家對社會事務進行干預，但是俾斯麥的報告卻說：「紡織工人的日常飲食大都是洋蔥湯和加了鹽的稀飯，幾乎看不到肥肉，就連咖啡都降到了最少量，這些僅僅能夠讓這些辛苦的人勉強活命。」

　　有一次，俾斯麥還說：「如今各地都爭著向國家請求援助，可是國家是不可能全部都照顧到的。但是，難道國家會因為這樣的理由而放棄幫助這些人嗎？」俾斯麥停了停，揮起手來，用最後五個字表明了自己堅決的態度 —— 「國家能幫忙！」這就是他和拉薩爾商量的最終結果。就這樣，俾斯麥找到了一個同盟者，但拉薩爾卻因為一次名譽紛爭事件，最終被人用槍打死了。

六、普丹戰爭

　　布利克森伯爵和俾斯麥是老相識，這個丹麥人經常陪著俾斯麥一起打獵。俾斯麥擔任宰相時，曾給這位伯爵寫信說：「雖然我是宰相，卻還沒有做出任何的功績。假如你在這個位置上，就可以跟斯堪地那維亞打成一片，還能成立一個帝國，這樣的話，德意志的統一就會很容易了。將來我們可以創建一個德意志聯盟，擁有足以統治全歐洲的勢力。丹麥和德國同宗同源，在宗教、語言、文化方面都差不多，因此我想請你轉告丹麥人民，假如他們不按照我說的話去做，我也能令他們動彈不得，在我正與其它國家交戰時，我可不想背後存在這樣一個強勁的敵人。」

　　這種半開玩笑半認真的語氣的確讓人吃驚，當時，布利克森伯爵在丹麥擔任的也是宰相，乍一看，寫這封信的人像是一個好大喜功的瘋子，但布利克森伯爵深知，俾斯麥絕對不是一個妄想症患者，而是一位實幹家，他處處精心算計，這封信絕對不只是開個玩笑那麼簡單，反而更像是一個警告，而這個警告的目的就是為了什列斯維格－荷爾斯坦。

　　這兩個地方雖然不是很大，但從整個德意志的範圍來看就顯得很刺眼，什列斯維格－荷爾斯坦的人民態度和意見是一致的，覺得兩個小國永遠都不能分開，而且已經有了四百年的歷史。一位君主去世了，他的繼承者也會繼續遵守這樣的誓言，而且還要宣誓效忠新的憲法，並與那些民族主義者作對。

　　有個名叫奧古斯田柏格（Augustenburg）的公爵想要以兩百萬的價格賣掉自己的土地，他兒子發現賣地的契約有問題，於是利用爭端，奪得了父親的爵位。但很不巧的是，他的身邊恰好有一個希望自己國家變得強大的普魯士人，儘管他對這兩塊德意志土地的特性並不在意，但是當這兩個

第三章　勳臣（1862-1871 年）

地方成為德意志聯邦的會員時，無疑就會讓普魯士勢力大增。因此，他的核心想法就是讓這兩個小地方變成普魯士王國的兩個省。「如果我和丹麥人在私下裡進行聯絡和交往的話，儘管從交情上要比現在好得多，但卻無法擁有更為強大的實力，但選擇與獨立地方的領導進行聯絡和交往，顯然會更重要。」俾斯麥說：「既然這個人是馬基維利（Machiavelli）的信徒，那麼一定會先跟丹麥進行交涉，到時再利用這個奧古斯田柏格來反對丹麥，隨後再跟奧地利進行交涉，這樣就可以一步一步地走向勝利了。」

這個計畫雖然不算多麼的詳細，但它的步驟卻很完整，如果照此執行的話，那麼距離實現目標也會越來越近。1863 年，全德意志人都對這位決心從外國人手中奪回德意志土地的奧古斯田柏格公爵表示熱烈的歡迎。俾斯麥對此事也表達了自己的支持，而且在國務會議上也提議要奪取這兩塊土地，但威廉國王說：「我在這兩個地方並不擁有相關的權利。」

俾斯麥反問道：「以前進行大選時，腓特烈國王在普魯士和西里西亞擁有什麼權利嗎？霍亨索倫（Hohenzollern）族從來都以開疆拓土為己任。」

國王聽了以後沉默不語，太子也認為俾斯麥有點瘋狂，就連羅恩都一聲不吭。後來俾斯麥發現議事程序裡沒有自己的提議 —— 他的祕書說，是按照國王的吩咐刪掉的。

實際上，俾斯麥是非常感激什列斯維格事件的，因為這樣的話他就能夠先把奧地利拉到自己這一邊，隨後再將它甩開，最後成功地將它踢出聯邦議會。假如沒有杜伯爾、柯尼格雷茲的獲勝，這也不可能實現。毫無疑問，俾斯麥正行走在懸崖邊上，對於歐洲的情形，他必須要經常目不轉睛地盯著，但運氣好像也總是站到了俾斯麥這邊似的，好幾次幾乎不可能成功了，他都靠著各種巧妙的手段將危險消弭於無形。

俾斯麥絕對不會單槍匹馬向發起丹麥進攻，這是當然的 —— 因為這

麼做會將整個歐洲激怒 —— 包括奧地利。他曾經向身在維也納的外交總長勒克堡（Rechberg）伯爵表示，普魯士願以一國之力，去解放什列斯維格 - 荷爾斯坦這兩個地方，當時，這樣做也是比較順應民心的。等他透過這番話獲得了一位在歐洲勢力強大的同盟之後，他就無需再理會德意志其他邦國的態度了。對於各國表現出來的各種不安和顧慮，俾斯麥一概報以友善的態度，歐洲普遍希望這場爭鬥能夠造成兩敗俱傷的結果，這樣的話其他國家才會安心。從這個結果來看，俾斯麥可以說是一石二鳥，一來讓奧地利變成了自己的同盟國，能夠起到牽制奧地利的作用，二來也成功拖住了歐洲其他國家，這樣的話，普魯士便可以安安心心地對付丹麥了。

戰事還沒有開始前，俾斯麥這樣寫道：「奧地利試著重新調弊德意志聯邦議會的兩個月之後，已經沒有人再提起這件事情了，這時，奧地利對與丹麥交戰展現出了強烈的興趣，這證明我的計畫取得了成功，我們曾經努力了十年，卻從未辦成過。在聯盟的問題上，奧地利最終選擇了普魯士而非符騰堡，如果我們對奧地利不理不睬，那麼用不了多久，奧地利的內閣就會垮臺。在聖彼德堡和倫敦，我們的講話都是很有分量的，這種分量並不是來源於報社和兩院，而是源自強權，源自我們所擁有的實力。目前我們還沒有成為最強大的，所以我們需要來自奧地利的附和與幫助。至於日後是不是要把它甩開，那就以後再去考慮好了。」1863 年的耶誕節那天，俾斯麥在寫給巴黎的哥爾次的一封長信中，寫下了上述文字。從這封信的內容上，我們不難理解他為什麼能在強大的對手面前如此自信和強勢。

俾斯麥在努力爭取贏得威廉國王支持的同時，還要與議會中其他的反對派進行鬥爭，其中就包括民主黨。魏修說：「要立刻向國王發出危險來臨的警報，宰相的立場和觀點改變得這麼快，證明他從來就沒有固定的方

第三章　勛臣（1862-1871 年）

向，他無視人民的呼聲，損害了德意志和普魯士的利益。他已經瘋了，他將自己的靈魂出賣給魔鬼了。」俾斯麥回答說：「現在這裡有三百五十位議員，在這樣的緊要關頭，你們卻無法讓國家變得富強，現在有了這樣的政策。你們既不支持，也不執行，這樣的事情簡直太可怕了，你們有沒有想過，這樣做會對全域造成什麼樣的後果嗎？假如議院仍堅持不通過預算的話，那我們只能暫時挪用其它的費用了。」議院隨後便透過投票否決了俾斯麥借款作戰的提案，憤怒的俾斯麥將議院解散，一直等到第二年的時候才重新召開。

俾斯麥一方面靠著國王給予自己的權力來與議院鬥爭，另一方面又利用議院來對國王進行限制和恐嚇。他一邊用戰爭去堵反對派的嘴，一邊又用符咒一樣的話來迷惑柏林的卡羅伊，同時還用充滿威脅性的話對維也納的勒克堡進行恐嚇。威廉國王現在左右為難，一面受到俾斯麥的催迫，另一面還得時刻應對其他人的警告，兩邊的壓力令他痛苦不堪。對於威廉國王這種猶豫的態度，俾斯麥也深感絕望，他給羅恩寫信說：「國王對這場革命並不贊成，他寧願相信自己的敵人，也不願意相信我，我們還能在這個世界上活個二三十年的時間，真的需要為後代子孫做些打算了，假如這盤棋下輸了，我們都負有推卸不掉的責任。如果上帝知道普魯士將要亡國滅種，我們就真的是罪孽深重了！」只有在極度迷茫無助時，俾斯麥才會向上帝發出祈求。

最終，俾斯麥還是說服了威廉和法蘭茲·約瑟夫聯手，但是俾斯麥仍需要一個把這場以征服為目的的戰爭變成「公道戰爭」的理由，而且這場戰爭必須對德意志聯邦有利才行。俾斯麥指揮軍隊在三個月之內就攻占了杜伯爾，並占領了遠至阿爾森的全部領土。此時倫敦那邊召開會議並要求停止這場戰爭。俾斯麥也極力牽制拿破崙三世，希望他能夠在這種時候幫

助自己。俾斯麥把奧古斯田柏格公爵也請到了柏林，並安排他和國王、太子見了面。這會讓公爵認為自己擁有了穩固的地位，但其實他並沒有實權。

　　這場戰爭發展到第二階段之後，只耗時兩個星期便以普奧兩國獲勝而告終，兩個地方也被普奧兩國實際控制，現在只剩下唯一一個問題要解決——如何分配。普、奧兩國國王為此舉行會晤，期間，俾斯麥說道：「歷史現在讓我們聯合在了一起，我們如果能夠繼續保持下去，德意志就將會受到我們的領導和控制，只要我們保持一天的聯合，德意志就會被我們掌握一天。」法蘭茲·約瑟大問道：「你是想讓這兩個地方變成省嗎？還是更關心普魯士能夠獲得多少權利？」俾斯麥回答道：「我也想知道威廉國王的想法。」很明顯，對於如何分配的問題，兩個土國的宰相都不想親自出血，而是迫使各自的國王來爭取。將士們浴血奮戰得來的土地，國王們卻無權進行處置，雙方彼此之間的不信任令他們只能說一些冠冕堂皇的話來虛與委蛇，普、奧兩國的國王都裝出一副很客氣的樣子。會談結束之後，他們便開始享用早餐，而那位宰相卻沮喪得借酒澆愁。

七、普法斷交

　　雖然與丹麥戰爭獲得了勝利，但大家對俾斯麥政策的印象卻沒有絲毫的改觀，雙方的衝突反倒變得更加激烈。議員們對於整頓陸軍的提議不肯同意，自由黨也證實陸軍的整頓實際上還未開始，他們覺得這麼做是在對國家實行強權管理而非公理治理。到了 1865 年 1 月，俾斯麥再一次與代表們在議院相見，戰爭勝利之後，俾斯麥變得溫和了很多，甚至與此前那種嚴屬的形象截然不同。自由黨說：「政府只是隨著輿論的趨勢見風使舵

第三章　勛臣（1862-1871 年）

罷了。」俾斯麥聽了後馬上反駁道：「如果第一次你們沒有透過借款便能征服杜伯爾與阿爾森的話，那我希望你們也可以在同樣的情形下再創建一支海軍。」政府與議院的爭論仍然非常激烈。

對於戰後的利益分配問題，普、奧兩國的爭執也依然存在。奧地利不想讓普魯士擁有所有被征服的土地，只是想令其成為一個獨立的德意志聯邦。俾斯麥對柏林的卡羅伊說道：「你看看，面對這兩個地方，我們就像面對著豐盛宴席的客人一樣 —— 有的人胃口不好，還偏要阻止別人來享用酒席。」

後來，對於普魯士，維也納那邊也越來越不放心，這令俾斯麥的心情始終難以平靜，眼看自己為之奮鬥了十五年的目標成功在即，俾斯麥不想在最後關頭節外生枝。在一次議政時，他安然自若地說道：「目前正是作戰的最好時機，但是身為大臣，卻不能勸說國王去這麼做，因為最後的決定只能由國王自己來做。」此時威廉國王剛剛擺脫了因為與兄弟國之間發生戰爭而給自己內心留下的陰影，他來到了加斯泰因，叮囑俾斯麥處理好普、奧兩國的隔閡。到了 1865 年，勝利果實被瓜分，奧地利擁有了荷爾斯坦和勞恩堡，普魯士擁有了什列斯維格，而且這兩個地方的主權是聯合的，奧古斯田柏格公爵現在也被撤銷了。這使得歐洲其他的國家有些惱怒，他們向俾斯麥嘲諷道：「你們兩個國家立下的永不分離的盟約，就是這個結果嗎？」俾斯麥答道：「這就跟賭博一樣，我只不過胡亂賭而已，很多人都感到驚訝，但布洛梅（Blome）伯爵曾經說過，要想對一個人的性格進行了解，最好的方法就是跟他賭十五點。他看著我賭牌，如果知道我耍了點小把戲的話，就會認為我是一個喜歡冒險的人，但實際上我並不是他想的那種人。」同樣的道理，很多人其實都認為奧地利大使不會簽訂這樣的條約。奧地利本國同樣也發生了內訌，奧地利因為沒有同盟，最後

才在這個對普魯士非常有利的條約上簽了字。後來又將勞恩堡以 250 萬丹元的價格賣給了普魯士，俾斯麥非常高興地說：「因為這筆交易，奧地利會蒙受羞辱，不過對普魯士來說，這是一件非常榮耀的事情。」

俾斯麥此時由於開疆拓土有功而被封為伯爵，威廉國王也賜給他一枚把黑鷹寶星徽章。俾斯麥給妻子寫的信中，將自己的真實情感毫無保留地表達了出來，他說：「最讓我感動的是國王非常誠懇地給了我一個擁抱。」在俾斯麥看來，這個擁抱比授予他最高等級的徽章還要值得慶賀，他認為這是自己為家族所爭得的榮耀。很多身居要職的貴族公子與俾斯麥屬於同一階級，他的眼前經常會浮現出這些人的面孔，現在，他終於可以對這群自大而又享有特權的人表示蔑視了。俾斯麥耗費了兩年的心血，引領著威廉國王一步一步前進，才取得了這樣的戰果，但威廉國王卻說：「這樣的戰果完全得力於朝廷的策略，而你只不過是忠實謹慎地予以執行罷了。」這讓俾斯麥從內心感到自鳴得意的國王有多麼可笑。普、奧兩國的友好結局讓法國皇帝拿破崙三世和他的臣民們都非常嫉妒。但最先提出成立一個反對德意志統一的強大聯盟的國家卻是英國。

這時的俾斯麥也很想了解拿破崙三世的想法，便帶著妻子和兩個女兒來到法國旅行。但這又絕不僅僅是一次旅行那麼簡單，其中充滿了政治籌劃的味道。俾斯麥和家人住的地方與拿破崙三世的行宮距離很近，因此這更像在敵營中散步一樣。一位著名的法國作家梅里美（Prosper Merimee）曾經這樣描述俾斯麥：「他所表現出來的機警令他看上去不像一個普魯士人，他的外交天賦很高，同時也很有禮貌，有時他看上去不那麼聰明，但其實他是個非常機智的人。」一年之後，梅里美又寫道：「這位大人物的籌劃簡直無懈可擊，跟他爭鬥的人實在是太不明智了，在不具備與他抗衡的實力之前，我們是不可能戰勝他的。」如今，俾斯麥能否用自己高明的

第三章　勛臣（1862-1871 年）

手段騙過拿破崙三世呢？

　　他和拿破崙三世走在高坡上，與身邊的俾斯麥相比，拿破崙三世看起來是那麼的衰老。俾斯麥一邊走，一邊小心地對皇帝發出提醒，為表示尊重，俾斯麥每次轉身都要站在皇帝的左邊。俾斯麥精神抖擻、雙目炯炯有神，與他相比，拿破崙三世形容枯槁、臉色蠟黃，還有些駝背，但其實他只比俾斯麥大了幾歲。儘管表面上和和氣氣的，但只要認真觀察兩個人的神態，就很容易做出推斷：普法五年之後的戰爭已經無法避免了。拿破崙三世年輕時特別喜歡發動戰爭，但此時他的膀胱有病，身體日漸虛弱，這令他對新的戰爭爆發感到害怕。拿破崙三世覺得應該扶持普魯士的發展，這能夠讓自己獲得莫大的好處，而他也能從中獲得巨大的利益。

　　俾斯麥也不時地自問，對拿破崙三世來說，他最想得到什麼樣的戰利品？很明顯，自己不可能把任何一塊普魯士的領土送給他，而且法國皇帝對奧地利也沒有太大的興趣。就這樣，兩個人走走停停，談話中也充滿了弦外之音：「普魯士不可能給你們送上土地，但是如果你們非常想要的話，我們也絕不阻攔。」拿破崙三世面容非常平靜地說：「對於不斷擴充的普魯士，我們非常歡迎，希望你們能夠逐步將農奴制廢除。」俾斯麥回答起來也冠冕堂皇：「普魯士胸懷大志，我們非常重視與法國的友誼，如果普魯士是個心灰意冷的國家，就只能靠著與其他國家訂立同盟來生存了。我們無法創造時勢，只能靜靜地等待時機。」

　　這樣一來，話題就無法再繼續下去了，因為威廉國王對他談論與聯盟有關的話題是極力反對的，不過俾斯麥也不一定會把兩人的談話內容全都告訴普魯士國王。對待威廉國王，俾斯麥的做法與對待其他人是一樣的，他會在報告裡說一些含糊其辭的話，只把國王可以接受的內容寫進去，而且還要用國王能明白的語言。

俾斯麥與拿破崙三世的交談充滿了欺騙的味道，也許只有了到日後，我們才能明白到底是誰受到了欺騙。我們能明白這位政治家是如何罔顧輿論、罔顧國王的意願、罔顧歐洲各國的意願，不顧一切地要與自己的德意志兄弟發生戰爭，也能明白他用了何種手段來讓強大的法國受到迷惑和安慰的。

1870 年的戰爭並沒有讓普、法兩國分出勝敗，卻從此正式終結了兩國的交往。

八、險象叢生

愛國主義，曾經一度被認做是德意志人獨有的觀念，這一點在俾斯麥的身上也得到了淋漓盡致的展現。晚年時的俾斯麥曾這樣說過，德意志人發誓效忠於父母之邦的國王，最多只是因為自己熱愛生於斯、長於斯的那片土地而已。俾斯麥將自己絕大部分的感情都獻給了波美拉尼亞，普魯士對他來說，也不過是一塊被他多次征服過的土地罷了，這是不會讓他對普魯士產生家國之情的。同樣，他們沒有將科隆和梅梅爾這兩個地方視為同族的土地。俾斯麥對普魯士十分熱愛，但卻不在意它究竟會變成什麼樣，他只是對王室和政府更為看重，至於種族，對他來說則是一個無關緊要的問題。作為普魯士的宰相，他更多的是考慮如何擴張它的領土，而不是費力解決普魯士在德意志聯邦面對的眾多難題。

俾斯麥曾對自己的祕書喬特爾說：「普魯士的君位是唯一讓我在意的事情，而德意志的統一則是我最大的奢望。」當普魯士的宰相變成了德意志的政治家之後，我們不得不對他這樣與生居來的天賦感到驚嘆，由於只

第三章　勳臣（1862-1871 年）

為王室考慮而不為種族考慮，也決定了俾斯麥雖然能夠成為一位偉大的政治家，卻不能先知先覺。奧地利在得到了荷爾斯坦這個戰利品以後感到非常為難，因為對如此遙遠的一個地方進行管理，無異於管理一塊殖民地，而且還要應付不時添亂的奧古斯田柏格公爵，所以奧地利決定將這個地方賣給普魯士，同時也把威尼斯賣給了法國的拿破崙三世。這時，俾斯麥就能夠告訴威廉國王，普魯士的很多權利正在遭受別人的侵犯，此次，他非常坦率地說出了自己的計畫。

1866 年 2 月，在柏林召開的參政會議上，普魯士國王非常堅決地表態：「我們不敢發起挑戰，但這絕不意味著戰爭到來時我們感到畏懼。」這次表態得到了所有內閣成員的支持，但是太子卻表示反對，威廉國王說：「這兩個國家值得我們為之發動一場戰爭，但必須要等到時機成熟、經過完全準備之後才能那麼做。」此前他曾說他自己在這兩個國家沒有什麼權利，但現在那已經變成了歷史。威廉國王這種態度正是俾斯麥所希望的，他不願意因太子反對而讓希望化為泡影，因此他和太子辯論了很長時間。

戰爭即將到來，一切都已經不可避免，至於自由黨的態度，國王已經不怎麼在意了，但檢察官們卻指控他們犯下了濫用言論自由權利的罪行，俾斯麥於是派出兩個副裁判員來處理這件事情。這令議員們感到非常憤怒，衝突也因此並未得到解決。面對這樣的衝突，威廉國王看起來更像是為宰相充當後盾 —— 他下令解散了議會。對於這個結果，俾斯麥感到非常滿意。

現在，俾斯麥要採取行動來牽制法蘭西和義大利兩個國家了。哥爾次說：「得到這兩片土地並不是普魯士的最終目的，我們的最終目的是建立起一個以普魯士為核心的、統一的德意志帝國。法國皇帝已經答應在這場戰爭中站在中立的角度，但同時他也為普魯士的進一步擴張感到擔心。」

不久之後，提耶赫也在議院中發表演講，說北德意志將在不久之後完成統一，而法國的地位將會受到更大的威脅，因此必須進行阻止。拿破崙三世聽了以後極度惶恐，他開始為奧地利是否展開行動感到擔心。否則普魯士就會變得強大異常。

身為義大利的一位軍長，胡蘭吉這個人卻非常喜歡將小道消息四處傳播。俾斯麥認為，如果維也納得知了普魯士與佛羅倫斯祕密磋商的事，奧地利肯定會進行抗議，這就會成為讓威廉國王動手的最好理由。懷著這一目的，俾斯麥祕密約見了胡蘭吉，對他說道：「我希望自己能夠勸說陛下統一宣戰，但我不能保證一定能成功。」胡蘭吉果然上了俾斯麥的當。從維也納方面傳來的抗議書果然如期而至。這時，義大利決定跟普魯士聯手，當普魯士軍隊向波希米亞發動進攻時，義大利便派出軍隊去攻打威尼斯。雖然俾斯麥屬於德意志的國王黨，卻借外國軍隊之手來對付德意志的哈布斯堡，不過他並未覺得這件事情有多麼難為情。

但就在即將簽字時，卻遭到了威廉國王的強烈反對，俾斯麥差一點因此而精神崩潰，他甚至跟羅恩說自己想要辭職，幸好在羅恩的不斷勸說下，俾斯麥最終放棄了這個想法。現在，反對派們正聚在一起圍攻他，保守黨人也拋棄了他，他們覺得攻打哈布斯堡是一種非常不明智的做法。革拉赫也在《十字報》對俾斯麥的政策進行了攻擊，俾斯麥憤怒地反駁道：「我的腦袋沒有壞掉，我也不是那種急於讓整個國家陷入戰爭泥潭中受到拖累的人！」

至於太子和太子妃的反對顯得最為卑劣，他們為了反對戰爭而四處奔走，王后奧古斯塔對他們也極力表示支持。有一位希望維持和平局面的公爵甚至聯合了許多上層人士，給威廉國王寫了一封信來彈劾俾斯麥。俾斯麥很了解威廉的性格，知道他害怕奧古斯塔 —— 事實上，很多日後值得

第三章　勳臣（1862-1871 年）

懷疑的交涉，確實是由這位王后一手策劃出來的。太子妃的行為更為誇張，她給自己在倫敦的母親寫信，希望母親能向俾斯麥施加壓力。但是，即便她是維多利亞公主，這樣做也與謀反無異，讓國外王公來干涉普魯士的內政，那些內閣大臣是絕對不可能接受的。

儘管俾斯麥為應付來自各方的壓力已經感到心力交瘁，但這仍無法阻止俾斯麥繼續前進的腳步，為了引導輿論，他大膽地使出了一些手段。例如，他向德意志聯邦會議提出，透過普選來選出代表，然後召開會議，儘管拉薩爾此時已經去世，但這對俾斯麥利用自己的觀點來開展鬥爭沒有造成絲毫的影響。俾斯麥晚年曾這樣寫道：「在當時那種緊張的形勢下，我不得不這麼做，而且如果我覺得有必要，就會毫不遲疑地開展一場革命，普選會令那些君主制國家覺得恐慌，這也成功地避免了他們對普魯士的政事進行干預。在這樣的緊要關頭，如何不讓那些國家來干涉我們、如何能夠獲得成功是我唯一關心的事情。」十八年前，俾斯麥曾經極力地反對普選，但現在這卻變成了他的一種工具。

俾斯麥出人意料的宣戰，讓很多人一下子變得糊塗了，還有些人則是在旁邊進行冷嘲熱諷，俾斯麥這個曾經強烈反對普選的獨裁者，現在卻向國人做出了讓步，這樣的事情多麼可笑啊，難道俾斯麥變成一個膽小鬼了嗎？但如果大家知道太子的真實想法以後，就會毫不遲疑地站到俾斯麥這一邊，他們認為「要解決德意志的問題，靠著宰相的窮兵黷武是不可能做到的，而俾斯麥即使在做一件最神聖的事情時，他的表現也是如此的不恭敬。」特來奇克（Treitschke）曾針對此事寫道：「普選權絕對不是出於緊急需要才誕生的，而是在普魯士憲法制度完全成熟的情況下形成的，為什麼德意志人民能夠允許並接受這樣的觀念？這就是原因。大家只是覺得太過驚訝，為什麼普魯士的政策會改轉變得這麼快。」

　　這時，維也納方面的求和態度也讓俾斯麥感到非常驚訝，奧地利政府這麼快就改變了態度，不僅向普魯士求和，而且並建議立即停戰，這打了俾斯麥一個措手不及。直到後來，維克多·伊紐曼二世（Vittorio Emanuele II）做了出兵的決定，而奧地利也宣布出兵應戰，並且出動了全部軍隊，這才讓情況好轉。但在內閣會議上威廉國王的態度仍然很強硬，俾斯麥忍無可忍地跳起來說道：「陛下，請您相信我，我並不是為了讓您改變態度而刻意將自己的意志強加給您，所有的一切都是上帝在對陛下進行指導，是為了讓祖國獲得幸福，是為了讓您擁有這樣的熱情，為了讓您相信──多向上帝祈禱，是比上奏摺更有效的方法。我堅信一點，即便我們現在求和，戰爭的威脅也不會因此而消失，這只會讓一切朝著對我們更加不利的方向發展。奧地利始終將普魯士當作復仇的對象，這是他們的基本國策。維也納正在虎視眈眈地盯著我們，一旦我們面臨不利的局面，他們就會毫不猶豫地對我們出手。」

　　這套涉及宗教的言論對威廉國王很是有用，對上帝的信仰會讓他激動不已。後來俾斯麥又對國王講了奧爾米茨的事，這讓威廉感到坐立難安，甚至這樣威脅眾人：「如果我再聽到有一個人跟我說奧爾米茨的事情，我就立刻宣布退位。」

　　雖然如此，到了5月分，威廉國王還是召開了一場動員會，儘管事先並沒有說這是戰爭動員會，但很明顯，威廉國王已經妥協了。奧古斯塔王后感到非常憤怒，並離開了柏林以示抗議。太子也說這樣的話會讓西里西亞和萊茵河的土地丟掉。幾位年邁的軍官當得知這是一場將要發生在民族內部的戰爭之後，也極力表示反對。目前的形勢是，只有威廉國王和俾斯麥主戰，這也讓他們兩個陷入孤立無援的境地。威廉國王說：「我知道，每個人都在極力反對，但是我寧可親自上陣，也不想讓普魯士退縮半

第三章　勛臣（1862-1871 年）

步。」這時，俾斯麥也宣稱：「我知道自己的做法會讓很多人厭惡我甚至憎恨我，看起來我的好運氣似乎到頭了，但我仍然想說，我是在用自己的生命作賭注，就算到最後有人因此將我的腦袋砍下來，我也會將這件事進行下去，因為不管是普魯士還是德意志，未來都還有很遠的路要走。」

　　然而令人難以預料的事情還是發生了——俾斯麥這次的賭注差一點就應驗了，當時確實有個殺手正在尋覓機會來刺殺他，他想要趁這位讓人憎恨的宰相再次露面時下手。那一年的 5 月 7 日，大病初愈的俾斯麥第一次從自己家去王宮面見國王，正當他獨自一人沿著菩提樹下的道路往家走的時候，突然從背後傳來了三聲槍響，他馬上轉身，看見有個正對著他舉起槍的少年，俾斯麥沒有多想，立刻衝過去用一隻手抓住了少年拿槍的手腕，另一隻手則死死地扼住了他的咽喉。這個殺手的反應也很迅速，他靈敏的將槍從右手交到了左手，而且一連開了兩槍。其中一槍打穿了俾斯麥穿的衣服，另一槍則打中了俾斯麥。儘管如此，俾斯麥仍然用盡全身力氣，死死地扼住那個殺手的咽喉，直到一個路人和兩名士兵經過此地，俾斯麥才在這幾個人的幫助下將殺手抓住。這時俾斯麥才感到有點痛，但他還可以行走，他一定得回去，因為喬安娜還有幾個客人正等著他回來吃飯。

　　他神色鎮定地進了家門，沒有人察覺出他的異樣，他徑直走進書房，先是把衣服脫下來檢查了一遍，然後給國王寫了一封短信，這才從書房出來找到了他的妻子，他一邊親吻著妻子的額頭，一邊說道：「親愛的，請別感到害怕，剛剛有個殺手對著我開槍，真的要謝謝上帝，祂沒讓我受傷，現在已經平安無事了。」直到吃飯的時候，他才將這件事用一種輕描淡寫的口吻敘述出來，就像在講他如何打獵的事情一樣，「如果最後的兩槍完全打中了我，我肯定會死，但是我卻可以安全地走回家，我的外套、

襯衫和背心上都有槍眼，但子彈卻像是在我的皮膚上繞了一圈一樣，連皮都沒有破。一開始我還覺得肋骨有點痛，可是現在卻一點感覺都沒有了。」俾斯麥就像一個認真嚴謹的科學家，非常平靜地講述了整件事情的經過，卻沒有意識到這一次的死裡逃生完全歸功於自己的過人膽識和沉著冷靜，抑或者是他將殺手擒獲的手段。他只不過用最為平常的語言將當時的情況描述了一遍，然後就非常輕鬆地開始跟自己的朋友們喝酒聊天。

與俾斯麥的鎮定相比，威廉倒是顯得非常緊張，他不久之後就趕了過來，並且緊抱住了他的宰相。儘管普魯士人一直都厭惡俾斯麥，但現在卻為他成功逃脫殺手的暗殺而鼓掌喝彩，俾斯麥走上露臺，眼睛看著心懷鬼胎的各位親王，耳朵聽著民主黨人給他的歡呼，他只是非常簡短地講了幾句之後，然後就高呼了一聲「國王萬歲」！

殺手第二天就在監獄裡自殺了。他叫柯恩布林德（Cohen-Blind），還是個學生，同時也是半個英國人，至於刺殺動機倒是很簡單——想透過殺死俾斯麥來避免戰爭。羅恩說：「殺手以自殺的方式死去，令俾斯麥覺得非常懊惱，他恨不得能親自動手處死這個凶手。但假如俾斯麥真的被打死了，那麼普、奧兩國在政治層面的鬥爭很快就將爆發，但是德意志之戰卻能夠避免。因為這原本就不是一場人民的戰爭，也不是由兩個國家的內閣造成的，而是完全由俾斯麥一個人策劃出來的。在他的迫使下，普魯士國王、內閣大臣、軍長們全都聽命於他。」「假如俾斯麥就此死去的話，那麼普魯士人在第二次科林戰役中必敗無疑。」

俾斯麥遇刺事件發生之後，他的祕書喬特爾說：「他認為上帝都在幫他，因為他就是上帝挑選出來的那一個。」確實，此次事件發生在戰爭開始之前，而這場戰爭就是由他一手策劃的。這一次大難不死的經歷讓他更加認為「上帝就站在我這邊。」

第三章　勳臣（1862-1871 年）

九、普奧戰爭

　　刺殺事件僅僅過去一個月之後，俾斯麥便對自己的德意志同胞們宣戰了。老早之前，巴黎方面就開始叫喊著要「賠償」，拿破崙三世也對自己的政策感到後悔。俾斯麥派人偷偷對拿破崙三世說「如果我自己能夠做主的話，就算是冒著欺君的大罪，我也一定會幫您，但這只不過是我個人一廂情願的想法罷了，您知道國王是不會同意我這麼做的。」拿破崙三世對這些話感到將信將疑。最近幾週之內，各色人等都在勸說威廉國王反對俾斯麥，甚至有些與國王相交多年的好朋友也參與了進來。貝特曼霍威克（Bethmann-Hollweg）在給國王的信裡更是誇張地說俾斯麥根本就不是德意志人，他說：「只要此人還在陛下的身邊，那麼陛下就免不了受到其他國家的誤解，他們也不會再信任您了。」兩年以後，這位此前對俾斯麥毫無疑心的國王也逐漸開始因為幾件被透露來的事情而覺得驚恐，俾斯麥也直接承認：「雖然我的政策因為這幾件事情而處在一種不利的局面，但是如果我沒有這麼做，我就無法說服拿破崙三世，至少他也會覺得我這麼做是為了自己。」

　　這一年 6 月，奧地利將荷爾斯坦各階層的代表召集到了一起，俾斯麥對此感到非常憤怒，威廉國王得知後同樣非常生氣。一位信奉上帝的王公甚至直接對威廉國王發出了警告，威廉國王回答說：「奧地利這次背約之後就是奸詐，奸詐以後就是失信，我只能對著上帝祈禱。」從這一點看來，威廉國王對俾斯麥還是非常信任的，他覺得奧地利的背約令普魯士受到了污辱。

　　這時，俾斯麥也正為了這件事而傷腦筋。當普魯士的士兵攻打波希米亞時，俾斯麥也開始慫恿捷克人起來反抗奧地利，他在公告中寫道：「當

普魯士獲得勝利之時，波希米亞就會在跟摩拉維亞人的戰爭中占據更為有利的形勢。」很多德意志王侯當時都樂意出兵幫奧地利一把，但普魯士卻從德意志聯邦會退出，並對黑森、薩克森、拿索、漢諾威等幾個邦國發出了最後通牒，勒令他們在 24 小時內把問題考慮清楚。但是俾斯麥卻在這時約見了一位來自倫敦的記者，當談到巴黎的往事時，俾斯麥特意裝出了一副非常神祕的樣子。這位記者當天晚上就給巴黎發了一封電報，對這裡的情況做出了描述。當天晚上，俾斯麥跟英國大使在花園裡散步的時候提起了阿揖拉（Attila）：「阿提拉是位非常偉大的人物，他的聲望遠遠超過了你們下議院的約翰·布萊特（John Bright）！」當時正好是午夜 12 點鐘，俾斯麥說：「此時普魯士軍隊應該正開往漢諾威和黑森，與以往相比，這次戰鬥會變得更加激烈，不論能否取勝，我們的軍隊一定奮戰到最後。」

半個月後，消息傳來，普魯士軍隊獲得全面勝利，這令普魯士人的心情和想法有了很大的改變。那個殺手自殺的時候，還有很多人悼念他。但僅僅兩個月之後，情況就發生了翻天覆地的變化，普魯士人成群結隊地湧向王宮，在門前為自己的國王而歡呼。至於俾斯麥，大家更是對這位在外交戰場上屢屢獲得勝利的宰相刮目相看。很多人都聚集到了俾斯麥家門前，俾斯麥跟妻子站在窗戶邊向這些人說道：「普魯士國王的所有行動都是正確的！」隨後，這句自高自大的話就在全城傳開了。

俾斯麥從來都不會去討好群眾，此刻他就更沒有這麼做的必要了，為了解決衝突，他正在尋找更為穩妥的辦法，為此他決定重新進行選舉。在開戰之前的第三天，他將反對黨的兩位領袖召集到一起商量相關事宜，士威斯丁對這個想法表明了支持的態度，同時參與這次討論的還有自由黨領袖安魯（Unruh）。「大家總是覺得沒有什麼能夠難倒我的事，但卻從來都不關心我為之付出多少努力才換回了現在的結果，他們無法體會這一切。

第三章　勳臣（1862-1871 年）

我還要勸說國王讓我去做自己想做的事情，但人們卻總是覺得這些事情我能很輕鬆地做到。」

俾斯麥直截了當地轉述了國王對他說的話，想藉此表明他與威廉國王的相處並不是那麼輕鬆。

安魯說：「現在我們面對的形勢跟以前普魯士所面對的形勢有些類似……我對國王陛下是非常敬重的。」

俾斯麥說：「形勢雖然很類似，但在位的國王卻不一樣，因此我們只能竭盡全力，可以勸說一位普魯士國王召集德意志議會，我感到非常滿足。」

安魯說：「人們都對宮門上要掛旗感到詫異。」

俾斯麥說：「陛下曾經說過，何時動手由他自己來決定，這讓我無法按照自己的心意來做事，況且王后也總是反對我。」

安魯繼續問道：「假如我們失敗，後果會怎樣？」

俾斯麥回答：「普魯士國王只能退位。」

俾斯麥這些看似平靜的話像一枚枚重磅炸彈，他的每句話都很簡短，但都非常恰當地說出了國王此時的心境，他非常清楚，安魯一定會將這些話傳到外界。一旦失敗，必將對俾斯麥十分不利。

與俾斯麥相比，法國的司令官布涅德克的命運就更加令人同情，他指揮的軍隊打了敗仗，在法蘭西皇帝面前他會更加難堪。這一次普魯士之所以能夠獲勝，也全是因為太子的師團接應得當。喬特爾這樣寫道：「俾斯麥騎著一匹栗色駿馬，身上穿著灰色外套、頭戴鋼盔，眼睛裡閃著精光，他的神色有點怪異，就像神話故事裡的北方巨人一樣。」

到了戰場上，俾斯麥懇求將軍們把國王帶離危險區域，但沒有任何用處，國王根本不聽。「將士們身為軍人，不會對國王說會遇到什麼危險，

但我只是一個少校，他們把國王送到我這裡來，而當時我跟士兵們正在血泊裡打滾。」俾斯麥只好跑到國王跟前說道：「假如您在這裡被炮彈擊中，那麼就算我們打勝了，也將是沒有任何意義的。」就這樣，俾斯麥成功地勸國王離開了。對於國王的膽量，俾斯麥充滿了贊許，這同時也讓他想到了怯懦的上一任普魯士國王腓特烈‧威廉四世。

打了勝仗之後，有位副官說了兩句話，指出了關鍵所在：「大人，您確實獲得了成功，但假如太子不能及時接應我們的話，或許您就不能這麼風光了。」俾斯麥聽了以後並沒有斥責他，而是仰頭對天，哈哈大笑。也許這就是上帝對他的保佑吧。

十、主張和談

第二天一早，普魯士勝利的消息便傳到了義大利的羅馬，教宗和大臣們叫嚷著「世界就要滅亡了」。就在開戰的當天，普魯士剛剛透過公開選舉選出了 140 位守舊派議員。第二天，在跟太子商量戰事時，為推動德意志的統一，俾斯麥堅持要成立北德意志聯合會，這是個醞釀已久的計畫，俾斯麥希望太子能夠幫助自己完成這個計畫。但是國王卻主張和平，不想開戰。但是現在由於俾斯麥和太子齊心協力立下了奇功一件，兩個人都備受鼓舞，這也讓兩個人的關係變得親近很多。在俾斯麥舉行的宴會上，太子也親自參加了，同時這也是俾斯麥多年以來第一次向太子發出邀請。

這場戰爭讓俾斯麥更加清楚地認清了四周這些人的本性，「普魯士的人民很有膽量，但平時卻顯得安靜、服從、遵守秩序，不管對誰，他們都很和氣，不燒不搶，因為他們信奉上帝，並對上帝感到畏懼。」儘管身為

第三章　勛臣（1862-1871年）

宰相，但俾斯麥並沒有給自己爭取什麼特殊待遇。

　　但是將領們對俾斯麥的態度卻時常讓他惱火。有一次，有位軍長叫醒了俾斯麥，因為國王要在四點鐘的時候騎馬出去觀看一場小規模的戰鬥，他生氣地叫道：「你們肯定是想在國王面前出風頭，才搞出了這樣一場戰鬥，也不讓我好好睡一覺。」正當俾斯麥將全部注意力集中在歐洲時，將領們卻要在這個時候去攻打維也納。有一次召開軍事會議，威廉國王對遲到的俾斯麥說，大家想要對維也納發動進攻，俾斯麥氣得渾身哆嗦，但他的軍銜只是少校，無法讓這些將領直接聽命於他。他只好力勸國王不要進攻維也納，並且提議從普雷斯堡出發，渡過多瑙河。國王在看過地圖之後對俾斯麥讚賞有加。俾斯麥後來說：「他們雖然採納了我的建議，但心裡並不服氣。假如普魯士戰勝並進入了維也納，難免會挫傷奧地利的銳氣，這種結果是我們暫時還不想看到的。」

　　又過了幾天，俾斯麥提出與維也納議和的建議，當時大家正在布呂恩召開軍事會議。俾斯麥向威廉國王勸諫道：「假如對方放棄了維也納，退到匈牙利境內，那我們必須要乘勝追擊，但是渡過多瑙河之後我們的前軍與後軍就接應不上了，最佳的解決方案莫過於攻打土耳其的伊斯坦堡。」俾斯麥的天才和智慧不得不令人欽佩，挑起這場戰爭的人是他，對戰事進行催促的人是他，獲勝之後下令收兵待命的人也是他。戰後第十天，他下定決心在「不要賠償，不要土地」的情況下跟奧地利講和。但那些軍事將領卻還在叫囂著向維也納進軍，這令俾斯麥感到很是頭痛，畢竟再怎麼說他也只是一個有謀略的政治家而不是軍事家，他必須要讓自己的計畫順利實施，同時還要避免國王心生不悅。

　　維也納方面被迫答應了拿破崙三世，將威尼斯讓給了法國，作為交換條件，拿破崙三世將出兵阻止義大利的進攻，不過法蘭西皇帝似乎並不想

過多干涉，所以只答應為雙方調停。同時他還同意了普魯士波希米亞大營方面獻上的計策，法蘭西只負責居中調停。俾斯麥聽說以後馬上答應了，並說不向奧地利要土地。但是普魯士王這時又出面進行干預。

威廉剛剛嘗到了勝利的滋味，加上軍事長官們的鼓動，這位原本喜好和平的國王也變得有點貪得無厭。他對俾斯麥說道：「拿破崙三世想要做調停人，但德意志的領袖應該是普魯士，我們要讓奧地利賠償軍費，還要他們割讓土地。」俾斯麥於是讓大使把詳細的情況向拿破崙三世做了通報。

這令拿破崙三世感到非常難堪，法國始終反對德意志帝國的成立，在拿破崙三世看來，最重要的就是讓德意志保持南北分離的狀態。而此時就連沙皇統治的俄國也想趁機撈上一筆，這就令拿破崙三世有一種雪上加霜的感覺。

由於打了勝仗，普魯士的將領們不停地鼓動國王，並竭力勸阻國王不要讓俾斯麥舉行和談。俾斯麥同樣也非常著急，如果他和國王此時向將領們妥協的話，他是能夠保護自己的，最壞的情況也不過是用辭職來保住自己的名譽。但軍隊的提議得到了國王的支持，普魯士準備乘勝長驅直入。此時受到孤立的俾斯麥，急得猶如熱鍋上的螞蟻，在國王和將軍們的眼中，現在的俾斯麥只不過是一個百病纏身的文官罷了，他們早就忘記了是誰發起這場戰爭了。

強打精神的俾斯麥將舉行和談的種種理由認真地寫下來，準備再次勸諫國王，如果國王仍然不聽他的建議，他便請求辭職。第二天他帶著寫好的公文去面見國王，並這樣勸說他——假如奧地利因此遭受重創，就會與法、俄結盟，三個國家共同對付普魯士，就會讓奧地利得到喘息的機會。普魯士如果不對德意志的奧地利乘勝追擊，那麼法、俄兩個國家就不

第三章　勛臣（1862-1871 年）

可能與之結盟。把奧地利變成柏林統治下的一個省，現在看來是不太現實的。所以目前最要緊的就是儘快和談，不要給法國先下手的機會。可威廉國王仍然不同意，說奧地利必須割讓西里西亞給普魯士。俾斯麥鄭重警告威廉要讓那幾個城邦分裂，更不要相信那幾個同盟，因為他們都靠不住。但是威廉國王卻只是拍了拍俾斯麥的肩膀，說：「首犯一定要受到最嚴重的懲罰。從犯倒是可以考慮輕判。」俾斯麥說道：「目前最重要的事情不是要對誰進行審判，而是讓德意志完成統一。」俾斯麥一手策劃了普魯士和奧地利之間的戰爭，而且獲得了勝利，但他並不想造成對立和分裂，他只想建立一個性質類似的聯盟，而且不想過分依靠武力實現這個目標。這一點在當時來說是很難被其他人所理解和接受的。

不管俾斯麥怎樣勸說和解釋，威廉國王都沒有體會到俾斯麥的良苦用心，最後，俾斯麥終於不再勸諫國王，他甚至想去戰場上當一名指揮官，繼續打這場糊裡糊塗的仗，就算是戰死了，至少也能夠證明他並不是因為沒有勇氣才這樣做的。這時太子走過來對他說道：「我明白你為什麼反對繼續打仗，因為要承擔更大的責任，如果你堅持要講和的話，我可以支持你，我願意幫你去勸說我的父親，我來給你當後盾。」

大約三十分鐘以後，太子神色如常地回來了，對俾斯麥說道：「我們的爭論非常激烈，但最後父親還是答應和談。」太子如此幫助自己曾經的敵人，這令俾斯麥感到非常光彩。威廉國王在俾斯麥請求和談的奏摺上批示說：「在如此危急的時刻，我的兒子和我的宰相都主張進行和談，儘管我感到非常難過，但我只能聽從他們的建議。」

十一、深謀遠慮

　　自身的發展和以及歐洲時局的變化，迫切需要一部真正的法律來維護普魯士的統治，高瞻遠矚的俾斯麥早就意識到了這一點，但新憲法的頒布不僅會遭到保守派的排斥和攻擊，同時也讓俾斯麥受到了極端反動派的排擠。戰爭勝利以後，他反對威廉國王對敵人進行懲罰，但就算不懲罰國外的敵人，也要對國內的敵人進行懲處，對於打了勝仗仍然感到不滿意的德意志人來說，他們要擺脫普魯士的專制統治，但是如此一來就會有好多個新省投向自由黨陣營，這是俾斯麥不想看到的事情。俾斯麥一直都在勸說國王，現在人們都很重視憲法，但政府做的事情卻都違背了憲法。

　　這樣受制於人，是俾斯麥以前從來都沒有經歷過的事情。他的傲氣，他的霸氣，他的權威，在國王面前通通一文不值，他非常惱火，為什麼自己明明打了勝仗，還要令將士們獲罪。俾斯麥絕對不是懦弱的人，他因此憤恨難平。倔強、執拗的俾斯麥絕不會低頭承認自己做錯了什麼事！他只是不辭勞苦、小心翼翼地對國王進行苦勸，偶爾也會說出幾句語意顛倒的話來，讓國王聽著舒服些，但他這麼做的目的是要讓國王讓步，就算他不情願地做了，對俾斯麥而言也是勝利。

　　俾斯麥始終都想讓自由黨分裂、瓦解，最終實現完全的君主專制。而作為自由派代表的太子，則始終與自己的父親、俾斯麥站在對立面。但是他卻幫助俾斯麥在頒布新憲法、實行君主專制的道路上找到空隙並最終站穩了腳跟。在對國內外局勢進行分析之後，俾斯麥找到了切入點，他決定跟自由派講和，因為只有大家團結起來才能讓眼前的很多難題得到合理解決，但一切都要在憲法許可的範圍之內。這是他一生中繞過最大的一個圈，但是他的講話慷慨激昂：「我們要讓全國保持一致，在事實和表面上

第三章 勳臣（1862-1871 年）

都保持一致。眼光要放得長遠一些，即使是一個國家，也不能只顧著本國，還要時不時地留心國外，更要牢記一點，大家要齊心協力、一致對外！」

俾斯麥這些擲地有聲的話語贏得了大家的尊重，換來了和諧統一的局面，議院也放棄了自己的權利 —— 不再為了政府的行為與憲法不合而啟動彈劾程式。自由黨的領袖也答應不再進行追究，早已成竹在胸的俾斯麥終於看到了自己預料中的結果。不過自由黨人並未就此罷手，只不過迫於形勢，暫時服從了統一安排。實際上他們依然在暗中較勁，就像俾斯麥所說的那樣，政治的確是一種藝術，欣賞這種藝術的人不一樣、角度不一樣，都能夠產生不一樣的結果，或許這就是專制與自由的矛盾吧！

有些時候，人的確需要看長遠一些，不過無需想太過長遠，因為計畫總是沒有變化來得更快。正當威廉國王又一次想從奧地利手裡搶回原本屬於普魯士的東西時 —— 那些東西就是在他手裡被搶走的，從議會刮來的風就又發生了變化，他們全都要求在和約未簽字前盡可能多地占領敵人的土地。人永遠都不會有滿足的時候，一次的勝利就會令人們得意忘形，並開始向上帝索取更多的東西，土地、錢財、權力，有時僅僅為了滿足自己的虛榮心，都可以付出任何代價，甚至犧牲生命。十年彈指一揮間，許多事都已經成為歷史，俾斯麥想發表些感慨，但是已經太遲了。在魏修面前，他曾親口承認，事情的發展真的是不以人的意志為轉移的，對一件事情看得太重，其結果通常是讓人失去得更多，俾斯麥因此而自責不已，或許一切都還能夠變得更好！

那些巴登人，總是試圖讓德意志變得四分五裂；還有赫斯人，總是渾水摸魚，他們全都不安好心地來搗亂，俾斯麥從骨子裡討厭他們、鄙視他們。對於德意志南部諸邦，俾斯麥總是非常客氣，按照自己做事的風格和原則，在不損害自身利益的大前提下，使兩國達成共識。在巴伐利亞割地

賠款這件事的處理上，俾斯麥也充分展現出了自己的謀略和智慧。他對巴伐利亞使者說，割地賠款的條約是可以不簽的，但是那樣的話就要簽訂攻守同盟，雖然性質不同，但結果卻相同，這樣的結果既讓巴伐利亞感到樂意，也正是俾斯麥想要的。

　　國家所面臨的政治形勢真的是波譎雲詭，令人無法預測！在這樣的變化無常中，俾斯麥安之若素、思考未來，或許走錯一步就會讓他一輩子的信仰和成就、甚至整個國家的命運，都會因此而被斷送掉。他曾經以咄咄逼人的氣勢，強硬地打退了拿破崙三世的攻勢。他曾經苦苦相逼，不論付出多麼大的代價都要講和，假如實在不行，也不排除使用武力。但是，時局的變化仍然出乎俾斯麥的意料之外，法蘭西透過非正式管道跟普魯士協商，要和普魯士聯手消滅比利時。俾斯麥比任何人都明白，沒有永恆的敵人，只有永恆的利益。於是他請貝內德蒂（Benedetti）草擬了一份條約，裡面非常明確地寫著法國希望將比利時占為己有。等到形勢對法國極為不利的時後，他就會將這份草稿從鐵櫃中拿出來，這樣法國就會變成他的掌中玩物。

　　俾斯麥再也無法支撐了，他真的太疲憊了，為普魯士耗費了自己太多的精力。一切犒賞在這時看上去都是那麼虛幻，那令人羨慕的高位、那豐厚的薪水，以及那漂亮的一仗，但這些都讓俾斯麥感到已經無法承受了，他累得就像剛剛生過一場大病，他的身體虛弱、體力不支，他實在是需要休息一下了。一個人的精力總是有限的，但俾斯麥卻是一個根本無法停下來的人，他曾想在自己精神和體力復原之後，再繼續擔負起國家賦予自己的艱巨任務。或許他等不到這一天了，但是全國的人都對他的膽識和智慧表示讚美、送上祝福。雖然說「老驥伏櫪，志在千里」，可是歲月又不止一次地讓他感到失望。也許讓自己靜下來，沒事多看看天空、雲朵、水

面，看看書、聽聽美妙的音樂，這才是最合適的選擇。人要學著讓自己的境界轉化，或許他還沒有完全適應，也許他永遠都無法適應，這其實本就是他的天性。

正是因為有了俾斯麥，才能夠讓一種偉大的精神流傳千古，才能夠讓一種偉大的氣魄縈繞在德意志的上空！

十二、頒布新憲

1866 年 9 月，在那個值得紀念的下午，醞釀了十年之久的德意志新憲法，經俾斯麥的口述和步克（Lothar Bucher）的草擬，僅僅用了五個小時便完成了。為了完成憲法草稿，俾斯麥的身體剛剛有所好轉就馬上回來了。儘管憲法從大體上來說並沒有什麼太大的改變，但仍然需要儘快交給內閣會議進行討論，並遞交給各邦的大使審閱，以促使其儘快頒布實行。因為憲法是一個國家的施政綱領和基礎。

對俾斯麥而言，起草憲法的根本目的就是為了鞏固君主專制的制度，將國王定義為統治全國的力量，因為他打從心底看不起人民。所以這是一部為君主制定的憲法，而不是為人民制定的憲法，他要用這樣一部憲法來對人民的革命進行壓制。俾斯麥無法對未來進行預測，所以他的這種想法有那個時代帶給他的局限性。

人總是幻想著能夠統治整個世界 —— 掌握大權，指揮著千軍萬馬衝鋒陷陣，這是一種天性，就連俾斯麥都不能免俗。人們總是隨著欲望的滿足而讓欲望更加膨脹，不相信別人的實力，但憑感覺就覺得自己能夠拯救世界、拯救國家 —— 這是自己一個人的事情。在自己的心底，俾斯麥

深深地埋下了責任的種子，卻挑起了沉重的擔子，同時也讓內心的自負更加膨脹。這樣的心態讓他在處理日常生活瑣事以及所有國家大事時，經常會做出很多受到人們反對的決定。他認為國家大權都集中在他一個人的身上，責任也是他一個人的，國家就像他自己家的莊園一樣，這是別人所不樂見的。在這一方面，俾斯麥與提倡透過新制度來治理國家的自由黨有很大的矛盾，這樣的矛盾讓很多組織都無法正常發揮作用。

俾斯麥有一套獨特的方法，可以讓普魯士將權力牢牢地握在手裡。他創建了聯邦議會和帝國議會，令二者互相制約。透過這種方法，那些不願意聽從法蘭克福皇帝命令，或是不願意將自己的權力集中歸於法蘭克福的人，讓他們全部變成獨立於聯邦之外的新國王，這樣便為普魯士掌握實權提供了掩護。表面功夫華而不實，只有遊戲規則的制定者才能操控一切。這是一個早就已經布好的局，任何機構、任何個人都在為其服務，而且從來都無怨無悔！世界上有兩種類型的人，一種人要去統治別人，另一種人要被別人統治，而後者的數量往往要比前者多很多，人們需要一個榜樣，也需要可以承擔責任的人來領導自己，即便因此催生出了獨裁，人們也樂意去崇拜獨裁者。俾斯麥就認清了這一點，而且做到了這一點！

俾斯麥認為，愛國是自己作為國民的義務和責任，自己會用盡全力來維護國家。就算有國王在，他也希望國王能夠傾聽自己睿智的分析和判斷，以及自己在國家制度方面的建議。但是當他面對的是一個猶豫不決的君主時，他就會毫不遲疑地首先鞏固自己的地位，將國家權力攬到自己手中，他覺得這樣才能對國家更有利。一開始，俾斯麥也不太願意實行議院制，因為無法想像未來會是什麼樣的結局，害怕難以控制甚至失控的局面出現，但他卻懂得如何在將來與老對頭們進行鬥爭。每項制度在實施前後都會面臨重重困難，如果國王與議會合拍，那麼就很容易向前推進，倘若

第三章　勛臣（1862-1871 年）

雙方見解不同，就會讓統治者和被統治者形成相互遏制的形勢，這種憲法只會導致雙方追逐各自的權力，但對國家的統一卻沒有任何好處！

俾斯麥成功了，他成了為這個國家承擔一切責任的那個人，所有的官員都成為他的屬下。或許下面這個事實能夠讓我們對俾斯麥的權力有所認識：聯邦議會會長下達的指令和發布的措施，要以聯邦名義對外發布，而要想獲得聯邦的授權就必須經過聯邦宰相的簽字同意 —— 俾斯麥就是那位唯一的聯邦宰相，他就是這樣替別人承擔責任的。或許有些人會試圖提出反對意見 —— 我們到底要對哪些人負責？帝國議會和聯邦議會，我們要對哪個負責？國王和最高裁判院，我們要對誰負責？當人們對俾斯麥發出這種疑問時，他會笑著對大家說，自己就是普魯士人的主人。他在自己與其他聯邦的眾宰相之間找到了一個很大的空隙，並且填補和利用了這一空隙，變成了絕對主宰，任何一個人都不能覬覦它，更不可能奪走它。

俾斯麥變成了那個獨一無二的負責人，沒人能說清楚他到底對誰負責，因此他始終都是爭議的焦點，此後的二十年間，帝國議會讓所有的競爭者都來反對俾斯麥。為什麼帝國要認可俾斯麥的計畫呢？假如議會允許，完全可以排斥它、不用它。其實大部分的議員都在為了獲得更為客觀的薪水而投票，而為了限制議院的權力、真正為了實現民眾政治且擁有投票權的議員只有 53 個。例如，德意志勞工總會的民眾黨，他們十分明確地提出，要將統一的德意志建成一個民主制國家，再也不要讓中央皇權世襲下去了 —— 既不要成為受普魯士控制的「小德意志」，也不要成為受奧地利控制的「大德意志」。

俾斯麥始終希望在普魯士實行君主集權制度，他曾對帝國議會針對憲法而舉行的祕密投票表示反對，也曾對普選權進行排斥，更看不起那些自由黨人，認為那些黨派的存在沒有任何的意義。或許他根本沒有意識到，

人民才是整個歷史的創造者，他們承擔著憲法賦予他們的權利和義務，擔負著所有的責任，這絕不僅僅是透過某一個人的力量就能夠做到的。問題的癥結在於，帝國議會的財產和權利都屬於他一個人，大部分人只能看到其中的利益，但德意志卻變成了少數人的德意志，自由黨人因此對俾斯麥的專制表示反對，並且批評憲法對人民的權力進行限制，但這僅僅是一種觀點。打從俾斯麥的鐵血政權誕生之後，什麼憲法、國家、人民、權利，都只是為了一個人而存在！俾斯麥的老對手拉薩爾，最終還是沒有等到普選成為實用政治的那一天，便遺憾地死去，俾斯麥總是能夠在這種鬥爭中取得勝利。

制定新憲法的目的是避免戰爭的發生，讓各國一起在和平的環境下得到發展，每個政權在財政開支方面都表現得非常吝嗇，卻總想吃到勝利果實，這明顯不合乎常理。尤其是那些在戰爭中受到傷害的人，對他們來說，最好的安慰絕對不是金錢的補償，誰也不想讓本國的利益受到威脅。而成立聯盟則是為了趨利避害──誰是最受憎惡的仇人、哪個人屬於獨立派、哪個人屬於民主派，這些都很難說得清楚。在德意志尚未完成統一的大形勢下，完成統一才是一個長遠的目標。如今德意志的統一大業仍然沒有完成，儘管位於德意志南部的民主黨正在為了統一而奮鬥，並且認為這個聯盟「必能推動德國的初步統一」。但對思維縝密的政治家而言，急迫的事情肯定是優先處理，能夠暫緩的事情就稍後處理⋯⋯只有互相分開，才能事半功倍。

歷史的車輪總是趨於同軌，統一已經成為每一個大國發展壯大的前提條件。戰爭之後必定是合併，只有認清時局的人才能推動歷史的發展，只有推動時局發展的人才能創造歷史。德意志的新憲法就是這樣一個歷史的座標，它標誌著一段新歷史即將開始。俾斯麥將自己全部的情感奉獻給了

這片他所熱愛的土地，在極端的自我中，他準確地找到了時代發展的脈絡。就在此時，他的傲骨、他的執著與自負都化作一股動力，讓他義無反顧、堅持到底！

十三、遏制法國

　　沒有什麼事情能比目睹戰爭的慘烈更讓人感到痛苦了。即使無法避免，儘管認為戰爭是人類進行競爭的一種自然法則，同時也是一種對民族進行改良的手段，但對俾斯麥來說，他對戰爭仍然喜歡不起來，更不喜歡四處硝煙彌漫、滿眼殘酷與悲壯的場景。俾斯麥是一個非常矛盾的人，他始終都在關注著法蘭西，而且想要征服法蘭西。因為他的夙願是統一德意志，而法蘭西則是這項偉大事業中的最大障礙，特別是在這十年間的最後十個月內，他曾在普奧戰爭期間運用自己的智慧挫敗了法蘭西。俾斯麥並非天生喜歡冒險，只不過有些事情實在無法避免，或許在忘記什麼是害怕之後，就可以無知無畏地做事。對俾斯麥來說，戰爭像是一劑毒藥，當其他的藥都無法發揮效力時，或許這劑毒藥就是最有用的。在巨大的壓力中，俾斯麥擔負起了國家交給自己的重任，罕見的勇敢和智慧，讓他成了德意志人的驕傲。

　　與戰爭相比，和談顯得更為實際，因為這樣能夠減輕不必要的災難和損失。這並非俾斯麥鬥志磨滅的表現，要知道，與武力手段相比，透過外交手段來征服一個國家，能夠更直接、更迅速地實現「雙贏」。對於這兩個民族的發展而言，和平才是最有利的，這也是雙方都希望看到的局面，俾斯麥與拿破崙三世針對這一問題達成了一致。當然，拿破崙三世這樣做

也有自己的考慮，他不希望看到德意志各邦國在奧地利的領導下完成統一，進而變成強國，只有讓德意志變成與奧地利完全分離的國家，才能降低法蘭西與之成為仇敵的機率。但是拿破崙三世想像中的局面並未出現，聰明反被聰明誤，拿破崙三世最終自己把自己拖入泥潭，但他此時卻渾然不覺。

　　拿破崙三世對土地充滿了貪念和欲望，俾斯麥不斷投其所好，尼斯、比都、特雷沃、蘭道抑或是盧森堡，哪個地方都可以讓給法國，拿破崙三世提出的很多要求，其實只是為了提高自己的威望，這就讓法國像一個逐漸膨脹起來的氣球，在俾斯麥力氣充足時，他還曾讓其繼續膨脹。他宣稱普魯士已經撤銷了對盧森堡的主權，並勸拿破崙三世趁機侵占盧森堡；俾斯麥又把比利時送給了法國，以顯示自己的慷慨，他覺得這種方法最便宜，也最便利，重要的是能夠讓法國感到滿意 —— 拿破崙三世根本不知道自己正在不斷跳進普魯士人為他準備的一個又一個圈套裡，反而樂此不疲地一概笑納。

　　俾斯麥知道自己到底在做什麼事情，他將一切牢牢地控制在自己手中，整整五年的時間，法蘭西都被俾斯麥牽著鼻子走，這是任何人都沒有預料到的。直到一位聰明的匈牙利軍長看穿了其中的玄機時，俾斯麥仍然沉著應對著一切，德意志、法蘭西，雙方的一致原則就是和平共處。荷蘭國王無論如何也沒有想明白，自己為何要拱手將盧森堡送給法國人，他臉上的驚慌絲毫不亞於德意志人剛剛聽說這個消息時的那種表情。俾斯麥也非常清楚，這塊土地在歷史上原本就屬於德意志，絕對不可以落入法國人之手。在他慷慨地將盧森堡讓給法國之後，對手們又開始對俾斯麥這種做法展開了攻擊，但是俾斯麥又不能明說其中的原因，更何況他答應法蘭西的事情還沒有全部做到，所以就只能先送上一個誘人的香餌了。

第三章　勛臣（1862-1871 年）

　　戰爭不能解決所有的問題，如果決策者能夠真正理解這句話的含義，那麼有些戰爭就完全不用打了，除非是這個國家為了自己的體面，又或者是為了最重要的、性命攸關的利益，不然的話，不管什麼樣的人都不應該輕易宣戰。俾斯麥並不想透過用戰爭來解決德意志和法蘭西之間的問題，因為他覺得這樣做並不能給雙方帶來真正的好處。戰爭需要以士兵的血肉之軀作為支撐，僅僅為了讓個人的私慾得到滿足，就發動一場無謂的戰爭，這樣的人無疑是罪惡滔天，將會受到良心的譴責。俾斯麥如實表達著自己的情緒，他是那麼的坦率，絲毫沒有字斟句酌那種做作和扭捏，他是這麼熱愛並且真誠地對待每一個生命，又怎能不令人心生感激？而他所承擔的巨大責任，也足以令眾人感到震驚！

　　俾斯麥並未完全遵照法蘭西的要求去做，他在演說中並沒有提到戰爭這個字眼，反而是多次強調和平相處的重要性。在群情激憤的議會面前，他毅然扮演了一位謹慎小心、絕不主張使用暴力解決問題的人，這與此前那個強硬的俾斯麥完全是兩個人。他毫不顧及拿破崙三世的感受，使一場會議在盛大開幕之後便立刻草草收了場。當荷蘭國王弄清楚以後，決定拒絕簽署將盧森堡出賣給法蘭西的契約，這時拿破崙三世的夢也終於醒了。與其說是他上了俾斯麥的當，倒不如說是拿破崙三世在自己頭腦發熱的情況失去了警惕，因為貪婪足以令一個人喪失對事物最基本的判斷。

　　就這樣，一場看上去即將爆發的戰爭因為俾斯麥而就此擱淺，當人們仍然對這場鬧劇一樣的演說進行回顧和評論時，拿破崙三世卻是有苦說不出，那種被人欺騙的感覺就像卡在喉嚨裡的魚刺一樣，俾斯麥從此成為拿破崙三世的仇敵。法國皇帝開始跟討厭普魯士的佛羅倫斯、維也納進行密謀，準備開始一系列的復仇行動。怨恨的火種從巴黎點燃並蔓延開來，超越了邊界。俾斯麥始終認為只有少數好戰分子為了滿足自己的私利和欲望

才會發動戰爭，因為總體來說，法蘭西人民對於和平的熱愛程度一點都不遜色於德意志人民。俾斯麥借助媒體之力，向那些不安定分子發出了警告 —— 德意志人時時刻刻都做好了準備，不管哪裡有來犯之敵，都會毫不遲疑地扣響扳機予以回擊。

戰爭就像一把雙刃劍，該發生的時候誰都阻止不了 —— 就像法蘭西的復仇、就像拿破崙三世並不穩固的皇位、就像德意志能夠開展更廣泛的聯合，只要是可以透過武力得到的東西，就勢必會引發戰爭。這也正是俾斯麥希望看到的局面。當大家面臨同一種危險時，團結統一的局面就很近了。但俾斯麥也有自己所擔心的事情，戰爭一旦開始就很難止住蔓延的勢頭，參戰者們會不斷尋找新的盟友，戰火會一直燃燒下去。不是永遠占領，就是永遠被占領，那必將陷入一個可怕的循環。俾斯麥說的話總是帶著強烈的預見性，經常會令人反思回味。扼制法國是他一直以來最想做的事情。他那果決的手段，足以讓人明白，法蘭西對於德意志的統一到底具有多麼大的威脅。或許正是由於這種威脅始終存在，才最終導致了這場戰爭的爆發。

十四、一手遮天

對充滿野心的俾斯麥來說，宰相之位已經不能滿足他了，他還想獲得更多的權力、承擔更大的責任。他經常凌駕於國王之上，俾斯麥覺得，威廉國王這個人是很值得敬佩的，不過他才疏學淺，難堪大任。俾斯麥曾經用辭職來威脅這位老國王，老國王不惜放下威嚴來懇切地挽留他。為了教育好太子，為了國家大事，俾斯麥明白，威廉國王離不開自己，也不會讓

第三章　勛臣（1862-1871 年）

自己辭職。正是由於這些原因，國王一遇到重大問題時往往會失去主見，這時他就會向俾斯麥請教。儘管君臣二人已經相處很多年，但是兩個人卻很難成為知心朋友，比起友好相處的時間，更多時候是兩人的矛盾和衝突，同樣，俾斯麥和太子的交情也極為淡漠。

與威廉國王相處，俾斯麥自己有一套特殊的方法，當兩人意見對立時，俾斯麥就會像個演員一樣，半悲半喜地向國王提出辭職，這一招屢試不爽。國王對俾斯麥有著絕對的信任，所以俾斯麥也會竭盡全力辦好國王交給自己的差事，但是他的健康狀況很糟糕，需要找一個可靠的助手，在處理公事和選拔人才這兩個方面，俾斯麥一直都非常慎重。為了國家，他兢兢業業地奮鬥了很多年，所以也遭到了很多職位顯赫的官員憎恨。俾斯麥不在乎那些有權力的人是否喜歡自己，他認為自己應該認真考慮的事情只有一個 —— 工作，他也不會因為身體羸弱或是別人的看法而讓自己的工作受到影響。

每個想要對他發動攻擊的人反而會遭到他那針扎錐刺一般的反擊，太子妃也是如此。俾斯麥想要做得更好，想為這個國家承擔更多的義務與責任，但他從來都不允許別人對他的人格進行誹謗，對他的用意妄加揣測，因為這對他而言簡直就是一種侮辱。他極為鄭重地告訴人們，他絕對不會做出僭越權力的事情，但他會好好利用手中的權力。

在很多場合，俾斯麥都充分展現出了自己超強的外交才幹，面對不同的人，講的也不盡相同，有時幽默詼諧、有時滔滔不絕、有時插科打諢、有時深謀遠慮，有時令人捧腹、有時又能話中帶刺地諷刺人。他口若懸河、精神抖擻的樣子令人折服，既被他霸道的人格折服，也被他的機敏折服。舒爾茨（Carl Schurz）原來是一位革命黨人，後來到美國做了很多大事，回到柏林之後，當了一位不願屈居人下的軍長。他一度對俾斯麥非常

反感，但等他見過俾斯麥本人之後，就被他的魅力折服了，俾斯麥也從他那裡探聽到了很多關於美國的消息。此外，很多外交家所不具備的本領，俾斯麥也都會，其中一項就是裝病。他還曾經裝成一個民主黨人，大談強迫徵兵有什麼好處。不管面對什麼樣的人，他都能夠應付白如，他的敏銳與機智遠遠超過一般人，甚至能夠洞察一切。在保守黨面前他就談保守主義，在自由黨面前就談自由主義，透過這些方法俾斯麥讓同事們心甘情願地為他效力，並且聽從他的差遣。但是這種唯命是從偶爾也會讓他覺得難過，他畢竟不是萬能之神，但大家對他的崇拜卻讓他無路可退。未來總會有一天，被別人認為是無所不能的俾斯麥，會因為無法繼續背負盛名而受到別人的嘲笑，每當想到這裡，他就會感到害怕，其實他早就明白這一點。

非淡泊無以明志，非寧靜無以致遠。俾斯麥不是很在意自己的名聲，也不會被自己的名聲所累，一輩子都是如此。他甚至非常厭惡名聲給自己帶來的種種不便，不管走到哪裡，都會有人把他認出來，他就像一件被展覽的物品，正在滿足別人的好奇心。他將各種標榜個人功績的頭銜和徽章視為非常可笑的東西。俾斯麥會站在自己的立場上，精心地算計自己所說的每一句話能夠產生什麼樣的結果，之所以要這麼做，是因為他會根據當時的結果立刻採取相應的對策，這一點極為重要，因為直接關係到國家的利益。

俾斯麥在外交上的才能在歐洲得到了一致的讚譽，他的智慧和機敏也得到了廣泛的讚美，他那層出無窮的手段更是讓其他人自嘆不如。他就像一位魔術師，在讓觀眾一飽眼福的同時還能讓人感受到他強大的個人魅力。全歐洲都在傳播他的名字和他說過的話。他不太喜歡人們將他描述成一個獵手，對於政見之爭，他可以一笑置之，但如果攻擊他的人格，他就

第三章　勛臣（1862-1871 年）

絕對不會容忍。俾斯麥對那些官樣文章充滿了鄙視，有時他的鎮定會給人一種錯覺，但是在面對親人和祕書的時候則是另外一種態度，他會在親人和後人面前表現出自己最真實的一面！

俾斯麥在做事的時候從來都不按常理出牌，人們對他的想法無從揣測，只會在最終的結果出來以後感到吃驚、意外！騙過了別人，卻讓別人對自己發出讚嘆，這是最高明的騙術。俾斯麥用超乎尋常的手段欺騙了法國人，在外交上取得了勝利 —— 有很多種事情都帶著很強的欺騙性，外交活動就是其中之一。這個世界上原本就是不公平的，醜陋的本質更是遠遠超過了殘酷的現實。俾斯麥是一個永遠都靜不下來的人，他最願意做的事情就是讓自己的左鄰右舍和老對手們坐立難安，在求學時代就是如此。在家人面前肆無忌憚地談笑，是他最喜歡做的事情，他覺得那是自己一生最快樂的事情之一。

他最容易受到外界關注的一大特點就是隨心所欲、放肆任性地做出評判，而且還要用他自己的觀點作為衡量的標準，這就是身為領導者的俾斯麥與普通人的不同之處。因為想法詭異且帶有跳躍性，所以常會被誤解為一種極度的任性和執拗，但他從來都不去辯解，他只堅信一點：一個真正擁有超群能力的人，他的才能對國家是有利的，而且能夠與普魯士的光榮和偉大融為一體，就像這個國家一樣，永遠都打不垮。

在政治上，俾斯麥與所有的政敵及各個階層總是格格不入，他也因此成了同事眼裡的獨裁者。無論是誰的錯，他只會根據自己對於時局的判斷和理解來做事。哪怕反對的聲音微乎其微，俾斯麥也不能容忍。對於自己一手締造的德意志聯盟，他的內心也很矛盾，既想維護聯盟的權威，又想對它的權力範圍進行約束。他的好朋友羅恩曾經對他苦苦相勸，說他已經專制到了無以復加的程度，但他一點都不在乎，對那些最可靠的、最願意

幫助自己的朋友也都不理不睬，有時還會進行無情地反駁。他的朋友經常說俾斯麥總是為了一些小事斤斤計較，有時在一些重大事情上過於執拗卻又不肯出手，他不願意被人牽著鼻子走，或許只有上帝才能明白他到底要往哪裡去。

在這樣一個極端專制的人面前，幾乎沒有人膽敢違抗他的命令，甚至沒有人敢做出一個哪怕很小的決定，因為這些都會讓俾斯麥感到憤怒，讓後果變得非常嚴重。他的妻子不止一次向別人抱怨說，讓這樣一個體弱多病的人勞心勞力，簡直不合情理，這樣只會讓俾斯麥的脾氣變得越來越糟，並且處於巨大的痛苦中。無論多麼小的事情都向他請示，或許這不是一個國家的掌舵人應該去管的事情。但他的確是這麼做的，事無鉅細、親力親為。

每個人都擁有言論的自由，而且也不應該受到限制，但是當整個德意志知識階層面對的是俾斯麥時，他們全都對這位專制者敬而遠之，他又有勢力、又有個性，沒有人願意與他合作。不管是跟俾斯麥有書信來往的人，還是他的賓客之中，沒有一個人是來自知識階層 —— 即便有，也極為罕見。政治與文藝是兩個不同的領域，大家都不想讓他的專制涉及知識領域，使其由一個聲音主導，那必將成為一場巨大的災難。

由於曾跟猶太人有過長期接觸與交流，俾斯麥甚至與這些人做了朋友。當了解了真正的猶太人以後，他們那「孝順雙親、摯愛妻兒、躬行慈善」的原則被俾斯麥稱讚為猶太人身上最高貴的特質。他再也沒有對他們抱有任何的成見，也不再排擠他們，即便在私人場合，他也從來沒有說過反對猶太人的話。二十年前，俾斯麥曾經發表過一番對猶太人從政表示反對的言論，不過後來他又頒布了一條解除這一限制的法令，這難免會讓人產生疑問，到底是什麼原因令俾斯麥改變初衷了呢？俾斯麥認為，普魯士

第三章　勛臣（1862-1871 年）

本來就沒有國教，政府在這一方面絕對不能偏袒任何一方，他認可和稱道猶太人的修養和智慧，以及他們細心、用心處理每一件事的態度。俾斯麥正在讓大家一點點消除對猶太人普遍存在的成見，他宣導貴族和猶太人聯姻。或許正如他所說，猶太民族和德意志民族的血液融合在一起就像黃金一樣珍貴，這一點是大家絕對不能忽視的。

在他的政治生涯中，不能不提到的一個人就是羅恩，他給了俾斯麥很大的幫助，兩個人一起為了普魯士而奮鬥。至於其他人和其他事，俾斯麥就表現得很冷淡，因為他認為那些對自己來說沒有什麼用，也幫不了自己什麼忙，只有羅恩這個老朋友能夠讓他的情緒變得高漲，讓他的心變熱。在政治上羅恩是個好幫手，在精神上他是自己的支持者，在生活中他是自己的朋友。他們約定，如果兩人中的一個想要逃避，那麼另一個就要竭力阻止這種懦弱行為，他們互相信任、互相鼓勵，充滿了默契，這在當時是令人非常感動的。這樣的合作雖然帶著很強的戲劇性，但卻在兩個人的人生中真實上演了。當俾斯麥提出辭職時，羅恩非常鄭重而誠懇地將自己考慮的結果向朋友表達了出來，其中飽含他的真摯感情和深刻思想。他對俾斯麥說，辭職不是一個明智的選擇，反倒會給他的對手們提供了可以恥笑他的把柄，其實他並未做錯什麼事，但是別人會認為他之所以選擇辭職，是由於他明白自己無法勝任這份差事。這是多麼荒誕的事情啊，即便俾斯麥不在乎，羅恩也不讓整個歐洲都嘲笑自己的老朋友。羅恩這番發自肺腑的勸阻令俾斯麥深受感動。俾斯麥終於明白羅恩在自己的事上有多麼用心，那番話發自內心，令人聽過之後非常感動，也讓俾斯麥對羅恩的判斷準確與考慮全面敬佩不已，這樣高明的勸誠讓俾斯麥的心胸也隨之豁然開朗。

兩個人都離不開對方，就像國王老威廉也離不開俾斯麥，為了大家所信守的承諾，為了德意志，他們的人生緊密地連繫在了一起。當羅恩因為

海軍的問題與俾斯麥產生矛盾而提出辭職時，羅恩也被俾斯麥的話說服了。俾斯麥的話語中表現出的懇切之情也讓羅恩很受感動，畢竟工作上的分歧可以透過協商得到解決，大家各退一步，仍可以攜手共事；但朋友間的真摯感情，這段天長地久的友誼，是最應該受到珍惜的，曾經堅若磐石的聯盟也絕不能就此終止。在給羅恩寫信時，俾斯麥字斟句酌，每一個字都可以激發出羅恩的力量。

俾斯麥的個性一向都是強硬的、利己的，他無法容忍自己已經決定的事情再受到別人的否定，更無法容忍別人小瞧甚至無視他。他會因為自己在行使權力時受到漠視而感到非常憤怒，在寫給羅恩的信中，他總是在發牢騷，認為任何人都無權讓他因為某件事而犧牲自己的生命、健康、誠實和名譽。當時他正在病中，對羅恩的辭職他感到生氣，但更令他氣憤的是羅恩那種不負責任的草率行為，以及在自己最關鍵的時刻他都不來幫自己一把。剛剛還在勸說羅恩不要辭職的俾斯麥，此時卻變得滿腹埋怨。或許他真的太需要一個忠實的朋友來支持和協助自己，政敵們正在盯著他，他必須要撐下去，只有繼續掌握大權，才能承擔起更重要的職責，才能去做更多的大事！

十五、閒居瓦森

俾斯麥很喜歡隱居在瓦森的森林，在這裡，他過著田園一般的生活，那種充分融入大自然的感覺讓俾斯麥非常喜歡。每天，他都有很多事要做，並獲得一種既充實又滿足的感覺。吃完早餐讀過報紙之後，俾斯麥便穿上了打獵的靴子，到森林裡去散步、去爬山，去游泳、去研究地理、去

第三章　勳臣 (1862-1871 年)

開墾養花草的土地。到了家裡，就把自己的馬準備好……森林裡不光有茂密的灌木叢，還有很多荒地、野草地、金雀花、沼澤、小溪、雄鹿，以及密不透風的橡樹林和山樺叢林。他很喜歡靜靜聆聽黃鶯、蒼鷺與鴿子的叫聲，這種田園生活的閒適愜意是其他人所無法領略的。

在為自己的國家贏得了多次戰爭勝利之後，俾斯麥獲得了豐厚的賞金，他將這些錢全部用來買田置地。一開始，他還不想要這筆錢 —— 因為不是國王給的，而是議院給的，過去的那些年，他一直在跟議員們做鬥爭，現在讓他收錢，他覺得有點不好意思，但他最後還是將這筆錢收下了。由此也可看出，上了年紀的俾斯麥對錢財和家產也非常喜歡，但是就他這個人來說，他一直都不是一個擅長打理家業的人，他沒有那樣的時間和精力從事穩妥的投資來讓私人資產獲得穩定增長。對俾斯麥來說，對錢財的渴望與驕傲的性格是互相衝突的，他擔心自己的財產會受到議會的盤剝，所以縱有萬般不捨，他還是將尼樸甫的產業賣給了自己的哥哥。

當俾斯麥得知妻子要來這裡時十分高興，這樣他又可以跟親愛的喬安娜在一起了，於是難免在信裡又多嘮叨了幾句，以示自己急迫和思念的心情，他是這麼的想念家人，他認為這裡是兩個人最好的歸宿，在喬安娜到來之前，他是不會再回柏林去了。他寧願用已經得到的所有東西來換自己與家人的團聚，這是俾斯麥最大的願望。他要將二人未來的家裝飾得充滿生機，就如同他的生活那樣。這是俾斯麥最開心的時刻，他無需再操勞柏林的事情，他要坐著馬車去看森林、看雄鹿、沐浴陽光……他的妻子就要到這裡來了，這裡沒人來做客，也沒有煩人的電報，只有負責打理獵場和森林的工人，而且馬匹和錢財也足夠。身處這樣的環境，可見俾斯麥的生活還是挺不錯的。

俾斯麥這個人就是閒不住，過了一星期這樣的生活之後，他又開始想

念公事了，他想要掌權、想要發號施令，最能表現出他這種心情的，就是只要他一看見鄰居家的那塊地，就想將其占為己有。但是等到第二天早晨，當他再次看到這塊地的時候，他又心如止水了。俾斯麥覺得，要想跟鄉下的親戚進行正常的交流，是一件非常有難度的事情，脾氣也因此開始變得暴躁起來。他想，這要是內閣大臣、自己的祕書或是某位政黨領袖來拜訪自己，該是一件多麼讓人高興的事啊！他有位朋友柯雪林也時常來做客，但俾斯麥在接待這些客人的時候會覺得很累，即便是自己的朋友，他也想讓他們儘早地告辭離去。

隱居期間，俾斯麥最想見到的人不是國王、不是妻子喬安娜、也不是他的兒女，而是一個性格直率、非常有趣的美國人莫特利。俾斯麥覺得莫特利的性格比較平和，正好可以抵消自己天生的那種不安分的性格。莫特利那種自然的、與世無爭的安靜讓他擁有了一種卓爾不群的風度，俾斯麥對此非常的欽佩和嚮往，還有最重要的一點，莫特利是一個非常獨立的人，他不像威廉國王和喬安娜那樣，既沒有鮮明的個性，也不具備獨到的見解，儘管這兩個人的性情都較為溫和，但仍然無法讓俾斯麥靜下心來。在俾斯麥心理，沒有人能夠與莫特利相比，自己可以完全信任這個人，他們兩個是真真正正的好朋友。

俾斯麥從來都沒有如此急迫地期待過一個人給自己回信，他多次主動給莫特利寫信，埋怨他為何不來探望自己這個老朋友。雖然相隔兩地，卻阻隔不了他們之間的友誼，令人感到乏味的生活裡，少不了這位好朋友，他迫切希望著莫特利的光臨，然後兩個人共飲美酒、盡情暢談、逍遙自在……莫特利被任命為駐倫敦大使期間，他們兩個離得很近，俾斯麥再次誠懇地邀請莫特利和他的妻子前來做客，如果他們能來，他的家人都會感到萬分欣喜，他衷心期盼著這一天的到來。俾斯麥對莫特利是真的喜歡，

第三章　勛臣（1862-1871 年）

如果說他對妻子的愛多少還帶著一些為人夫、為人父的責任，但他對這個美國人的喜歡則不帶任何目的、也沒有任何理由的。他們兩個人成為密友時，俾斯麥還只有十七歲，他對這個美國人的喜歡六十多年來都沒有發生任何改變。對於俾斯麥而言，莫特利的存在彌補他在某些方面的不足，就如同以前策爾特（Carl Zelter）之於歌德（Goethe）那樣。莫特利作為一個男人給俾斯麥帶來的感覺，就像瑪爾維妮作為一個女人帶給俾斯麥的那種感覺一樣 —— 聰明、隨和。他對任何事都充滿了濃厚的興致，既擁有豐富的閱歷，又小心謹慎。

在政治上，俾斯麥展現出來的是鐵血手腕，但在內心深處，他仍然有著柔軟的一面，那就是在自己的孩子面前，他的父愛會在這時完全展現出來。每當他回憶起自己的少年時代，那些往事都會令他感到非常難過，這也導致他對自己的子女比較縱容。他從來都不會強迫孩子們去做什麼事，至於他們想做什麼，那就全憑個人的喜好。他的子女們也都是非常溫順的孩子，父親不高興他們做什麼，他們就不去做。他曾在給柯雪林的信中說道，他覺得自己正處在一種兩難的境地，他是一位政治家，同時又是一位教育家，即便如此他也感到很興奮，他要讓自己的兒子們時刻保持充沛的精力。他經常誇獎自己的兒子，但只是誇獎他們具備奮鬥的能力。

俾斯麥在政治上的自制也延續到了自己的生活中，他不重視身體的健康，每日的生活內容就像流水帳，那些壞習慣也在他這種自制中得到了延續。他的健康需要完全依靠他的意志和精神來支撐。醫生已經叮囑過他很多次，假如他的生活還像以前那樣不健康的話，那麼他的病就沒有治癒的可能。因為每天晚上都會吃很多冷飯，導致他的腸胃消化功能不好，繼而導致他的睡眠品質不佳……有一次，在討論漢諾威的財政問題時，他帶著優勢獲得了勝利，可他的病情卻更變得更加嚴重。老朋友羅恩苦口婆心的

勸說也是徒勞，他將自己充足的自制力用到了錯誤的地方。

　　一個人的性格與他的健康狀況往往是成正比的，有一次，大雨連續下了兩三天，俾斯麥變得十分不開心 —— 為妻子信中所說的話感到焦慮和不安，為訪客的到來而感到鬱悶。他天生衝動易怒，不穩定的情緒經常讓他在日常工作期間遭受阻力 —— 這些阻力甚至比他做出重大決策時所遇到的阻力還要多。對於宗教信仰，俾斯麥一直都很淡漠，當他的身體開始逐漸變得衰老時，他心中剩下的那點信仰也僅僅比形式上多那麼一點罷了。他曾經自稱是個基督教徒，抱怨自己的身體不爭氣，不能讓他多去幾次教堂。俾斯麥一度特別喜歡「絕不後悔，永不寬恕」這句格言。在他給朋友的一封信裡，他這樣解釋，骰子擲下去，著眼於將來，人們總覺得有很大的把握，可是他們卻都忘了，上帝的心意通常都是變化莫測的！

　　有好多次，俾斯麥都表明了這樣一種觀點，他認為一個國家的思想是宗教信仰遺留下來的最後痕跡。正是這種觀點，誘惑著他登上了政治的舞臺，掌握了最高的權力，他的本性引領著他走上了這條道路 —— 熱心地幫助自己的國王和國家，而且這條路他還要繼續走下去。

　　俾斯麥這個人嫉惡如仇，如果我們了解他怨恨的緣由，就會對他的憤怒和他的行為產生充分的理解。他對那種野蠻的搶奪看不下去，但很多時候這種事情卻發生在王室。他常常引用一些書裡的話來表達自己內心的不滿，那些如同魔鬼一般的話語可以讓他盡情發洩內心的憤恨。他特別喜歡《浮士德》中的章節，他經常將歌德比作一個打零工的裁縫，並認為像浮士德（Faust）那樣無慾無求的人，避世的生活是非常快樂的。這樣的生活，使他可以擁有知心好友，並與他們分享很多東西 —— 能夠寫這樣一番話的人，他就是個打零工的裁縫！他的觀點往往超乎人們的想像，或許正是如此，所以每次當有人與他討論問題時，他都會用一種反駁的姿態將

第三章　勛臣（1862-1871 年）

自己的看法陳述出來，如果兩人意見都不一致，他就會岔開話題，他一直都是這麼做的 —— 這是他的風格 —— 習慣對別人的言行做出指示，對別人的思想進行控制。

　　一個人也可以展現出很多面，俾斯麥就是如此。在他內心深處，住著好幾個靈魂 —— 比浮士德的兩個靈魂還要多，他們互相爭鬥，各不相讓，就像一個共和國那樣。他曾對議員們說，有些祕密被揭發出來了，但有些事情還是不能說，這讓他感到非常苦惱。有時他會覺得自己非常孤獨，他必須將自己這種不滿發洩出來，要將他的孤獨訴說出來，但如果只是單純感到孤獨，他又絕對不願意多說。他曾在慶祝自己的生日時給最親的人寫了一封非常坦白的信，他非常想家、想念親人，如果他們能在身邊，即使一句話都不說，也可以分擔他的憂愁。他想念以前那種安靜閒適的日子，那種能夠隨意安排的生活，簡直就是一種美好的享受。可是現在，各種各樣的不寧靜令他幾乎無法忍受。他沒有辦法來應對自己的性格，那種與生俱來的不安分因素是他現在苦悶的根源。他說，每當自己騎馬的時候，都可以非常清楚地記得騎士的後面坐著的黑色憂愁，這句話是如此恰當，他人格中的矛盾被他分析得絲毫不差，但是卻無法找到解決的辦法。那些快樂的時光與他的距離其實非常近，只要他願意。

　　俾斯麥總是把自己分析得那麼透徹、細緻，他逐層剖析，把一切都看透了，但仍然服從命運，繼續著自己前進的腳步，他那殘酷的解析和無奈的心緒，都淋漓盡致地表露出來。妹妹結婚 25 週年紀念日來臨前，他給自己寫了一封信，用極為真誠的語氣說，如果可以，他願意與妹妹交換各自的人生，在那容易消逝的時光中，得到和失去總是那麼的容易，在為明天做準備的時候，他總是對現在感到不滿。總是在驀然回首間，他才發現自己已經走過了很多路，經過了很多的好站和壞站，但他卻經常認為現在

這一站比之前所經過的任何一站都不如意，他期盼著能夠走到一個比較好的站。他厭惡自己的不知足，也曾深刻反省自己的失誤。由於總是無法達到令自己滿足的狀態，所以他對上帝並沒有什麼感激之情。儘管他明白其實有很多理由可以讓自己感到滿足，比如當他想到自己的妻子時，特別是想起自己的妹妹時想到他於公於私而努力去做的很多事情時……他都獲得了，卻沒有感受到什麼價值，他永遠都不會感到滿足。

正是由於每個人的生命都不能重來，也不能進行交換，所以有那麼多的無奈和悲歡。他體會到了人生的滄桑，也正是這樣，他的筆鋒才會那麼犀利，在真誠中還多了幾分感動。自己已經在這個職位上奮鬥了 20 年，現在他不得不繼續為之奔波，他得到的是痛苦和不安的內心獨白，他仍然要在得失中為了找一個更好的位置而繼續奮鬥和努力，或許到了那時他才感到滿足。事實上，他一直都在路上奔波，從未停下腳步。

十六、普法之戰 [4]

法國人天生好靜，他們渴望太平，願意共和，不想打仗 —— 除非被一位絕頂聰明的領導或是被某種需求所刺激，否則他們不願與任何一個國家打仗。拿破崙三世也不想，他害怕失敗，怕到發抖，可是這回他卻下定了決心要跟普魯士決一雌雄！人們想不通法蘭西到底是為了什麼，或許是堅決反對德意志的統一，但是德意志的統一已是木已成舟。也許跟法國大

---

4 普法戰爭，西元 1868 年，西班牙國內爆發了革命，西班牙成立臨時政府，並請德意志霍亨索倫王族來繼承西班牙國王的王位。法國皇帝拿破崙三世堅決反對，並揚言霍亨索倫家族永遠都不可能繼承西班牙王位，威廉一世原本已經同意了法皇的要求，但俾斯麥卻堅決反對，他篡改了國王發給他的電報內容，並將其公布於眾，這令法國感到蒙受了羞辱。於是，在 1870 年 7 月 19 日，法國正式向普魯士宣戰，「普法戰爭」爆發。第二年 5 月 10 日，戰爭以普魯士獲勝最終宣告結束。法蘭西第二帝國倒臺，新政府向普魯士投降。

選有關，為了製造聲勢。可是拿破崙三世得到的選票仍然沒有超過 700 萬張，反對票有 50 萬張，但是棄權票卻高達 300 萬張（無聲的反抗）。當時的輿論覺得拿破崙三世一心是為了維護法蘭西的榮耀和偉大，而那些投反對票和棄權票的人則表示願意與勞工們維持和平。作為一個征服者，保持自己威望的最好辦法就是當眾出風頭。經過盧森堡爭奪事件後，拿破崙三世認為對普魯士發動戰爭已經在所難免了。儘管後來被俾斯麥阻止了戰爭的爆發，但拿破崙三世已經與義大利、奧地利都商量好了，三個國家準備聯手攻打普魯士。在萬事俱備的情況下，不久之後他們最終也順利地為發動戰爭找到了藉口。

西班牙王宮發生政變，急需一個新的國王來領導這個國家，他們曾經向德意志求助，威廉國王是霍亨索倫氏的家族首領，一定要先跟他商量。威廉國王反對這件事，但俾斯麥卻支持霍亨索倫氏的支系坐上西班牙國王的寶座，這樣會對普魯士的外交有利，他始終覺得外交的勝利勝過所有的勝利。他要為普魯士統一德意志而努力，但俾斯麥也清楚，法蘭西會在西班牙這件事上找到藉口，也許他們等待的正是這樣一個機會。

俾斯麥最終說服了威廉國王，使他答應由霍亨索倫氏去西班牙當國王，西班牙不能群龍無首，這樣反而會讓法蘭西有機可乘。俾斯麥想要在法國的邊境設立一道防線，這樣對戰局有利，也能使西班牙避免危險，並讓它對德意志充滿感激，同時還能在戰爭爆發之前做好各項部署。

跟以前一樣，俾斯麥仍然想著既保持自己的領導地位，又不斷鞏固手中的權力，他不許任何一個國家來干預，他做好了跟拿破崙三世打仗的準備，他下定決心要冒一次險，不管什麼時候，他都不想讓普魯士靠征服的手段來獲取德意志或異國的土地，一定要在德意志獲得政治上的領袖地位。如今要統一德意志，只有透過強硬的手段，才能使這些王公就範。一

個德意志政治家要將同種族的人都團結在一起 —— 甚至要在違背他們意願的情況下，這就是為什麼會爆發這兩次戰爭的根源。在德意志，阿爾薩斯的問題其實並不存在，就像在法蘭西並不存在萊茵河左岸的問題一樣，這「兩個問題」都是普法兩國少數幾個喜歡四處張揚的人炮製出來的。這些不懷好意的人想要讓那些擁護和平的人被激怒，然後內鬥，阻止那些與自己邊界相鄰的各邦變成一個統一的國家。每個人都不願看到別人變得比自己強大，每個民族都有獲得統一的權利，要想剝奪這種權利，只有依靠武力，否則就沒有其他辦法。

在德意志統一的問題上，俾斯麥身上那種從個人層面到階級層面，再到民族層面的傲性展露無遺。他以自己堅強的意志，阻止了普魯士之外的任何一個邦國去完成統一。從一個政治家的角度，用最普通的德意志觀點來評判這件事，他的想法合情合理。對俾斯麥來說，他只在乎能不能做成，卻從不在乎想不想去做。他反倒覺得自己應該感謝德意志的分裂和仇恨，否則自己的鬥志和毅力就不可能這麼持久。正是在這個基礎上，俾斯麥為自己找到了一個理由 —— 如果德意志這個民族只能在群眾的義憤中實現統一，那麼除了以外國人身分繼任西班牙國王這件事能夠引起公憤之外，還有什麼事情能讓大眾變得衝動呢？有些時候，人們更願意將陰謀家當作政治家的別稱，至少在俾斯麥身上，還是很有道理的！

戰爭一旦安上了導火線，遲早都會被點燃。俾斯麥再一次發揮了自己的外交才能，從而大大提高了這一可能性，因為他已經從西班牙王位之爭中看見了正在燃起的小火苗。他在國王不知情的情況下派了兩個使者到西班牙，其中一個叫布約爾，另一個是一位陸軍軍官，這讓本來已經奄奄一息的提議又復活了。俾斯麥需要一個既成事實來與拿破崙三世進行對抗，他就是要將拿破崙三世置於理虧的位置。在提議被正式宣布之前，巴黎已

第三章　勛臣（1862-1871 年）

經事先得知了消息，導火線終於被點燃了！此時的俾斯麥仍在瓦森的別墅裡休養，他對發生的一切還不知情，此時的他還在給妻子寫信發牢騷，抱怨天氣變化無常，抱怨莊稼因為天氣原因而絕收了，再來就是講述森林裡各種動物和植物的變化，還有自己是多麼的無聊。

戰爭果然如預期般爆發了，每一場戰爭都需要一個合適的理由，只有這樣才能獲得支持，法國人很早就開始尋找理由，拿破崙三世要報當年被欺騙的一箭之仇。俾斯麥給了他一個機會，這其實也正是俾斯麥希望看到的。法國人無法容忍一個外國人繼承西班牙的王位，因為這樣的話就會打破歐洲目前的均勢。這不僅有損法蘭西的體面，而且也損害了法蘭西的利益。毫不示弱的俾斯麥授意他人寫下了自己想要登報的內容，用來回覆巴黎發生的事件。關於報上所登的公事，要非常平靜地說出來；半公半私的事情，就要盡可能地反映出法蘭西的自大。如果普魯士馬上攻打法國的話，是肯定能夠取勝的！但是這樣做是不行的 —— 其中有很多的原因。

對於俾斯麥的建議，威廉國王並沒有採納，法國大使貝內德蒂受到了普魯士國王的接見，當遠在瓦森別墅的俾斯麥得知這個消息後，非常憤怒地叫道：「國王膽怯了。」他認為自己被國王拋棄了。但接下來發生的事情更令俾斯麥出乎意料：威廉同意了貝內德蒂的請求，答應霍亨索倫家的人不會去繼承西班牙的王位。當俾斯麥聽到這個消息之後，氣得渾身顫慄，心情極度煩悶。他認為國王這種行為會被別人當作是德意志的軟弱表現，做出這樣的讓步才是德意志的恥辱，這樣做必然會讓德意志蒙受損失，除非跟法蘭西死戰到底。他對國王在「家族的事」上專斷感到惱怒，這並非俾斯麥想要的結果，但卻成為無法更改的事實。

對於自己的判斷力，俾斯麥一直都很自信，他絕不允許法國人再次挑釁自己，如果真是那樣的話，他就絕對不會坐視，也絕對不會再容忍任何

的羞辱。俾斯麥整晚都在盤算著、謀劃著，一方面傲氣十足，一方面又不停怨恨，他受盡了煎熬！他要向世人宣告──假如法國人再強迫，那麼他們打算透過戰爭來復仇的想法也將公諸於世。俾斯麥要透過可靠的保障來消除法國人突然發動攻擊的可能！法蘭西必須要將他的恐嚇演說收回，不然的話普魯士會一直進行抗爭，直到自己的要求獲得滿足。

　　俾斯麥絕不容許別人踐踏自己的威嚴，而他的遠見卓識也是普通人所無法企及的。國王放心地把大權交給他來掌管，他就更不可能讓自己的祖國再次遭受屈辱。從他的角度來看，葛拉蒙特的行為著實有些不妥，至少他不該向俾斯麥宣戰。為了可以在議院打贏一場漂亮仗，葛拉蒙特逼著普魯士駐巴黎大使威爾德發函，對威廉國王說拿破崙三世讓他寫封信。信的內容是普魯士保證不會做有損法國威嚴和利益的事情。俾斯麥聽說這件事之後狂怒不止，他又一次想到辭職。但是老朋友羅恩卻勸他說這樣無異於臨陣脫逃，而軍人是不允許臨陣脫逃的。但是俾斯麥再也無法容忍這種代價巨大的妥協──犧牲自己的尊嚴、犧牲自己的政治前途。

　　當俾斯麥收到這封密電的時候，毛奇和羅恩正在和他一起用餐，但隨即大家都沒了胃口。他們明白國王已經妥協了，俾斯麥對這封密電略微做了刪改──霍亨索倫世襲王爵已經放棄繼承西班牙王位，西班牙政府會將這一消息正式轉告法國政府。法國大使得知後，在埃姆斯要求國王讓他給巴黎發電報，內容是威廉國王答應，保證永遠都不會讓霍亨索倫家的人做西班牙國王。國王決意不再接見法國大使，國王的授權和俾斯麥的權力成了這場戰爭的一劑催化劑。俾斯麥並未造假，他只是將電文的內容修改得更為緊湊一些。如果說原文像一個又扁又不成形的氣球，因為沒有充氣，所以飄不起來，那麼現在這個氣球已經充滿了氣，飛得又高又快，讓成千上萬人都能看得見。

第三章　勛臣（1862-1871 年）

　　終於，俾斯麥得償所願，他原有的憤怒也因普法戰爭的爆發而隨之得到了平復。俾斯麥絲毫沒有耽擱，因為公文一經宣布，便意味著戰爭已經開始，這樣做最直接的結果就是逼著法國要麼宣戰要麼屈服。事實上，短期內國王也是支持這場戰爭的，這一點在埃姆斯的電報中已經得到了證明。

　　俾斯麥始終沒有改變初衷，他要開創一個實際存在的德意志帝國，在他的心裡，戰爭已經醞釀了很長時間，只是在等一個時機。俾斯麥的一系列舉動都符合邏輯，他明白，最好的機會已經到來，他要伺機而動。不管是在事實上，還是在形式上，都需要由法蘭西向普魯士宣戰，幾十年以後，他仍然要讓後人明白一個道理——為了統一而戰鬥是值得的。電文發出去以後，果然如同事先預料般，還沒到半夜，這份電文就已經在歐洲放出了一聲炮響，這響聲將一些人震醒了，同時還有些人被震死了。

　　後來，李卜克內西（Liebknecht）說這封電文是一樁罪惡，但這樣的罪惡並不是由俾斯麥造成的，也不是由威廉國王造成的，這種罪惡的根源於當時那種社會，是因為幾個不同國別的人動輒濫用武力所造成的。

十七、最後贏家

　　戰爭就像一臺助推器，要麼會讓一個國家快速崛起，否則就會讓它萎靡不振，甚至倒退。互不相讓的兩軍對壘，誰能成為最大的受益者，誰又將成為最大的受害者，不同的階層會給出不同的答案，但是到了最後，真正的贏家只有一個。上帝從來都不曾主持過正義，勝利的天平只會向更有實力的一方傾斜。並不是所有人都願意打仗，只有挑起爭端的好事者才會這樣做。當兩個議院讓他們的議員嚴陣以待，用投票來決定是否讓議員們

金援軍餉的時候，有些反對戰爭的聲音就已經開始在大家的耳邊響起。其中來的最早最多的聲音都從巴黎傳來的。他們無法容忍要靠戰爭來瓜分權力或是幫助一個王朝犯下罪惡。此外，還有很多演說以及書信，其中的內容都是一致的。但是在普魯士，卻沒有人敢這麼說，在這個國家，社會黨人能夠做的，只是以保護法國民眾為藉口來反對拿破崙三世，主張跟法蘭西皇帝展開決戰。然後國際勞工總會就宣布，勞工們要為德意志自衛之戰而貢獻力量。但卻沒有願意為籌集軍費而投票，他們認為拿破崙三世如果打了勝仗，那麼就等於歐洲所有勞工打了敗仗，他們的利益跟法國人的利益是相同的。他們將這場戰爭視為德意志的凱撒主義與法蘭西的凱撒主義之間的的對決，與自己毫不相干，他們並不想為這場戰爭買單。

世上不存在永恆的朋友，也不存在永恆的敵人，只有永恆利益。這句話用來概括法、德兩國的意志關係實在是太確切了。俾斯麥的鐵腕令法蘭西覺得吃不消，他要從輿論開始煽風點火，於是就把在協商盧森堡問題時，從貝內蒂手中得來的協議草稿抄本送給了《泰晤士報》。在這份協議中，拿破崙三世要求法國可以任意占領比利時，以此為條件，他答應德意志可以完成統一。貝內蒂這個人是靠得住的，整個歐洲都對他很信任。這只不過表明人們對俾斯麥做事所用的詭詐手段非常清楚。恩格斯（Engels）說：「關於這件事情，只有一點好處，所有的髒衣服都會拿出來當眾洗盥一樣，俾斯麥與拿破崙三世間的把戲，從此就要終結了。」

俾斯麥喜歡專制，他對權力的控制欲從來都沒有減弱，所以受到了某些人的怨恨甚至是反叛。普魯士的王子和他的妻子維多利亞王妃對俾斯麥極為痛恨，他們曾經密謀背叛普魯士，因為他們覺得俾斯麥獨斷專行，他才是實際上的普魯士皇帝。毫無疑問，在這場戰爭中，受益的人是俾斯麥，他用槍炮證明了自己的政策是正確的。

第三章　勛臣（1862-1871 年）

　　對法蘭西，俾斯麥用了非常殘酷的方法，在之後半年的協商過程中他也使用了同樣的方法。他的政策不會被別人改變，因為他是征服者。普魯士提出讓法蘭西所有軍隊全部繳槍投降，連一面軍旗都不能留，但是這卻與他在尼科爾斯堡時採用的政策大不相同。他的理由很多，其中一個就是前面所提到，巴黎方面的不確定性，因此法國多次改朝換代，現任政府並不會受到前任政府的約束。除此之外，還有很多其他的理由。因此，在這種情況下奪得洛林，也是意料之中的事情。

　　當拿破崙三世與俾斯麥又一次見面時，很難想像他作為一個戰敗國的皇帝會有著怎樣的表情，說話的語氣有多麼無奈，行為舉止又該有多麼的落寞。或許他會言不由衷地說些冠冕堂皇的話來掩飾自己的挫敗感和悲傷。戰爭之前那個孤傲的拿破崙三世現在變得形容枯槁。戰爭就是如此殘酷，在迅速摧垮一個國家的同時也能夠迅速摧垮人所有的一切。

　　在戰敗的國家收拾殘局也是一件非常麻煩的事情，因為敵人有的被消滅了、有的被俘虜了，還有的是被完全包圍了，國會也會分裂成好幾個黨派，到了那個時候，這個軟弱無力的政府一定會做出讓步。實際上，做了俘虜的皇帝已經變成了一個累贅。打仗總是要付出一定的代價，拿破崙三世再也不想與普魯士兵戎相見，為了避免戰爭繼續下去，他此時比任何人都更渴望和平。事情已經發展到了這種地步，拿破崙三世很想像柯尼格雷茲大捷後那樣，用土地作為補償。德意志的媒體大聲倡議：要法國割讓阿爾薩斯，以保證將來不會被死敵攻擊。

　　法蘭西在戰敗之後宣布成立了共和國，拿破崙三世的政治生涯宣告結束，法國的工人階級反對透過割地來換取暫時的和平，他們覺得這個錯誤既然是拿破崙三世與他的同黨們所犯的，那麼就不應該讓別人來承擔後果，這樣做是不公平的。馬克思（Karl Marx）也因此寫了一篇文章，並且

傳到了德意志，他預言割讓阿爾薩斯會令「兩個民族產生難解的仇恨，割地只是讓這兩個國家暫時停戰，但是這樣的和平絕對不是長久的。」拿破崙三世的人生如同一場戲劇，也令他的人格迅速發生了變化。為了一己私利，他從來沒有問過法國人民是不是願意與鄰國交戰，他犧牲了整個國家的利益，但卻換來被推翻的慘痛代價。共和國的首任外交部長來到普魯士軍的大營，請求在他們選舉議員時暫時停戰，因為他們想從根本上進行改革，將帝國變成一個共和國，以充分展示法蘭西熱愛和平之意。但理想與事實差得太遠了，普魯士堅持要得到阿爾薩斯的全部和洛林的一部分以及梅斯市，以此作為擔保。

俾斯麥身上有一種德意志政治家所獨具的威嚴與苛刻，但是他的苛刻中偶爾還會透露出那麼一絲和藹。他性格坦率、氣質莊重，處事謹慎而又充滿激情，這都令人對他有一種敬畏之情。法國戰敗之後，他要求法蘭西將阿爾薩斯和洛林割讓給德意志作為保護的屏障。俾斯麥認為，除此以外，再沒有什麼可以保障和平的好辦法。但是在一年以前，他曾對柯雪林說：「假如普魯士打敗了法蘭西，會出現什麼樣的結果？假如我們得到了阿爾薩斯，那就必須好好珍惜，要永遠派兵駐守在斯特拉斯堡。因為法國總是會想方設法尋找同盟 —— 到了那時，我們的日子就不好過了。」

俾斯麥從未忘記自己的使命，他要讓德意志獲得統一，正是這個願望一直在推動著他不斷前進，為此他甚至不惜引發戰爭。就像馬克思所說，只要有了戰爭，德意志帝國也就有可能獲得統一。從俾斯麥的思想和欲望出發，是絕對不會因為鄰國不老實而去攻打它的，但是這種想法卻與俾斯麥的外交政策趨勢正好相反。二十年來，在俾斯麥發表的演說或是私下的談話裡，都沒有表露出這樣的想法，他從來都沒有提起過「世仇」，可是所有這一切都無法掩飾他內心的真實想法，他因此也變成了一個真正的征服者。

第三章　勛臣（1862-1871 年）

　　只要做好了準備，俾斯麥就會清除所有他覺得會對作戰不利的因素。他不會同意讓中立國鑄成一條鎖鏈 —— 從北海綿延瑞士阿爾卑斯山的鎖鏈，那樣的話，法蘭西就擁有了一條隔絕俾斯麥的保護帶，如果德意志的海軍無法抗衡法蘭西的海軍，俾斯麥便不能阻止敵人從海上發起進攻。儘管這並不是一條重要的理由，卻也確實存在這樣的問題，從中我們也能夠看出，俾斯麥作為政治家的縝密研究和謹慎觀念。而其中一個最重要的理由就是當時的比利時和瑞士都想獨立，而阿爾薩斯和洛林卻沒有這個想法。他不想再拖下去了，否則就會產生很大的變數，他想要讓自己的願望變成現實，所以只好將這個地方連同炮臺等都併入德意志，使其成為德意志抵抗法國的一道堅固城牆。我們就想要這樣的保障，要讓法蘭西日後攻擊我們的起點移動，最好是延長幾天的行程。

　　俾斯麥是一位政治家，也是一位外交家，在戰爭時期，他還是一位非常優秀的演說家，他那富有巨大煽動性的演講變成了最有威脅的子彈和炮火。一貫獨裁的俾斯麥無法容忍萊茵河這一邊還有法國的存在。最後一種考慮出自德意志的民族派，他們認為德意志很容易遭受法國的攻擊。一開始，理由就是幾個，但俾斯麥一直都有另外的仇恨，因為盧森堡的國王有一次曾對他說：「假如僅僅討論南德意志地區的話，這個國家存在的弱點就會阻礙統一的腳步。」在國會，俾斯麥曾經描述過這一地區的形勢，在靠近盧森堡的地方，阿爾薩斯的一角插入了德意志境內，並且將德意志的北部和南部分開。他曾對一位英國外交家說，德意志並不想得到阿爾薩斯或洛林，法蘭西可以繼續占有這兩個省，但一定要承認幾個條件，以便他們無法將這兩個省當作攻打德意志的根據地。德意志真正想要的地方是斯特拉斯堡與梅斯。

　　割地本來就是一件非常冒險的事，但俾斯麥卻告訴自己必須要堅持割

地 —— 絕不能放棄這一點，他的理由也是他的決心，就是要開創一個獲得統一的德意志帝國。他覺得如果民心離散時，那就讓這個國家存在一件引起公憤的事情。俾斯麥要把自己的欲望強加在人民的頭上，因為只有這樣，才能讓俾斯麥的計畫順理成章。他相信，德意志南北兩部分早晚都會聯合。如果他們能共同培養這株小樹苗，就將會產生很顯著的效果。那塊土地如果由帝國進行統治，那麼最終它也將變成帝國。

十八、太子心意

俾斯麥的宏大願望是要讓德意志實現統一，這幾個字看上去非常簡單，但在現實中卻是步履維艱，他一直覺得德意志本來就是個整體，而且已然成形，既不用再求什麼，也不用去創造什麼。他不要也不想看到報紙上連篇累牘的文章給政府造成巨大的壓力。

但實際操做的困難通常比想像中還要大很多，在一個帝國的範圍記憶體存在著不同的種族、階級、黨派，各自都有各自的打算和計畫，最後還有不同的「哲學」，彼此之間充滿了衝突。如果全部按照各自的想法來成立德意志，那就談不到統一了，也不會有德意志帝國了。每個組織都需要一個人來領導，普魯士民族黨想要組織一個由各邦王公組成的聯邦會議，其中霍亨索倫氏擁有絕對的領導權；自由黨則希望成立一個重視民權的德意志；威廉國王不關心什麼皇帝和帝國，只想擬定出一份聯合陸軍的條約；太子想的卻是成立一個帝國，要其他王公受到皇帝的管制。現在的局面紛繁複雜，已經難以形成共識。或許只有俾斯麥才可以做到，這是他一直以來所堅持的信念，他擁有這樣的魄力。

第三章　勛臣（1862-1871 年）

專制的俾斯麥一直都與懷著浪漫夢想、想要成立兼具君主制與民主制新帝國的太子腓特烈有衝突，他們的意見總是衝突，這已經不是一兩天了，所有的衝突早就在之前都埋下了伏筆。太子的身上散發出了一種盛氣凌人的驕傲，他想要將普魯士納入德意志的範疇。其他德意志各邦王公，除了頭銜、權利與榮譽，以及上議院的席位予以保留之外，其它所有的特權都將被剝奪。當普魯士軍隊繼續向前推進時，腓特烈將自己的計畫告訴了密友弗萊塔格（Freytag），他當時那種激動的神情給弗萊塔格留下了深刻的印象，那炯炯有神的雙眼令弗萊塔格感到震驚。他將自己的長軍外衣披到身上，就像穿了一件帝國的袍子。他戴上了象徵著霍亨索倫的金鏈，洋洋得意地在草地上走著，很顯然是在幻想自己已經做了皇帝之後的樣子。

腓特烈確實是這麼想的，但是他還太年輕了，仍然需要接受鍛練。他那個文學家朋友曾經勸他說，要想讓各階層、各黨派臣服，作為太子就一定要作出表率。從前那些舊制度還有普魯士自古以來的忠誠風格已經全都與這個時代格格不入了，一種全新的意識成為目前最迫切的需求，不管什麼樣的舉動，只要趨向於極端，都會朝著相反方向發展。一定要意識到，德意志原來就有強烈的民主主義暗潮，假如因為發生大的禍端，抑或是由於不良政治的原因，導致將來的某一天令各種芥蒂在民間傳播，那麼就算是政府中最受敬愛的那個人，也將面臨很大的危險。太子並沒有把弗萊塔格這些忠告放在心上，他仍舊持有以前的觀念，但那種觀念就像海市蜃樓一樣，其結果無異於又一次招致失敗，因為他太過傲氣，太過自以為是。

太子腓特烈一直生活在自己假想的世界裡，他無法為自己找到正確的位置。他總是認不清形勢和時局，還總覺得自己正處於權力的中心，擁有一切的控制權，以為德意志馬上就是他的了，而俾斯麥則只是一個替父親

和自己服務的官員。他瞧不起俾斯麥，尤其是當他看到俾斯麥居住的華麗房屋時，他覺得這位大政治家其實從來都沒有真正關心過德意志問題。他諷刺世人無法從如此重要的時代感悟真理，他們什麼都不明白，他還諷刺俾斯麥是一個永遠都學不會聽話的人，他最終的結果將會非常糟糕！他對俾斯麥的偉大之處予以貶低，對俾斯麥的為人進行批評，太子這種不合尺度的言論，足以說明一件事，與這個兒子相比，善良的老國王其實是一個英雄。

腓特烈很不埋解自己的父親為什麼要將政治的大權授予一個與自己政治思想完全不同的人，他對俾斯麥的獨裁專制感到痛恨，這也讓他與俾斯麥意見不合，這令他感到非常苦惱。腓特烈想要獲得統治權，要將皇冠帶到自己頭上，要與他的王妃分享這一榮耀時刻，他還要將整個德意志納入自己的統治之下。他把自己的不自量力說成是對自己能力的低估，太子的淺薄讓他在俾斯麥面前相形見絀，他正被一股風潮所裹挾。同時，俾斯麥也處於一種逆水行舟的狀態，這位太子將他批得一文不值。在腓特烈看來，俾斯麥的鐵血政策就像一枚炸彈，時刻都有可能會爆炸，這也讓其他國家不願與德意志進行交往，在失去了世界的同情和自己的安泰之後，人們對這個國家既不愛也不敬，只有怕，甚至將其視為一個無惡不作的國家。這樣的抨擊是多麼的激烈，同時也能看出腓特烈見解的獨到，官樣文章誰都會做，但自己必須要有實力，否則就不叫本事！

太子既想成為民主黨領袖，又想大權獨攬，讓一切都處在他的掌控之下，這難免給人自相矛盾之感。他迫使與他同等地位的王公們和盟友們屈服，在不跟人民商量的情況下提出宣布憲法。但讓他不明白的是的，近十年來，為什麼有時透過武力解決問題就會被稱為好事，就像丹麥之戰可以被當作一件「好事」那麼難以理解一樣，難道必須要透過武力才能實現德

第三章　勛臣（1862-1871 年）

意志的統一？這期間，那位以民主派自居的太子要在軍隊裡宣布憲法，而被認為是反動派的宰相卻想在巴黎的凡爾賽宮召開德意志帝國議會。這種方法在一開始只是一種恐嚇的手段，為了對付那些猶豫不決的各國王公，但俾斯麥卻要讓這種恐嚇變成事實。從他的政策到他的思想，他仍然像以前那樣固執。正是由於他在這方面的固執，德意志差點因為衣服顏色的問題而令統一大業觸礁！令俾斯麥沒有想到的是，郵政、鐵路、電報都在這時站出來表態，就連德意志各個邦國的軍隊，也要求繼續穿著各邦的制服。這時的俾斯麥裝著只與巴登、符騰堡兩個邦國通融此事。有位巴登大臣曾經這樣批判俾斯麥：「他對各邦的利益展現出了與平時不一樣的關愛，但是當德意志的更高利益與自己的利益發生衝突的時候，他也只能捨棄這份關愛。對俾斯麥來說，德意志的利益是勝過一切的。」

　　然而世事變化無常且總是那麼讓人意外，關於巴伐利亞的合約，俾斯麥竟然同意簽署 —— 他居然選擇了讓步，難道是為了儘快讓德意志實現統一嗎？俾斯麥的得償所願令人們不由對這位鐵血宰相產生了懷疑。因為他曾說過，等到巴伐利亞條約簽字生效之後、德意志的統一大業完成、皇帝可以行使自己的統治權時，自己的夙願也就完成了。這確實是一件大事，可是輿論界卻感到不滿，而且他們也不會按照慣例來記述歷史，他們只會說俾斯麥是個傻瓜，他原本能得到更多的利益，但是卻選擇了退縮，這份條約是存在缺陷的……他們會將此當作近年來發生的眾多重大事件之一。俾斯麥變得不再強硬，他開始妥協、退讓！對巴伐利亞，俾斯麥做出了讓步，最後巴伐利亞在酒稅方面獲得想要的結果，俾斯麥讓巴伐利亞得到了一個滿意的答案。

　　在慶功晚會上，俾斯麥對當前的形勢發表了評論。他的演說是那麼坦率，他對大家說他會在 71 歲時死去 —— 他是透過一種計算得出這個結果

的，在座的眾人都不清楚怎樣才能計算出這個數字。不管怎麼說，俾斯麥與巴伐利亞到底還是互相成全了對方，或許在俾斯麥看來，德意志統一已經變成了一件刻不容緩的事情，再也不能拖下去了，他要在自己的有生之年見證統一的局面，看到一個統一的德意志。

十九、亦敵亦友

太多的不安和仇恨充斥在俾斯麥的心裡，他從政以來的最大心願就是統一德意志。但當他打敗法國時，他卻感到自己遭受到從未有過的怨恨，因為他給法國人民送去了災難。他認為在政治生涯中沒有一件事是值得自己留戀的。今天播下一顆種子，卻不曉得日後會長出何物，從中也可以看出，俾斯麥這個人介乎魔鬼與浮士德之間。當他以一個實幹家的形象出現在凡爾賽並在那裡辦公時，卻常常會沉迷在某些歷史的精神中。最近的五個月，他感到自己做的事情太瑣碎了，在一百多次的談話發言中，我們可以對他那沉悶的心境有所了解，他似乎已經失去了從前的激情和鬥志，人們聽不到他對德意志政治問題的任何言論，反而一直在滔滔不絕地談論自己的生活，講述打獵、飲酒、吃飯——吃飯飲酒是俾斯麥平時生活中的重要內容，不僅要求數量，而且要求品質，這也反映了他的本性。

當一個人的腦子裡被要思考的問題填滿時，他也沒有做其它事情的精力了。俾斯麥便是這種人，這也導致了他的睡眠品質很差，他每天都在思索各種各樣的事情，尤其是當別人做了對不起他的事情時。這通常會令一個人感到痛苦，任何事情都忘不掉，神經時刻緊繃著……一到這種時候，他就會寫公文、寫信——不是用筆寫，而是在腦海中構思。俾斯麥的生

第三章　勛臣（1862-1871 年）

活變得十分枯燥，這時的他已經不怎麼騎馬了，不是做體操，就是獨自在周圍都是高牆的園子裡散步。或許這樣做能夠讓他放鬆一些，能夠讓他那緊繃的神經得到舒緩。或許是上了年紀，或許是離家太長時間，又或許是落葉悲秋，俾斯麥總是回想起自己孩提時代的生活，如今的他是那麼的想念故鄉、想念親人，在他心裡最柔軟的地方，一切都暴露無遺！

由於工作時事無鉅細都要過問，這也令俾斯麥的神經有點超載，他的性格開始變得越來越暴躁，俾斯麥本人對此也感到非常痛苦！即便是為了一些很小的事情，他也會感到憤怒甚至對別人的好意產生誤會。有一次，有個人將他的批示用鉛筆寫在了公文的旁邊，卻忘了先用墨水來填寫，然後才能送去複印。他因此而對參政們發了很大的脾氣 —— 辦公室為什麼沒有收拾整潔？讓你們到這裡來不是為了玩樂的。俾斯麥責備他們在自己艱難的時候沒有幫自己，反而逼得他發狂。有時人們對他感到不滿，但也沒有辦法，尤其是在向他彙報工作時，他明明沒有認真去聽，而且也經常不做出回答，要麼答非所問，可是俾斯麥卻認為是別人對他產生了誤會，對他也非常討厭，他甚至為了自己無法交到新的朋友而感到苦惱，他在信裡向妻子抱怨，自己十分渴望能夠跟喬安娜待在一起，最好是跟她一起住到鄉下去。

俾斯麥向來是大權獨攬，他的驕橫跋扈也令他受到了很多人的反對，斯圖施（Albrecht Stosch）曾說過，他從來都沒見過眾人像痛恨俾斯麥一樣去痛恨另外一個人。即便是在為某些人爭取利益，這些人在得到利益之後也不領情，這令俾斯麥非常惱火，他與參謀部之間的隔閡就更深了。參謀部對俾斯麥的親朋好友一向都十分慎重！他們很在意有哪些人會當眾或私下裡把一些祕密消息告訴他。將領們也非常警惕地監視著俾斯麥，軍方對他的態度，就像是對待一個不靠譜的中立國一樣。他是這個國家的宰相，

但他很多計畫卻要受到軍事行動的限制。俾斯麥對此非常不理解，他認為是這些人在嫉妒他的權力，或許曼陀菲爾給出的答案是正確的，一個政治家想要擁有的勢力比軍隊領袖還要大，那才是真的怪事！俾斯麥想要讓所有人的行動都在自己的注視之下進行，包括國王和將領。由於專制慣了，他更喜歡用自己的聰明才智來處理所有的事情，這種習慣令他極力地想要避免自己與他人的對立。在指揮戰鬥時，俾斯麥堪稱足智多謀，思路之清晰令人無可厚非，但有一個人卻沒有按著他的思路去做，這個人就是毛奇。他也是最能與俾斯麥作對的人，兩人意見不合由來已久，但每次到了最後關頭都能達成和解！

毛奇和俾斯麥是完全不同的兩種人，如果他們兩個能綜合一下，那麼肯定能造就世上最完美的人！兩人性格對比十分鮮明：一個好靜，一個好動；一個和藹，一個嚴厲；一個寡言少語，一個滿腹牢騷；一個隱忍沉默，一個放肆張揚。通常，俾斯麥最注重的就是力量和意志，而毛奇最注重的則是品質和思想，俾斯麥的性格驕傲而自負，毛奇的性格則是沉穩而柔雅。如果說俾斯麥像大海一樣波濤洶湧，那麼毛奇就像表面平靜的深河，河面之下暗流洶湧。無論任何事，毛奇總能心平氣和地對待。他喜歡在自家寬敞的院子裡漫步，不喜歡到森林裡閒逛，凡事親力親為。他無兒無女，總是為他人考慮，而且無需僕人伺候。他同時還是一個小說作家，愛莫札特（Mozart）、愛翻譯外國詩歌、愛旅行，他曾經在國外四處旅行達數年之久，並最後在四十歲那年娶了一位英國女子為妻。

在作戰思路上，毛奇與俾斯麥正好相反。在軍事方面，他是專家，他的軍事天才令他可以技壓群雄、鋒芒四射，俾斯麥則完全是依靠人格來贏得尊嚴；毛奇做任何事情都會三思而行，但俾斯麥卻不是這樣。兩人只有一點相同，就是非常不信任對方，他們見面時從來都不會說對方一句好

第三章　勛臣（1862-1871 年）

話。尤其是兩個人需要合作時，發生正面衝突的次數就更多了。

俾斯麥主張透過拿破崙三世的軍隊進行復辟，他認為拿破崙三世已經是一個病人，不會再形成威脅。毛奇則主張包圍巴黎，不戰而屈人之兵！一個想要進攻，一個想要圍城。期間俾斯麥不斷地發火，抱怨毛奇不聽自己的話，「更像是一隻野鴨」。

當毛奇最終決定不採納俾斯麥的建議時，俾斯麥終於憤怒了，他對威廉國王和毛奇都感到不滿，並且激動地說等到戰爭一結束，他就馬上辭職。他無法容忍自己被如此的蔑視，他再也受不了了，這讓他非常憤怒，在他看來，除非馬上停止這樣對待自己，否則一切就都無可挽回了。果然，到了十二月，俾斯麥便用出了自己最得意的招數 —— 罷工，整整一個星期，他都沒有露面，一直等到最後，即將做出攻城的最後決定時，他才出現了。他們之間的隔閡很深，但最根本的原因是兩人的個性不同，俾斯麥剛硬、毛奇溫和，他們似乎天生就是兩種極端，沒有辦法共同相處。兩個人好像都受了多大的委屈一樣，分別向國王抱怨，毛奇認為俾斯麥政務、軍事都要處理，卻不聽軍事專家的建議，而且還經常向自己打聽軍事祕密，這令他感到難以理解。作為國王的軍事顧問，還要受俾斯麥的左右和約束，這與他的初衷是相背離的。

俾斯麥無法忍受那群整天無所作為、四處炫耀、高傲自大的王公貴族，他曾經多次在給妻子的信裡提到，在大本營裡，處處可見那些作壁上觀的王公貴族，他們生活安逸，卻讓自己那些得力下屬無處容身，他感到非常難堪。這些人裡面最讓俾斯麥無法容忍了的就是威瑪大公，他要求俾斯麥將有關普法兩國交涉的資訊洩露給自己，以便自己能將這些消息轉告給俄國人，並著重指出能轉告多少就要看自己的意願。俾斯麥竭力想要避免的事情就是走漏風聲，他以和這樣的人交往為恥，為此他當面譏諷了威

瑪大公，還在給威廉國王的信件裡提到了這件事，所有與德意志相關的政策都正在實施過程中，唯一令他覺得不值一提的就是威瑪大公那件事了。有一次，威瑪大公在給妻子的電報裡說，德意志軍隊正在戰場上浴血拼殺。當時已經快到深夜了，俾斯麥截獲了這封電報，為了避免讓消息洩露，他將電報的內容進行了修改，內容全是在森林裡建苗圃、歌女與馬匹交易等事情。俾斯麥非常厭惡這些王公貴族，認為這些人就像一群烏鴉，而他則是一隻貓頭鷹。有一次，在會見德意志各邦王公時，俾斯麥被這群貴族圍得水泄不通，經過好一番掙扎才脫了身。

俾斯麥在政治取得如此輝煌成就的背後，是無數難以言說的無奈與辛酸。他總是要逼迫自己去做一些事、去想一些事，這通常會耗費他大量的精力，他無法像太子腓特烈那樣不讓時間白白浪費掉，因為太子同時還是一個軍人，多多少少明白一些事情的發展趨向，無須為了極其淺白和簡單的事情去證明、去辯論。他經常想，假如讓他擁有五分鐘的權力，讓他盡情地說「那個一定要做，這個不必做」—— 那該多好！在經歷了很多事之後，俾斯麥仍然是一個天生的獨裁者，他覺得自己天生就是一個治理別人的人，可是現在卻要伺候別人。因此這個世界讓他感到非常不滿，讓他感覺受到了痛苦的煎熬、生活的顛沛、地位的折磨。晚上喝過酒以後，這個因勞累而疲乏的人才能無所顧忌的嘮叨幾句，將一切不順心的事情說出來，當作一種發洩。每一次，當他想做的事正接近成功的時候，就會有一個王公跳出來進行阻攔，將作為政治家的俾斯麥擋在門外，不理不睬。而他所要實施的計畫也會被擱置起來，他由此體會到了做國家元首的為難之處。但是在俾斯麥看來，如果不是元首，就不能做出任何決定 —— 尤其是正確的決定。

二十、德國統一

不僅僅是在政治方面，就連外交談判時，俾斯麥也同樣表現得很強硬。他不容許別人對自己進行反駁或抗議，他靠著這種手段為德意志贏得了利益，也讓自己獲得了尊重。在接見法國大使福爾（Favre）的時候，他用一段毫不隱晦的開場白直接表明了自己的想法和要求，並表示法國和德意志談條件的時機已經錯過，因為德意志軍隊已經將巴黎圍困了三個月。俾斯麥向福爾連續施壓，說還有一個奉拿破崙三世之命前來的使者正在等著自己，他還要跟這位大使好好商量一下……同時，俾斯麥也沒有忘記對福爾表示關心，他非常認真地說自從上次與福爾見面之後，自己的頭髮有很多變白了。俾斯麥時而溫馨、時而嚴苛的舉止反襯出了福爾的矛盾緊張心理，以此為突破口，俾斯麥在沒有留下任何餘地的情況下，擊潰了福爾的心理防線。

兩個人在爭論時，俾斯麥死死地捏住了福爾的弱點，在俾斯麥看來，福爾的擔心根本不值得一提，因為法國的權力中心並不是福爾，即便他有各種想法也不管用。俾斯麥則拿巴黎全城人民的生命與戰爭進行比較，最明智的選擇就是選擇投降以及答應德意志的條件，至於抗拒當然是一點用都沒有的。最後，福爾只能在萬般痛苦之下無奈地答應了。福爾表示，當他們經受了所有的苦難以後，請俾斯麥千萬不要強迫法國遭受屈辱，也不要再繼續容忍拿破崙三世了。僅僅過了十五分鐘，割地、賠款等重要條款便都商定下來了！

隨後，在用餐及談話過程中，俾斯麥和福爾似乎成了一對好朋友。俾斯麥還請福爾抽了雪茄，福爾一開始不肯抽，但在俾斯麥的勸解之下，他最終還是同意了。隨後兩人的交流就因為一支雪茄而變得非常愉快，就像

俾斯麥所說的那樣，最美妙的事情當然要屬抽菸了，但凡是抽過菸的人，都不會再想失去自己的雪茄，因此他需要盡可能地不去做出一些過於激烈的動作，況且抽菸能夠令人心境緩和。從點燃的雪茄上冉冉升起的青煙，似乎有一種令人沉迷的魔力，能夠使人們變得比較容易通融。

在面對不同的人，俾斯麥在談判時所展現出來的態度也完全不同。在法國人看來，俾斯麥有著很強的控制欲望而且非常強勢，他就像一個掌控著進程和結局的主宰者，就像一隻正在玩弄老鼠的貓，結果當然是可想而知。對福爾來說，俾斯麥幾乎就是一個無所不能的人，他的眼睛能夠洞察一切，將一切都看得清清楚楚。他的嚴苛與體貼總是能夠影響人們的思想，讓人們無法察覺出什麼不妥之處。但此次他不得不把高盧族人善於講笑話的本事全都使出來，以此迷惑眼前的仇敵。因為這個人對於講和也很急迫，幾乎與自己一樣。如果是跟英國人協商條款，俾斯麥說話的腔調就會變得很不一樣。後來當提耶赫（Adolphe Thiers）跟俾斯麥談判時，俾斯麥就開始說德語，還說需要請個翻譯。對於提耶赫所說的話，俾斯麥表現出了一副很不耐煩的樣子 —— 不是他聽不懂，而是提耶赫的性格讓他覺得如果對自己不利，不如就裝出一副不懂的樣子！

就在俾斯麥與法國人談判的同時，國王和軍隊的長官們也在開會磋商，俾斯麥一直苦勸國王，必須要讓法蘭西把幾處炮臺交出來，但除了俾斯麥之外，沒有人對這個問題感到糾結。他要求法國割讓阿爾薩斯、貝爾福、部分的洛林和梅斯，他還要在普魯士軍隊在進入巴黎時就能得到 60 億法郎的賠款。最終他將這個數字減到了 50 億，而此次俾斯麥所要的賠款，是根據普魯士所賠的比例算出來的。隨後，俾斯麥將巴里施羅德叫來一起商量；接著，他便提出由法國人做出二選一的選擇 —— 要麼把貝爾福交出來，要麼同意普魯士軍隊進入巴黎。但是法國人覺得保留貝爾福的

第三章　勛臣（1862-1871 年）

炮臺更重要一些 —— 這次法國人做出的決定與以往我們想像中的法蘭西民族的性格並不吻合，或許他們認為只要守住炮臺，就能夠獲得反擊的機會！對於割地之事，俾斯麥依然心存疑慮，這讓他缺少安全感，在給妻子的信中，俾斯麥表示自己既要聽上面的話，又要聽下面的話，此外還要聽很多有遠見者的話，或許德意志馬上就要得到梅斯啦……

　　這一天終於等到了，所有的事情都在他的計畫和安排之下，俾斯麥的高瞻遠矚、他的強勢鐵腕以及他為統一德意志所做出的貢獻是不可磨滅的。晚上，他請來巴伐利亞的使臣和巴里施羅德兩個人與自己一起用餐，這是將要在財政上進行統一的信號。他安排人演奏音樂，演奏的曲目是《霍亨菲列波爾格進行曲》。第二天，提耶赫來與俾斯麥簽訂條約，俾斯麥仍然不能小看這個戰敗國的大臣，因為提耶赫的年齡比俾斯麥要大很多，也是一個非常聰明的人，現在已經改行做了一位無情的歷史學家 —— 他要繼續對俾斯麥展開口誅筆伐。此次和約的簽訂花了很長的時間，雙方的明爭暗鬥非常激烈，兩個人在簡短的談話中對數位和利益兩個方面的問題進行了討論，而且談到德意志之所以能夠統一正是靠著與法國的不和 —— 大炮和理性並用相攻才形成的，他對運氣好的俾斯麥感到鄙視，但不否認這確實是事實。俾斯麥憑藉敏銳的洞察力看穿了他的用意，立刻開始進行計算和權衡，他既不想對這個法國人無禮，也不願讓他認為自己沒有主見，更不想讓自己受到提耶赫的掌控，他希望能夠跳出這一困境，最終他做到了這一點，而且沒有給提耶赫留下任何的話柄！

　　每一個國家在統一之後，都會需要一個最高的領導者來統治這個剛剛誕生的國家，大家都是這樣認為，可是老國王威廉卻不願稱帝，倒不是由於那些渴望自由主義的人反對成立一個帝國，也不是因為弗萊塔格認為這是某種虛偽觀念和主義的復活，更不是由於德意志各邦國對他的反

對 —— 最根本的原因就是老威廉本人不同意。十年前,他就已經把皇冠戴在頭上一次了,現在他不想再戴第二次了,視皇冠如糞土的老威廉想起了自己的歷代祖先,又想到自己已經是 74 歲高齡了,決心抗拒。這位老國王曾對自己的兒子說,他最討厭、最反對的問題就是稱號 —— 他就是一個普魯士人,要稱號這東西做什麼?他認為這更像是一場鬧劇或是一種陰謀!威廉這種感覺跟一千多年前查理大帝(Charles the Great)的感覺差不多,可是查理大帝卻沒有威廉那麼幸運,因為威廉能夠主宰自己日後的命運。

太子腓特烈可不像自己的父親,這個人對權力有著極其強烈的痴迷和野心。弗萊塔格從前經常跟太子密談,他對太子進行了批判。但在腓特烈看來,為自己和太子妃先準備一頂新王冠和一件新禮服是一件非常重要的事。統一德意志最早也是由太子最先推動的,在這件事情上,他的作用非常重要。俾斯麥實幹、而且非常強硬,一開始,他對稱帝也表示反對。他曾經跟太子講過關於從前普魯士朝廷的光榮事蹟,想不到太子從此開始便熱心於稱帝這件事,他覺得皇帝的稱號能促進國家的統一和權力的集中。很多德意志邦國的王公貴族也對太子這種想法表示支持,巴登大公就是其中之一。太子好像不是一個生活在現實世界裡的人,終日沉迷於夢境城堡之中,活在音樂的世界裡。直到有人對他說,他可以暫時住進一座更為華麗的宮殿裡面,他才開始對正在發生的事情予以關注,於是他便派人來到了戰場,並在巴黎城外確定了住處與馬號。

俾斯麥不認為自己那麼多計畫會以這樣的形式失敗。統一德意志的道路是那麼坎坷和漫長,但是他都挺過來了,如今這個國家已經統一,卻無法為其找到一位領袖,真是讓人著急!他一連寫了三封信給巴伐利亞的路易國王,這些信極富文采,信中強調,對巴伐利亞來說,德意志皇帝不僅

第三章　勛臣（1862-1871 年）

是一個鄰居，而且是不同階級的鄰居，更重要的是，他與路易國王是同一個國家的人；俾斯麥說自己還要與維特爾斯巴赫（Wittelsbach）結盟，以說服路易國王勸說威廉同意稱帝。

俾斯麥真是費盡心機，他曾經為了統一德意志而廢寢忘食，沒想到統一之後又要為了皇帝加冕的事情煩惱。不過他的心血並沒有白費，在俾斯麥寫給路易國王的信中既恭維了對方的權位，又利用了對方的性格特點。這時的俾斯麥就像一位精神病治療專家，開出的藥方對上了病症，也對上了心症。俾斯麥觀察之後發現，威廉「不過是想在各邦國王公面前炫耀自己的長處……以顯示自己是一個更看重普魯士威望的人，他認為普魯士的威望遠遠超過了這些人所承認的帝號」。他配的這副藥果然有用，路易國王將這封信讀了又讀，對俾斯麥的恭維頗為受用。他與自己的大臣商量之後，寫下了俾斯麥要他寫的勸諫信，並火速派人送到了凡爾賽。恰好那裡正在為某位公主舉辦生日慶祝會，當威廉國王得知了信的內容之後，他感到十分的鬱悶和惱怒，大聲吼道：「這封信來得真是太不湊巧了。」威廉國王沒有發現其中隱藏的詭計，只是讓俾斯麥和太子腓特烈一起出去，他們都很明白，一個帝國如果沒有了皇帝，那麼這個帝國也將不復存在，這個令人驕傲的帝號，可以算得上十足的保障。

不過在第二幕戲開演時，就不像俾斯麥預想的那麼順利了，威廉國王對信中提到的內容採取了消極抵抗的策略，因為他並不想做皇帝。可是一切都已經準備好了，現在，整個德意志都贊成他當皇帝。在帝國議會期間，有位議員獲得提問的許可 —— 德意志人是否需要一位至高無上的國王，但巴伐利亞議院就是不同意批准這個條約。威廉對這個「勸進代表團」也感到非常的生氣，他提出必須要在經過各邦國王公的正式同意之後，才能接待這個代表團，現在這種恢復帝國與帝號的提議好像是從帝國

議會那裡傳出來的，而不是從各邦國王公那裡傳來的。俾斯麥對此也非常氣憤，氣憤他們為什麼要在此時出現。威廉的王兄也曾有過類似的境遇，當時他所奉上的同樣是這樣一頂皇冠，但到最後卻碰了一鼻子灰。後來威廉一世曾經一再強調，只有當德意志人民和他們的代表正式聲明與各邦王公有著相同的願望，就像承認這是上帝的旨意一樣，他才會去參加加冕儀式，不然的話他就會選擇放棄，因為只有上帝的意願才是最重要的，他只不過是在服從上帝的旨意！他將他的想法轉移到了其他人的身上，人民只能表達這樣一種願望，這也為那被他視如糞土的權力鍍上了一層金色的光芒，在這樣情況下，帝國終於成立了。

威廉一世總是針對一個詞進行解釋，這也讓他的戲份不斷增加，俾斯麥則成了這部戲的總導演，他有信心將這齣滑稽戲變成一部正劇！威廉發誓不做「日耳曼皇帝」，而是想做「德意志的皇帝」，不然的話就乾脆不做皇帝了。這時的俾斯麥表現出了超乎尋常的耐心，他竭力地勸說威廉相信「德意志的皇帝」這一稱呼中包含著土地的主權，但是苦勸並沒有效果。威廉和他展開了辯論，兩個人的談話從此處開始過渡到了皇帝與國王的地位比較、太公爵與大公爵的地位比較，俾斯麥引用了很多歷史上的先例作為證明，面對威廉這個倔強的老頭，俾斯麥只能不停苦勸，因為他沒有其他選擇。威廉對自己那段被稱為普魯士國王的日子感到留戀，但是現在就要和這個稱呼說再見了，老國王很明顯不太習慣，他的眼淚肆意地流著，流出了對往日的眷戀。他不同意稱帝，但是退路已經沒有了，他大發雷霆，不再參與討論第二天的典禮事宜，也不讓別人再提起一個字。這是普魯士最後一任國王的最後吶喊。

次日，典禮終於如期舉行，威廉最終還是接受了一切，他成為德意志統一後的第一位皇帝。其實，俾斯麥並不了解自己的老主人，威廉並不想

當皇帝，就算要當皇帝，他也寧做德意志的皇帝，而不是做日耳曼的皇帝，身為一個普魯士人，他不想讓自己融入到日耳曼民族裡去。與此同時，威廉對俾斯麥還是很感激的，他明白所有這一切都是在俾斯麥的努力下才變成現實的，但是，在極為莊嚴肅穆的加冕典禮上，威廉卻用自己的舉動明確地告訴了所有的人，他對俾斯麥並不喜歡，由於老年人的悟性，他對俾斯麥並不理解，但同時他也知道，自己不應該這麼做。面對這樣的冷遇，俾斯麥非常平靜地接受了，但是這件事並沒有對其他的政治關係造成任何改變。

羅恩曾認為，只要皇帝能夠順利登基，俾斯麥就會感到滿意和欣慰，但事實卻並非如此。俾斯麥在妻子喬安娜的信裡抱怨說，輔佐一位國王當上皇帝是件非常艱難的事，皇帝到了此時有了一種非常奇怪的欲望，那是一種令人不可理喻的想法和做法，這讓他感到苦惱！俾斯麥覺得這些事情就像一幕幕的滑稽戲，不斷地刺激著人們的神經！或許他早就已經習慣了，因為他就是這齣戲的導演！

俾斯麥，巴黎公社失敗的推手

俾斯麥對提耶爾政府鎮壓巴黎公社表示支援，當然他的目的是讓《法蘭克福和約》儘快變成既成事實，獲得阿爾薩斯和洛林，還有那 50 億法郎的軍費賠償，以實現德意志在歐洲的霸權。此外，由於法、德兩國是近鄰，一旦法國無產階級革命獲得勝利，也會在德國產生很大影響，此時德國的工人在很多大城市舉行了集會，公開聲援巴黎公社。這必將會對德國資產階級的統治造成威脅。為了鎮壓巴黎公社，法、德兩國的資產階級聯合起來了。

1870 年普法戰爭期間，腐敗的法蘭西第二帝國在色當戰役中慘敗，消息傳到國內之後，憤怒的巴黎人民發動起義，推翻了第二帝國的統治，恢復了共和國。普魯士軍長驅直入，占領了法國三分之一以上的領土，並將巴黎團團圍住。面對侵略者，巴黎的工人拿起武器英勇抗敵，並組建了 194 個營的國民自衛軍。剛剛成立的法國資產階級政府，面對起義的工人和入侵的普魯士軍隊，在階級矛盾與民族矛盾二者之間，毫不遲疑地選擇了出賣祖國。

1871 年 1 月末，為了儘快騰出手來對付武裝起來的巴黎工人，法國政府決定割地賠款，並與普魯士簽署停戰協定。3 月 18 日，政府軍隊偷襲國民自衛軍駐紮的蒙馬特高地，想要搶走他們的大炮，解除這些工人的武裝。由巴黎工人階級組成的國民自衛軍奮起反擊。這次起義誕生了人類歷史上首個由無產階級統治的政權 —— 巴黎公社。從實質上說，巴黎公社是法國尖銳的階級矛盾和民族矛盾共同作用下的產物，特別是民族矛盾的產物。

梯也爾政府在起義軍的打擊下逃到了凡爾賽，但他不甘心忍受失敗的命運，於是四下拼湊出了一支反動軍隊，想要撲殺起義。按照普、法兩國停戰協定，在巴黎，法國只能保留一個師的兵力。梯也爾政府只能向俾斯麥求助，希望借刀殺人。5 月 10 日，梯也爾政府與德國正式簽訂《法蘭克福和約》，德國同意凡爾賽擴充軍隊，並且釋放了 10 萬名普法戰爭中被俘的第二帝國士兵。在巴黎公社與凡爾賽軍展開決戰的關鍵節點，俾斯麥允許梯也爾政府軍隊從德軍陣地通過，由北面闖進巴黎，令巴黎公社陷入腹背受敵的局面，就這樣在德、法兩國資產階級的聯手絞殺之下，到 5 月底，巴黎起義宣告失敗。

第三章　勳臣（1862-1871 年）

第四章
主政（1872-1888 年）

第四章　主政（1872-1888 年）

一、召開議會[5]

　　北德意志帝國議會開幕的時候，俾斯麥向各位議員發了請帖，這是他平生頭一次給別人發請帖，這令議員們感到頗些激動和不安，但也有人極力表示反對。然而俾斯麥卻不在意，他想的只是在這裡完成一樁樁政治交易，而不是每次都讓帝國議會來質詢自己。俾斯麥已經很長時間沒有參加這樣的會議了，也很少進入王宮，他更願意待在自己的家裡，他已經變成了一個老人，而且開始養成了服從個人本能的習慣。但是，他所處的地位又令他更加願意以一個主人的身分來接待賓客，所以他每次都會把那些危險的敵人請到自己的家裡來聚會，大家一起商議一些問題。

　　在自己所有的仇敵當中，俾斯麥一度以為魏修是最和氣的一個，但現在看來，帝國議會所有的議員都在反對他。有幾百個仇人站在他的對面，不過這同樣也激起了他的好勝心，他開始對公開的挑戰表現出渴望。假如他是一個專制的君主，他會找到很多令仇人們不得安寧的理由。但在今後的 20 年裡，俾斯麥確實總是發脾氣。

　　這種好鬥的性格，實際上正是俾斯麥犯下許多錯誤的根源。他的火爆脾氣讓他不管在什麼樣的情況下，都不會向自己的對手做出讓步。而且他遇事也不肯與別人協商，更不願採納別人的建議，他總是獨斷專行，認不清時勢的變化，也無法理解其他社會階級的思維邏輯和想法。在外交方面，他不會輕視任何對手，俾斯麥一到這時就會表現得異常謹慎，在沒有佔據絕對優勢的時候，他絕不會冒險行動。在國內，他也成功地用強權壓

5　1871 年，俾斯麥被任命為德意志帝國總理。儘管德國已經完成了統一，但這位鐵血宰相仍然需要面對國內的眾多問題，首先就是 1871～1877 年的「文化鬥爭」，俾斯麥帶領德意志與羅馬教廷展開論戰，最後雙方相互妥協。1878 年，他又開始「圍剿左派」，頒布了《非常法》，用來打壓社會民主黨。但同一時期，為了籠絡人心，他也制定出了很多為工人提供保障的措施，儘管大部分的議案都沒有什麼實質性的意義，但仍然令德國成了世界上第一個立法保護勞工權益的國家。

制了公理。他將自己的意志強加於全國，帝國議會與他變成了仇敵，俾斯麥因此取締了一個又一個政黨。他的獨裁專制令所有人都反感 —— 儘管他是個天才。對於國內的事務，他可以做到隨心所欲，是結盟還是毀約，都在他的一念之間。對於這樣一位外交天才，人們確實感到難以理解，他能夠在外交上靜靜地與列強博弈，卻不願意平靜地面對人民。很多情況下，他不屑做出讓步的理由僅僅是由於他對帝國議會的某位領袖感到厭惡。

通常，每到星期六晚上，議長的豪宅裡就會擠滿議員。反對黨懷著各種各樣的目的來到他們的死對頭家裡 —— 當然有些人就是衝著精美的飲食來的。俾斯麥非常有禮貌地招呼著每一位客人，儘管他並不能叫出每一個人的名字，但他都能認得他們。除了對來賓表示歡迎之外，俾斯麥幾乎再沒有任何其他的禮節，他從來都不會對客人做介紹，任由客人自己去擰開龍頭接上滿滿一大杯黑啤酒。這種聚會很少有女士會參加。當聚會接近午夜時分，俾斯麥依然會在人群中自言自語地講述以前發生的故事，他始終保持著一股明星的派頭，但他四周環繞著的卻都是他的仇人。這些人都在尋找可以取代這樣一個身居高位者的機會。俾斯麥在那裡坐著，右手握著一支德意志大菸斗，周圍放著報紙，他穿著軍服，卻沒有攜帶武器，目不轉睛地注視著這群客人的眼睛，好像要把這裡所有的人都看穿一樣。

有個軍人名叫本尼格森，是當時一流人才之中的傑出代表，就像羅恩想的那樣，他不怎麼喜歡說話，但是卻非常有男子漢氣魄，胸懷寬廣而且為人忠誠，性格謙遜卻從來不會妄自菲薄。這個人天生就擁有一種領袖的氣質，可他卻不願意進入內閣，而是將自己所有的精力都傾注在了一個黨派身上，那就是民族自由黨。俾斯麥認為他太過柔和，缺少激情。但俾斯麥也不得不承認他是一個思維敏捷的人，只是在執行力方面略有不足。在

第四章　主政（1872-1888 年）

這次宴會上，還有一個人也受到了俾斯麥的關注，這個人叫卡爾多爾夫（Kardorff），他跟俾斯麥一樣，有一種鬥士的風度，兩個人都很驕傲而且比較粗暴。無論是他的性格，還是他的才幹，都曾經受到俾斯麥的關注，不過他並未向俾斯麥靠攏，正因如此，他才沒有受到俾斯麥的支配，始終保持獨立，所以他能與俾斯麥長期保持朋友關係。

在這些貴族裡面中，有一個非常顯眼的猶太人，他跟本尼格森同齡，名字叫做拉斯克。拉斯克是一位優秀的律師，而且是激進派領袖，所以他很快就與本尼格森展開了激烈交鋒。在評論、演講、辯論等方面，本尼格森的確比不過這個同齡人。他心目中的理想國體是立憲制，而本尼格森卻更傾向於按照民族來劃分國家。他的脾氣非常蠻橫，也沒有什麼特別的嗜好，因此與俾斯麥不算太合得來。本尼格森身為一個政黨的領袖，在他領導之下卻發生了其他黨員不服從號令的情況，而且還有人叫喊著要和他決裂，這些事情在俾斯麥這裡是絕對不可能發生的。所以俾斯麥的心目中，本尼格森是一個有點愚笨的伯爵。

還有個猶太人，也是這個政黨的成員，此時正面帶狐疑地聽拉斯克講話，他的名字叫巴姆貝爾格（Ludwig Bamberger），此人在政治舞臺上曾一度非常活躍，不過後來他真的把自己的人生過成了一齣戲劇。他曾經因為犯了幾件事而從普魯士逃走，並輾轉到了倫敦，投靠了一位有錢的親戚，並在銀行做了助理，後來他還真的發了財。大赦之後，他回到德國，並且加入了民族自由黨，戰爭爆發以後，他以中立的態度給自己的好朋友寫信說：「俾斯麥是一個綜合體，身上有德意志封建貴族、斯圖亞特王朝保守黨、普魯士軍官、西班牙唐吉訶德（Don Quixote）的影子。」他非常客觀地評價了俾斯麥的非凡之處，但是俾斯麥仍然對這個暴發戶感到無法忍受。

　　還有一位稀客也出現在了聚會的現場，他就是李希特（Eugen Richter），俾斯麥對他的厭惡程度甚至超過了巴姆貝格爾。可以想見，當俾斯麥看見這個人以後，晚上注定要輾轉難眠了。李希特一個人站在遠離人群的地方，用犀利而帶著批判的目光盯著俾斯麥。在衝突爆發期間，他遭受了懲罰，成為俾斯麥專制統治下眾多犧牲者之一，他的收入伴隨著他的市長職務一併被拿走了。原因是他寫了一封大膽的文章來批判員警專制制度。後來他改行當了記者，當拉薩爾與俾斯麥舉行談判時，他曾經對拉薩爾提出過反對，而此時他正密切地關注著俾斯麥，他不甘心在統治階級面前白降身分，也不願讓自己在權勢面前受到羞辱。他曾經在報紙上對陸軍預算進行斥責，並列舉了一些資料作為證明。俾斯麥馬上趕到帝國議會進行反擊：「李希特經常待在房子和報紙堆裡，他對實際的生活能了解多少？這位民主黨的專制者就是喜歡說一些誇張的、駭人聽聞的話。」李希特於是帶著一種令人看了就感到憤怒的淡然神情對俾斯麥進行了反駁，他說：「如果我不了解的話，那麼您作為帝國的宰相就一定了解嗎？」

　　這時，這位客人的身旁突然閃出了兩個人的影子，其中一個是李卜克內西，這位路德的後人曾經度過了一段極為艱難的日子，但他的內心卻懷著與理想主義者一樣的目標，他要為自己所屬的階級謀福利，更渴望能夠為全世界的人謀福利。正因如此，在 20 歲時，他就遭到驅逐出境。如果他不認識俾斯麥，如果兩人在遙遠的異國遇到，也許他們馬上就能成為好友。但是俾斯麥很快就明白到他是來搗亂的，李卜克內西也是一個非常固執的人，兩個專橫的人一旦相遇，通常就會產生永無休止的爭鬥。另外一個人是倍倍爾（August Bebel），他出生於軍人世家，如果從這一角度來說的話，他理應懂得如何去做一個遵守秩序、服從命令的人，但是他卻憑著自己的聰明找到了他應該努力的方向，因此他也想辦法進入了帝國議會，

第四章 主政（1872-1888 年）

為了這件事，他甚至還坐了牢。但他在監獄裡結識了李卜克內西，從這位獄友身上，他掌握了許多自己目前為之奮鬥的事業的基礎理論，他們在一起做了兩年的獄友，也正是在這段時間裡，他學習了馬克思理論。

作為學者，倍倍爾屬於比較實幹且靈活的那一類，他可以簡單而且通俗易懂地做出判斷，這一點要比與他訂立長期盟約的那個人強。但兩人同樣有著強大的自信，同樣有著甘於奉獻的勇氣，以及不怕健康和自由被剝奪的大無畏精神。當兩人從俾斯麥家的客廳離去，其他的客人們也都站起來紛紛告辭的時候，有一個身材瘦小的人，他整個晚上都一動不動地端坐在一把椅子上，此時他也站了起來，儘管如此，他仍然顯得十分矮小，他邁著小碎步走到了主人面前，站到了主人的跟前，這令他顯得更加渺小 —— 對面的巨人任何時候都可以用自己的大手把這個小個子人捏成碎片，但是，這個小鬼的手似乎有著一種更加令人吃驚的魔力，這是不會有人知道的。不過他們此時並未爭鬥，只是非常友好地握手話別。在握手時，大個子趴在小個子耳邊說了些什麼，似乎是在向小個子求證什麼事情或是求告一句預言一樣 —— 這個身材矮小的人就是溫德霍斯特（Ludwig Windthorst）。

溫德霍斯特有一個碩大的腦袋，配上他瘦小的軀幹，令他看上去顯得有點滑稽可笑，但是他卻很少開口講話，他的眼睛是灰色的，深邃的目光正透過厚厚的眼鏡片向空中凝視著什麼。俾斯麥此時也正盯著他，希望這個智慧的人能夠給自己一些建議。這個矮小的男人在回答俾斯麥的問題時，聲音聽起來異常堅定，語氣中甚至帶著一絲嚴厲。溫德霍斯特的眼睛不好，因此他將自己的聽力、記憶力鍛鍊得格外敏銳。在帝國議會中，他可以靠聽力分辨出任何一個人的聲音，並且會在合適的時機插上一兩句話。當他發表演說時，沒有記事本他也能將所有要點一字不漏地記下來，

這使他在與對手進行辯論時，擁有了很大優勢。他祖上有好幾代人都從事律師這一職業，所以他的好口才和邏輯能力可以說是因為遺傳。儘管身材矮小，而且視力天生就有缺陷，但也因此逼著他練成了一身異於常人的能力。從童年時代，一直到大學時代，溫德霍斯特始終都勤學苦讀，在哥廷根大學時，他一餐只花幾個零錢，而且一滴酒都沒有喝過，這與俾斯麥大相徑庭，俾斯麥雖然知道父親並不富裕，可他仍然大手大腳地花著父親的錢。當俾斯麥千方百計地想要用狂飲和騎術給波美拉尼亞伯爵的妻子留下一個好印象的時候，溫德霍斯特已經在高等法院當上了審判員，當時他年僅三十歲。

溫德霍斯特有自己的宗教信仰，不過他也能夠同時容忍其他派別的存在。儘管不善言談，但他卻擅長製造一些幽默，他並不想當一個預言家，當他諷刺別人，或是與別人辯論的時候，經常會夾雜著一些戲謔的詞語。可是當他感覺到自己是一個身材矮小、容貌醜陋的人時，也會產生自卑的心理，甚至為此大哭一場。他熱衷於跟女人聊天的時候捉弄她們，說一些放肆的話 —— 這都是古時候那些侏儒弄臣的把戲，但溫德霍斯特卻跟這些人不一樣，最起碼他不會像以前那些駝背的傢伙一樣對其他人展現出惡意，他只是想讓大家明白一件事情，就算別人因為他的外貌而看不起他，他也絕不會因此鄙視其他人。這一點又跟俾斯麥完全不同，俾斯麥對這些人就絕對不會這麼容忍。

在自重這一方面，他卻跟俾斯麥不相上下。身為政黨領袖，溫德霍斯特也被黨員們稱作專制者，但溫德霍斯特卻不以為然，他認為自己是一位政治家。以至於他的朋友經常跟他開玩笑說，在他的身上，政治家的成分更少一些，而政客的成分則更多一些，這句戲言對他來說確實是恰如其分。他很了解如何透過合適的手段在這兩個領域贏得勝利。而且他也無需

第四章　主政（1872-1888 年）

像俾斯麥一樣極為注意保護健康，因為他的人格已經化為了一種精神，在處理公務時，他非常謹慎，而且幾乎從不寫信，即便迫不得已寫了信，他也會向收信人發出請求，讓對方在看過之後立刻將信燒毀，這種過度的理性與生俱來，他也沒有什麼事情可顧忌，這讓他不用摧眉折腰，可以在各種各樣的鬥爭中隨意擺出任何的姿態。在帝國議會舉行會議期間，他就在柏林過週末，早晨他會先到赫德維教堂去，之後再去拜訪巴里施羅德 —— 這個不信宗教卻又提倡宗教的人，這樣溫德霍斯特就度過了一個很有特色的休息日。

　　或許只有溫德霍斯特一個人能夠在整個帝國議會中征服俾斯麥，而俾斯麥作為被征服者也總是對自己的失敗耿耿於懷。俾斯麥說：「仇恨就像穿在腳上的兩隻鞋子，它的重要性絲毫不亞於愛。對我來說，有兩個人是不可或缺的，一個是我的妻子，還有一個就是溫德霍斯特。」

二、五月法令

　　儘管三次戰爭最終都獲得了勝利，可是並沒有讓俾斯麥覺得有多麼輕鬆，俾斯麥已經對即將到來的危險有了預感，他開始產生了隱退的想法。二十年前，威廉一世就曾經說過：「只有當國家需要透過強權進行統治的時候，俾斯麥才適合當宰相。」但是威廉卻在十年前就對他委以重任，儘管他還無法對俾斯麥報以完全的信任；但當時確實需要一個像俾斯麥擁有鐵腕的人來執掌內政。而現在，俾斯麥對外國的三次戰爭都獲勝了，可現在他卻要回到自己的起點去。俾斯麥這種自信實際上也是他最後失敗的深層原因，他知道，在外國那些和他地位一樣的對手們都還在與他對抗，這

就像下棋一樣，他要盡量去獲得最大的權力來打敗自己的敵人，擾亂敵人的部署。但是對於內政，他就需要運用知識、權力和手腕去制衡這些的政敵。在俾斯麥看來，與國外列強相比，國內這些對手們只是些蝦兵蟹將罷了。

最先與俾斯麥發生衝突的是教會，事情的起因是梅斯的督監想要從俾斯麥那裡得到保護，為主張實行君主制憲法的天主教教會做宣傳。他開始將教會內部的事情介紹給俾斯麥，「閣下，您是知道的，天主教信徒死了以後，前途也比別的教派的人更加光明。」俾斯麥聽了之後，只是帶著傲慢的笑容問道：「照你的說法，或許那些天主教徒也無法獲救吧？」他們一個身穿元帥服，一個身穿督臨服，雖然微笑著面對彼此，但俾斯麥對天主教的反對之意已經表達得非常明顯了。由此可見，俾斯麥對於道德在人們心目中的地位是多麼的不重視，儘管通曉古今，但他對宗教的歷史卻知之不詳。

俾斯麥之所以要這麼做，無非是想要鞏固自己手中的權力，他對教會進行打擊並不是為了讓其它的教派獲利，而是擔心宗教的教義會對國家造成威脅，教會也會因此而變成自己的敵人。當他掌握了大權以後，教宗政府居然將他稱為「惡魔的化身」，之後，溫德霍斯特也說：「教會的戰爭是從柯尼格雷茲之戰開始的。」當時，普魯士的基督徒們都深深地相信：「歐洲，包括德意志在內的歐洲，都會被基督的福音所感化。」教宗在羅馬舉行了會議，想要將歐洲所有信奉天主教的國家的權力重新集中在一起，由此導致了危機的爆發。戰爭初期，教宗宣稱自己永遠都是正義的，這對俾斯麥的權力和意志造成了威脅。假如讓只信奉一種教義的德意志人全都受到另外一個國家的控制，那麼這個國家還如何進行管理呢？俾斯麥對德國天主教的督監發出了警告，不能答應教宗，之後又對教宗發出警

第四章　主政（1872-1888 年）

告，反對強制執行教義。同時，他與所有可能的反對力量聯合起來，以對抗天主教勢力，如果這一決議發揮效力，那麼這些督監們就相當於外國人僱傭的員工，這樣他們就可以不受德國政府的管束了。

俾斯麥也想在德國成立一個天主教教會，不過這一目的並沒有實現，這時，科隆大主教已經發出禁令，不讓波昂大學的學子去聽那些自由派神學家發表演講。俾斯麥馬上進行反擊，宣布這條禁令是無效的。他絕不允許有人凌駕於自己正在締造的帝國之上，他認為宗教的辯論會使帝國的根基受到動搖。

為了自己的事業，俾斯麥已經打拼了二十年，卻在這樣的最後時刻遭遇了危機。雖然他的內心憤怒無比，卻仍然以一種平和的心態算計好接下來的每一個步驟。他認為展開一場鬥爭既能夠對新義大利的反教士運動予以一定的支持，又能讓義大利與和法國絕緣，還能鞏固德國與俄國的聯盟關係。俄羅斯對羅馬始終持反對態度，尤其對天主教教士感到厭惡，因為他們在波蘭曾經策劃過一場叛亂。在德國國內，太子會對他的政策表示支持，因為太子與自由黨都受到了一種源自理性的哲學指引，他們最樂意做的事情就是跟教會鬥爭。

五月，俾斯麥向教會正式宣戰，但也並不是不留任何餘地要求政、教相互分離，而是採取了一種「堅持反對天主教的進攻的態度」。他先是在帝國的內部頒布了《教堂講臺條例》，禁止在教堂的講臺上議論國事，違者將會受到監禁。不久迫於形勢他又頒布了「五月法令」，透過這一法令，他成功地剔除了存在於政府內部的天主教勢力，並且將憲法中保護教會的章節全部廢除。他甚至開始對主教管轄區域內的學校教育進行干涉，將耶穌軍以及同類的教會驅逐出境。他還強制下令對法律進行了修改，並採取罰款、拘留、監禁、流放等多種手段去威脅那些狂熱的宗教分子，並

且將他們的家產全部沒收。他還在很多教區安排用來挑撥離間的牧師，讓主教和教士之間、教士與教徒之間的感情產生裂痕。藉「良心問題」來讓教士、教徒產生道德和利益上的危機感。在當時那種形勢下，俾斯麥頒布「五月法令」有著很重要的意義。

溫德霍斯特對以前剛剛開始信仰基督教的人和事進行了回憶：來自普魯士的很多主教宣稱自己反對的是一種「異教的宗旨」，羅馬教宗禁止德意志的天主教信徒去服從一種新的法律。俾斯麥對此也做出了激烈的回應：「我對天主教的反對，跟耶穌教之間並沒有必然的關係，我的目的也不是在信仰和不信奉之間挑起爭端，我想要的是德意志的權力，這是君主制與宗教制的權力爭奪。」俾斯麥一直都是話不多說，但這一次卻罕見地大聲疾呼，甚至對聽眾大喊了五次「爭權」，他非常明確地指出自己的真正動機並不是針對教義，而是最根本的權力之爭。

在拉薩爾那裡，魏修借來了一個概念 ── 「教義之爭」。他說：「耶穌教的誕生與發展的目的是讓人們能夠開拓更為廣闊的空間，讓他們獨立、勇敢地開展屬於自己的偉業。但是現在人們必須要抵抗這種非德意志的羅馬制度，不然的話，整個德意志的發展進程都將被破壞。」在這件事的處理上，魏修與俾斯麥短暫地達成了和解。

溫德霍斯特希望俾斯麥將手中的權力移交給帝國議院，他勸說俾斯麥：「假如將宗教從德國的學校剝離出去，那教育的責任由誰來承擔呢，能夠交給國家來做這件事嗎？如果能的話，請你告訴我新的國家將要怎麼做。將來，德意志是要變成一個異教國家呢，還是會變成一個無神論國家？又或者說僅僅讓上帝一個人留在這個世界上呢？」對此，俾斯麥沒有馬上進行反駁，他只是強壓心中的怒火，說：「我只不過是在維護普魯士君主制的傳統罷了。」

第四章　主政（1872-1888 年）

　　這種克制是短暫的，俾斯麥第二天就進行了回擊，甚至用非常激烈的言辭說：「你的話裡有油，但不是用來療傷的，而是讓怒火變得更旺，我沒怎麼聽說議員面對某一紛爭時會去勸說或是調解……假如這位議員能夠明白一件事情 —— 我所得到的只不過是上帝對我的一點小小的恩惠，那麼我會信奉上帝，求他保佑，以改變自己即將遭遇的悲慘命運……但假如你對天主教的領袖地位不予承認，你就能夠更好地為國家安定貢獻力量。只有紛爭和革命在國內占據優勢地位的時候，天主教教義中所提出的種種希望才有可能變成事實。」

　　溫德霍斯特回答說：「對於宰相大人對本人的言語攻擊，我不想將自己的感想說出來。在議會，我受議長的領導，但這些國家大臣好像並沒有受到制衡，不管面對任何事情，我都不會退縮。有位先生對我說，你是不是會繼續對漢諾威王室效忠。我自認已經依照《聖經》上所說，憑著自己的良知，盡到了我作為人臣的職責。有人說中央黨人制定了一個祕密的計畫，然後給一個議員捏造了一個嫌疑犯罪名，想要恐嚇這個政黨。這種壓制言論自由的做法對我們來說，已經近乎於恐怖統治。我想對這位先生說的是，希望他能夠相信，在有好運氣時，想維持君主的專制確實比較容易；但是等到壞運氣降臨，還想讓人民被迫服從，那就不可能辦到了！」溫德霍斯特這番反駁之詞聲情並茂，確實比俾斯麥的發言精彩多了。

　　溫德霍斯特用簡短有力的話揭示了強權精神與奮鬥精神在德國能夠推行這麼長時間的原因，他說：「那是由於這位先生擁有人數眾多的軍隊，擁有大量金錢，而且遠遠超過我，如此強大的後盾作為支撐，他的外交政策便不難推行下去，同樣道理，在國內他的政策也能更加有效地推行下去。」聽到這樣的嘲諷，俾斯麥從議院走了出去，不過溫德霍斯特並沒有就此放過議長大人，他甚至面帶微笑地向著俾斯麥的背影做出了射箭的姿

勢，算是向他道別。「面對這樣的攻擊時，作為一個武士，最本能的習慣就是接受對方的挑戰……如果能夠在德意志面前與我的對手較量一番，我會因為這份特別的榮耀而感到非常自豪。」

這時溫德霍斯特就像大衛（David）一樣驕傲，他非常巧妙地把俏皮話當作石子狠狠地扔向了歌利亞（Goliath）巨人的頭部，但是他並沒有擊中目標。很快，俾斯麥就察覺到了自己在宗教問題上犯下的錯誤，他趁著庇護（Pius）之死與利奧十三世（Leo XIII）即位的空檔，半遮半掩地撤回了自己的提案，並讓下屬來替自己背了黑鍋。

但是，這並不意味著俾斯麥對教宗的厭惡已經消除。「不管何時，只要一提起教宗，俾斯麥就會圓睜雙目，甚至會冒出幾句惡毒的咒罵，他認為教宗會讓各國的安全受到威脅，他將教宗說成一個革命派、一個無政府主義者，不論哪個帝王，要想保住自己的地位，就必須要跟這個人抗爭到底。」但是後來他也明白了一件事，那就是羅馬的確是一塊難啃的硬骨頭。俾斯麥在與符騰堡大使米納特（Mittnacht）舉行會談時，他做出這樣一個比喻：「國家就像手執武器的憲兵，悄悄趕上去捉住了那些健步如飛的教士。」

頒布婚姻法的時候，面對薩克森使臣，俾斯麥這樣解釋道：「他們對我的計畫表示反對，跟我明爭暗鬥，我只不過將中央黨作為我在政治上的對手罷了，但我的行為卻將所有的天主教教徒給激怒了，這過錯根本就不是我造成的，因為我本來就是反對這麼做的……康普豪森（Camphausen）、法爾克（Falk），他們兩個用辭職來威脅我，我只能做出讓步。後來，我才看到那些法律的條文，而簽字之前我根本不知道其中寫了那麼多胡言亂語……因此，請你轉告你的國王，該為普魯士這兩年所發生之事負責的人並不是我。」

現在，俾斯麥想盡可能地撇清自己的責任，但就在一年以前，他還在鼓動人們為了宗教問題而展開鬥爭：「我們的國家正遭受著威脅，而威脅我們的正是那個說自己從來都不會犯下任何錯誤的教宗，不管什麼樣的權利，就連宗教以外的權利，他都想要拿過來，握到自己的手裡。他會宣稱我們的法律是無效的法律，會抽取納稅人上繳的稅款，總之，在普魯士這樣一個王國的內部，不管是什麼人，都沒有這個外國人的權力大。」現在，他盼著德勒斯登早就將這些話忘得一乾二淨，不過他的如意算盤打錯了，人們甚至記得他在二十五年前所說的話：「在我們這樣一個時代，我希望有朝一日能夠看到這樣一個場景，一艘滿載著傻瓜的大船，撞上了基督教會這塊礁石上，連人帶船全都粉身碎骨。」

三、借刀殺人

1871 年 3 月 18 目，巴黎的革命政府正式宣告誕生，威廉為了躲避革命而回到柏林，繼續做德意志的皇帝，人們對皇帝的歸來表示熱烈歡迎。但是所有德意志人也對巴黎的起義群眾表示了支持和同情，這讓俾斯麥感到擔心。當危險降臨到這個國家和全社會的頭上時，首先必須保護好自己，這也是俾斯麥的下意識反應。

拉薩爾去世以後，俾斯麥仍然依照他所建立的國家社會意識領導著各個黨派，但是當巴黎革命失敗之後，他就將社會主義拋棄了。依照原來的計畫，此時的他要想對抗自由主義，已經用不著與任何黨派結盟了，他目前要做的就是儘快地制定並頒布幾條與財產保護相關的法律，並且對那些宣傳社會主義的人予以懲罰。但是俾斯麥的提案並未被帝國議會通過，

俾斯麥因此警告議會：「社會民主黨目前正處於快速發展的狀態，或許再過幾年，那些市儈之徒就會叫囂著讓我們去制定和頒布關於懲治的法律了。」他希望透過強硬手段來打擊社會黨，不過並未奏效，因為帝國議會擔心法律上的鎮壓會導致這些人的抗爭。

正在僵持不下之際，一聲槍響打破了這一局面。

1878 年的 5 月，80 歲的威廉一世[6]乘坐馬車外出，有人持槍向他射擊 —— 這是一個可憐的窮學生，他曾是社會民主黨黨員，後來被驅逐出黨。俾斯麥聽到這個消息以後，拍著桌子大聲叫道：「我終於把他們抓住啦！」「尊敬的宰相大人，您是在說社會民主黨麼？」「不是社會民主，而是自由黨！」

儘管局面仍然非常混亂，但俾斯麥還是在最短的時間內制定出了一個完整的計畫。這次事件能夠促使自由黨提出投票表決的要求，以便讓那部非常法律獲准頒布，這樣的話俾斯麥也就有了可乘之機。事件發生的當天，他下令讓司法部的大臣起草了新法律的草案。第二天草案就被送到了各位大臣的手裡。十天以後，這部籌謀已久的法律作為提案被提交到議會。但是又過了十天之後，幾乎所有的議員都對這部法律表示反對。本尼格森就預言道：「假如這部新的法律真的獲准頒布，那麼將來必定會有很多人打著它的幌子去做一些醜陋的事情，這可比光明正大的做事危險多了。但凡受到這部法律攻擊的階層，都會極其仇恨它。」向來遵紀守法的人則會這樣說：「假如富人有了這種法律做後盾，但上百萬國民卻不在法律的保護範圍內，那麼我們就要問一下，我們還有什麼理由去崇敬法律

---

6 德皇威廉一世，威廉出生於普魯士王室，曾參軍抵抗拿破崙侵略歐洲，中年時以殘酷手段鎮壓了護憲運動，被人稱為「屠夫霰彈親王」。成為普魯士國王之後，他大力改革軍事，重用三傑（俾斯麥、羅恩、毛奇），依靠三場戰爭統一了德國，建立了德意志第二帝國，這一點有點像西漢開國皇帝劉邦。

第四章　主政（1872-1888 年）

呢？」本尼格森接著說道：「這樣的法律必然會對國家和社會產生長期的不利影響。」李希特也用相同的理由給予了批判。

　　三個星期後，又有一顆子彈向威廉一世射去，這一次他的傷比較嚴重。這個消息傳進俾斯麥耳朵之後，他卻十分高興，覺得又得到了一個天賜良機。但實際上俾斯麥始終都很擔心威廉一世的身體狀況，這位老皇帝在十二年前就把大權交給他來掌管，讓他可以隨意地施展自己的抱負，而他也對威廉一世的古怪脾氣始終保持容忍、遷就。俾斯麥盼著老皇帝長命百歲，這樣的話他就能長期掌握大權。再加上他和太子是政敵，一旦太子登上了皇帝的寶座，自己的權力也會立即隨風消逝。

　　俾斯麥為人並沒有多大度量，他會對反對自己的人一直耿耿於懷。現在，他一手創建的帝國議會居然否決了他的提案，這令他對溫德霍斯特、本尼格森、李希特等人充滿了敵意。威廉一世的再次遇刺，對俾斯麥來說，是一個千載難遇的好機會，他相信，憑藉這件事，他能夠把周圍的政敵全部消滅，最後再將這個議會解散。

　　九天後，帝國議會真的被解散了，威廉一世的再次遇刺，使俾斯麥關於解散帝國議會的提案受到了大部分議員的支持。那個刺客實際上也是個倒楣鬼、精神病，他不屬於任何一個黨派，在供述罪行時，提到刺殺皇帝的動機和理由，他說自己只是想在臨死前拉個名人當墊背。但是這對俾斯麥而言並不重要了，他的願望在刺客開槍的那一瞬間就已經實現了。對外，俾斯麥的鐵血政策已經被證明是非常成功的，但在國內，當他仍然想用同一種手段來讓這一政策繼續發揮效果時，卻遭到了太子腓特烈等人的反對。由於老皇帝受傷養病，太子開始接替父親主持國事，以至於所有的自由黨人都盼望著老皇帝就此死去，好讓太子繼位。

　　但出乎這些人意料之外的是威廉一世儘管傷勢嚴重，但康復的速度卻

很快，救他一命的正是當天一反常態他非要戴的那個頭盔。威廉一世在重傷痊癒之後，從床上下來，幽默地說，沒想到這個殺手給自己治病的效果比專業的醫生還要好。全德國都在為威廉一世的康復感到欣喜。這時，俾斯麥也決定要趁此機會大膽一搏。

在選舉中，俾斯麥不斷變換著自己的標語和口號，以盡量削弱左派的實力，同時，保守黨的右派勢力也開始變得十分強大。在這種形勢下，俾斯麥就可以讓自己的非常法律強行獲得透過。趁此機會，他又將一些條文修改得更為嚴苛。他的新法律終於頒布實行，先試行兩年時間，然後再將施行時間延長四年。新的法律規定，官員有權對任何涉嫌「危害大眾安全」的活動進行鎮壓和懲治，可以自行掌控分寸，可以對印刷廠、出版商及酒店經營者進行拘捕，可以對任何宣揚社會主義理論的人進行驅逐，社會黨人不再享有出版自由和當眾進行演說的權利，各州郡長官擁有在其轄區內進行戒嚴的權力。

新的法律實行之後，德國境內各個地方都有拘捕嫌疑犯、搜查住處、驅逐出境這一類事情出現。此前，面對民主自由黨的質疑，俾斯麥曾經做出保證，只有在「遇到極為必要的情況」時，他才會宣布實施戒嚴的命令，或做出將某人驅逐出境的決定。但僅僅四個星期以後，他就公然違反了自己的承諾，宣布在柏林及周邊區域進行戒嚴，並將六十七位社會黨領袖及骨幹成員驅逐出了柏林。當他發現漢堡的自由式選舉與自己的口味不合時，他又在漢堡宣布了戒嚴。沒過多久，他又將 1,500 人送進了監獄，這些人的監禁時間加起來超過了 1,000 年。在幾個星期之內，德意志帝國境內取締了 200 個會團，查禁了 250 種書籍；半年以後，被查禁的書籍達到了 600 種之多，數千人因此破產或失業。倍倍爾認為這些事只有在黑暗的中世紀才會發生，這種說法非常貼切。他這樣說道：「與我們有著同一

種思想的人，他們不但被人剝奪了生計，而且任人踐踏、任人汙毀，他們既失去了名譽，又沒有法律的保護。官員們這樣做無疑將會激發騷亂……這段充滿了殺人、攻擊和謀反的時期，將成為德國近代歷史上最為悲慘的日子。」

正像本尼格森所預言的那樣，各個政黨的領袖和他們的黨員在礦區和森林裡召開的祕密會議不可勝數。倍倍爾在寫給恩格斯的信中說：「俾斯麥這種不間斷的破壞行為正中我們的下懷。」李卜克內西則在演講時說：「任由他們這樣瘋狂下去吧，他們鬧得越凶，距離滅亡的日子就越近。」

四、八方聲討

在被封為伯爵時，俾斯麥很高興自己的家族能夠因此過得更加幸福、變得更加興旺，但與此同時，他也不得不對同一階級內部其他人的看法予以關注，因為這些人怎麼也不相信他們這個階層的人裡面能夠誕生這樣一個天才。從法蘭西回來之後，威廉一世又要晉升他為王爵，這讓俾斯麥感到了恐懼。他曾極力勸阻威廉一世不要封他為王，但威廉一世初衷不改，並用對待王爵的禮節來對待他，所有皇室成員（儘管每個人的內心都反對他）也都向他表示祝賀。他無計可施，只好接受。

在保守黨內部，沒有一個人能夠與俾斯麥的傑出智慧和堅強意志相提並論，這也導致了他們與俾斯麥失和，甚至到了決裂的程度。就這樣，議會幾大政黨中的最後一個在不惜損害自身利益的情況下選擇了與政府的領袖決裂，儘管並不是出自本意，但保守黨這樣的舉動使得俾斯麥更加傾向於跟自由黨進行合作。

晉升王爵之後，俾斯麥與同僚的矛盾也日漸增加而且更為突出。他說：「讓開，我要擁有你們的領地。」在自己的日記中，俾斯麥將阿尼姆（Harry Arnim）和哥爾次視為二等對手。俾斯麥說：「三等對手包括和我同屬於一個階級的人。而二等對手的觀念不怎麼像是德意志人，反倒更像波蘭人多一些，他們因為我被封為王爵而打破了一種傳統的觀念，即擁有土地的貴族是平等的。但被封王爵並非我的本意，而他們卻始終糾纏不休，對我提出了很多非常尖銳的批評……假如我確實應該受到批評的話，那我寧可受到來自親朋好友以及和我屬於同一階級的人的批評。」

1872 年，政敵們開始在《十字報》和《帝國警鐘報》上發表各種言論和文章，對俾斯麥的名譽與品行進行誹謗和攻擊。一幫無名氏撰寫了《德爾布呂克　　康普豪森——布萊希羅德紀儿》這樣一篇評論——按照法律的規定，只要任意一位編輯簽字，就可以發表。其實這篇評論的原作者就是曾與俾斯麥有過衝突的馮·羅伊男爵，他也是一個外交家。與那些年長的人相比，俾斯麥這些年輕的對手們總是直奔主題。在俾斯麥成立的《十字報》符號下面，他們畫上了一個十字架。關於這件事，俾斯麥在自己的日記中寫道：「這個十字架符號背後蘊含深意，是說我在用對待上帝的誠心來侍奉陛下和祖國。早在很多年以前，這個符號已經成為很多保守黨人的精神指引，而且與基督教的關係也沒有那麼大了。」

在演講臺上，俾斯麥這些敵人們公開宣稱：「我們有充分的理由相信，在沒有擔任普魯士使臣以前，俾斯麥就與財政界的有錢人過從甚密。在沒有當上宰相以前，俾斯麥還是一個並不富有的人，只能靠著微薄的薪水過活，可是他卻能夠在俄羅斯的首都、法蘭西的首都、在法蘭克福作為國王的代表……而且他與布萊希羅德（Bleichroder）的關係也非常密切，因此布萊希羅德肯定是用了對他有利的財政方案來討好他。俾斯麥有權利證明

第四章　主政（1872-1888 年）

自己之前的行為都是善意的，等到有證據表明他的行為不善時，我們才能對他予以否定。但是我們也不能忽視，這位大權獨攬的宰相，是否曾經給那些涉嫌剝削群眾的人們提供過好處和便利……現在這個政府做過很多壞事，只不過是為了掩飾他們與柏林其他的財政家那些不敢見光的關係。」馮・羅伊男爵還曾經這樣寫過，1870 年 7 月，在法國對普魯士宣戰的前一天，俾斯麥曾與布萊希羅德見面：「我們猜測不出布萊希羅德和俾斯麥在一起的時候討論的話題是不是天氣情況，也不知道布萊希羅德是不是在利用戰爭或和平進行投機。但我們絕對能夠相信，俾斯麥與布萊希羅德的交情會對俾斯麥有很大的幫助。」

隨後，一個名叫普特卡默的軍官接著寫道：「俾斯麥因為自己的妻子想要繼承普特卡默的一塊領地，於是便強行頒布了一項法律。俾斯麥還將政府採購工作交給自己在瓦森造紙廠的一個租戶來辦，那個人的名字叫貝倫特。這樣的行為難道不算以權謀私嗎？」

俾斯麥這些僕從們將他說成了一個貪婪卑鄙的陰謀家，在公司創辦初期，這些言論對俾斯麥有很大的影響。他們還將猶太人當作演講中被罵的主角，對於這些罵人受賄的相關言論，整個歐洲都非常愛聽，但這樣的做法對國家卻是非常不利的。在當時那個勝利的階段，很多人都利用這個機會進行投機，而且用的也是猶太人的銀行 —— 在外國人面前詆毀猶太人的人，也正是利用猶太人的人，這是多麼諷刺的事情！還有人說：「賄賂的數目非常龐大……我們之所以會生活在這樣一種腐敗的制度下，都是拜俾斯麥所賜。」最後一句話足以令寫發表這篇言論的人遭受監禁的懲罰，以至於他不得不逃往瑞士避難。

很多貴族正在發著橫財，但其中卻有人傳出謠言，「德意志宰相將一個普通的委託權授予偉大的猶太人銀行家，讓其代管自己的財產，這其中

隱藏了足以危及國家利益的巨大危險。」當時正是一個公司逐漸興起的時代，而俾斯麥的行為則讓許多人對他產生了不滿。毛奇聯合其他幾位元帥想透過間接手段讓俾斯麥和布萊希羅德隔絕開。有一位密友給俾斯麥寫信發出警告：「我必須告知王爵殿下，有人在散播謠言，說布萊希羅德是德意志政府的好朋友……普魯士此前建立的信用已然喪失殆盡……因為某個公司的創始人正在政府裡享受優待。」但是俾斯麥聽不進任何忠告。當有人給皇帝寫信上報此事時，俾斯麥做好了充足的準備，並且讓威廉一世在俾斯麥的莊園接見了布萊希羅德。此外，皇帝本人的財產也掌握在另外一個「猶太銀行家手上」，他跟俾斯麥同樣都是富有的人。

「假如一份報紙，就拿《十字報》來說，膽敢用最無恥的語言對世界上擁有崇高聲望的人進行攻擊，儘管報紙的說辭很巧妙，不足以讓人起訴它，卻足以令人懷疑那個人確實做了什麼不光彩的事情——那麼我們就應該建立統一戰線，聯手反擊和制裁這種誹謗，不管什麼人都不應該再購買和閱讀這份報紙，因為這種行為同樣是在間接地散播誹謗言論。」在議會裡，在他授予普通委託權的太平港口裡，俾斯麥可以對自己的敵人做出反擊。

俾斯麥的貴族同僚們仍然堅持不懈地向他發起挑戰，在俾斯麥魯莽的少年時代，這些人都曾經幫助過他，但當俾斯麥進入晚年之後，卻全都開始反對他。有四十六個最古老的貴族世家，後來還有幾個有名的牧師加入其中，他們聯合在《十字報》發表聲明，說絕對不會停辦這份報紙，因為他們對君主制度和保守黨是絕對忠心的。「宰相大人如果對我們的基督情操真實性抱有懷疑，我們也不屑與之爭論，正如我們因為擁有崇高的名譽和良好的品行而不屑去聽他的言論一樣。」在這幾句話的下面，是很多人的簽名，其中不少都是俾斯麥的親朋好友，而且有人在後面還多寫了幾個

第四章　主政（1872-1888 年）

字，說自己對俾斯麥的行為發自內心地感到不舒服。後來，俾斯麥在《帝國官報》上將這張「宣言」上的人員名單登載出來，並在報上聲稱，只要是對俾斯麥個人進行攻擊，就等同於攻擊這個國家。

在這之後的幾年裡，俾斯麥與自己所屬的階級變得越發疏遠了。這讓經常為同階級感到自豪的俾斯麥遭受到了沉重的打擊，他堅信這些人是在陷害他。他將自己與這些人視為同一類人，但他們卻突然與自己斷絕了往來，且大部分人都是出於私人原因而不是其他什麼原因 —— 他們的動機是那麼的光明磊落。當俾斯麥遭受所有朋友的抵制時，他也就真變成了一個卑鄙的人……這種打擊不僅給他處理公事時造成了困難，也分散了他的精力，而且還擾亂了他的很多習慣……「到了我這個年紀，我相信自己的好日子不會太久了。失去了所有的老朋友，切斷了所有的老關係，這令我感到非常沮喪，再加上我經常為了妻子而著急，我徹底變成了一個孤寂的人。」

俾斯麥與一位好朋友一起查看給他投反對票的教會裡的貴族名單時，他怒氣衝衝地用鉛筆劃掉了每一個仇敵的名字，他認為他們每一個人都懷著卑鄙的動機。他自言自語地說：「哥特堡，他是因為沒有當上州長而對我懷有怨恨；普特卡默，他沒能從教會裡得到任何利益，他想透過反對和叛逆來證明他不比我差多少；盧森堡，在他遇到危險的時候，我曾經多次搭救他，如今他也反對我！我太清楚這些波美拉尼亞鄰居都是什麼樣的人了，他們因我封王而嫉妒，因為我沒有請他們吃過飯！」

更讓俾斯麥感到憤怒的是莫里茲・布蘭肯堡，這是一個能夠與他傾心相交的朋友，現在他也與自己斷交了。一開始是由於俾斯麥不同意他當部長，後來則是由於他在談及一種能夠用於交易的債券時，不小心說了幾句讓俾斯麥產生誤會的話，這些話後來被另外一個簽字者瑪麗・塔登在法庭上供述出來，兩人也因此老死不相往來。

在議院時代，俾斯麥與克萊斯特‧雷策夫是同盟軍，兩個人的交情到了這時同樣也破裂了，在上議院，他們總是怒目相對。在演說中，他們互相嘲諷，不知他們是否還能想起 25 年前他們聯手反對民主黨時的情景。克萊斯特還是俾斯麥女兒的教父，平時，他給俾斯麥寫信總是稱呼他為「我的小寶貝俾斯麥」。但對於他在宗教方面的勸告，俾斯麥早就已經不耐煩了，他想跟克萊斯特把話說開，因此請求相見。但這次相見仍然沒有讓克萊斯特做出讓步，俾斯麥用桌子上的餐刀在桌面用力劃過，然後起身向這位昔日老友告別。後來，克萊斯特想跟俾斯麥達成和解。所以在俾斯麥和喬安娜 25 週年結婚紀念日那天，他給俾斯麥寫了一首詩以示祝賀，但俾斯麥卻不許喬安娜回信，他甚至當著很多人的面對僕人吩咐道：「要是克萊斯特先生想要見我，就說找不在家。」

五、最大陰謀

俾斯麥曾跟路西亞這樣說：「每當夜裡睡不著的時候，我就總是仔仔細細地回憶 30 年前都有哪些人做過對不起我的事情，我越想越生氣，在半睡半醒的時候，我總能夢到自己在報復他們。」俾斯麥認為所有人之所以與自己意見不一致只有兩個原因：一是不懷好意，二是別有所圖。他晚年所寫的日記中有一篇最長的，題目叫「陰謀」，說的就是「阿尼姆案」這個俾斯麥心目中最大的陰謀。

阿尼姆與俾斯麥從小一起長大，阿尼姆很可憐，人們對他充滿了同情。阿尼姆長大後成了一位外交家，但是卻變得很虛榮，喜歡裝模作樣，缺少恆心而且性格怯懦。有一天晚上，他喝醉了酒，對俾斯麥說道：「不

第四章　主政（1872-1888 年）

管什麼人，只要他的地位和名氣都在我之上，我就會視他為自己私下裡的敵人，並且用對待敵人的方法來對付他。但是，假如他是我的上司，我就絕對不會表現出來，而且會小心應對。」但是，當時他的上司就是俾斯麥。

俾斯麥原本認為阿尼姆是一個很有才能的人，所以先是派他去了羅馬評議會，後來又任命他為駐巴黎大使，此時他已經被封為伯爵了。阿尼姆的升遷速度比任何人都快，他相信自己必定能夠當上宰相，所以他想盡辦法去拍皇后奧古斯塔的馬屁，因為他很會說話所以很受寵。在巴黎，阿尼姆想方設法地對提耶赫和其他共和黨進行打擊，並且給皇帝威廉寫了一封私人信件，想要說服皇帝支持自己。但皇帝慷慨地將信件轉交給了俾斯麥。看完這封信之後，俾斯麥馬上就做出了關乎阿尼姆命運的決定。

返回柏林後，俾斯麥沒有召見阿尼姆，離開的時候俾斯麥也沒有給他回覆，為了彌補宰相對他的忽視，威廉皇帝召見了他幾次。皇帝這樣的做法讓阿尼姆誤以為自己可以跟皇帝聯手扳倒俾斯麥，甚至提出了辭職來表達自己對這位上司的不滿之情，不過皇帝並沒有批准。按照阿尼姆的記載，皇帝是這麼對他說的：「俾斯麥王爵只是有些怨氣而已，並沒有做錯什麼事情，這是他一貫的秉性，他這個人很好，只有這一點令人感到可惜。」他覺得皇帝既然能夠對他說這些話，自己的地位肯定非常穩固了，所以就向俾斯麥攤了牌，關於攤牌的事，兩個人留下了記錄。

「你在這八個月裡的做法已經影響到了我的安寧，讓我的健康受到了損害！你跟皇后合謀，想要奪取我的宰相之位。讓我們走著瞧，就算你真的得到了，你也會感到根本就不值得！」阿尼姆質問俾斯麥為什麼要這樣對待自己。但俾斯麥是一個城府極深的人，很少有人能非常清晰了解他內心的真實想法。對權力的貪婪讓俾斯麥對這個正在試圖取代他的人說，宰

相的地位對阿尼姆來說一點用都沒有。阿尼姆想把自己的辭職書直接摔到俾斯麥的臉上，但卻仍然用平靜語氣問道：「大人是不是不再相信我了？」俾斯麥面無表情地回答道：「我的確不再信任你了！」阿尼姆伸手向俾斯麥告辭時說到：「你不想跟我握手告別嗎？」俾斯麥回答道：「在我的家裡，我沒辦法不和你握手，但是到了外面其它任何一個地方，請你都不要再跟我握手了。」

俾斯麥寫了幾句充滿威脅意味的話給皇帝，說自己不屑和「一個人品有問題的大使」爭奪皇帝對各自的信任。自從上次與阿尼姆會面之後，他認為這時來讓皇帝對兩人做出二選一的選擇已經是很容易的事情了。他接著寫道：「他有的時候會為了一己私利而舞弊枉法，不只我一個人這麼懷疑，但是我的這個結論並不容易找到切實的證據。看到這位巴黎人使這樣執行命令，我現在已經對他產生了懷疑，所以無法繼續再承擔這個責任。」在法國戰敗賠款事宜進行交涉期間，他就懷疑阿尼姆是在故意拖延，以便跟希爾施男爵一起投機來牟取暴利。

阿尼姆回到柏林之後，俾斯麥害怕他搞什麼陰謀 ── 這可比在巴黎可怕多了，因此俾斯麥不願意像威廉一世那麼寬容地對待他 ── 只是將阿尼姆免職，扣除他半數的俸祿。俾斯麥想要將他趕走 ── 趕到土耳其做大使。實際上，阿尼姆這時應該辭職，再以自由身加入上議院的那個黨派，當時這個黨派正跟宰相激烈鬥爭，可他不但這步棋走錯了，而且還向俾斯麥屈服了。俾斯麥在最後的幾個月一直都在用侮辱性的公文對他進行懲戒：「請你以後要多想想我的命令，不要總按著自己的想法……就像你在報告裡說的，不要一直跟著自己的政治見解走。」這時的阿尼姆又弄了幾份匿名文件，想要證明自己確實比俾斯麥更有遠見，但實際上他卻是一個目光短淺的人，他沒有料到有一天自己的行為會大白於天下。俾斯麥牢

第四章　主政（1872-1888 年）

牢地控制了他的命運，以至於連皇后都沒有辦法再包庇他。原本勢均力敵的較量，現在因為其中一個人目光短淺而變得強弱分明。

接替阿尼姆巴黎大使職位的人發來報告，說有幾份公文找不到了，但阿尼姆怎麼也不肯拿出來，說那幾份檔屬於私人信件，他的前途也因此被斷送了。他有恃無恐，覺得幾個高官會關照他，而且他的門第也是他挑戰勁敵的雄厚資本，可是他最後仍然受到了私藏公文的指控，被判九個月的監禁，但是他事先逃到了瑞士。阿尼姆被貶往外地期間做出了一個糊塗的選擇，他公開了幾本不應該公開且沒有任何意義的小冊子，他因此受到了大逆不道、侮辱皇帝、污蔑宰相等嚴重的指控。此案開庭審理時，出庭作證的是荷爾斯坦男爵，俾斯麥跟他相識於聖彼德堡，受俾斯麥的委託，荷爾斯坦男爵去普魯士駐巴黎大使館負責監視阿尼姆的一舉一動 —— 他本人也是阿尼姆的私敵，為俾斯麥提供可靠情報說阿尼姆想謀奪宰相之位的人就是他。本來，他的間諜身分是不應該曝光的，這讓荷爾斯坦的第一次出庭變成了最後一次出庭。荷爾斯坦因此「對俾斯麥恨透了」。不過這時的荷爾斯坦還懂得隱忍，等到日後他對俾斯麥的恨意爆發時，則對世界歷史的進程產生了巨大的影響。

最後，阿尼姆由於拒絕出庭而被判處五年監禁，還要做苦工來服役。四年之後，當他想在法庭上為自己進行辯護時，卻在尼斯慘死，這時的他已聲名狼藉、家庭破碎。在這件事情上，俾斯麥的表現非常殘忍，「阿尼姆案」也讓國內半數以上的人對已經在政治鬥爭中勝出的俾斯麥產生了反感，因為他在打敗對手之後仍然不肯罷手，非要毀掉他不可。

六、戰友羅恩

　　羅恩始終將效忠國君、熱愛祖國作為自己的天職，為此，他可以把自身的利益、地位以及所屬政黨的利益通通拋在腦後。他與俾斯麥的感情非常深厚，但同時又有著自己的獨立判斷。羅恩可以說是俾斯麥周圍唯一的一個忠誠朋友，而且也是唯一能夠無所顧忌地對俾斯麥提出指教的人。當所有的朋友都在反對俾斯麥時，只有羅恩非常堅定地繼續選擇與俾斯麥攜手共事，而且幾十年如一日地站在他這邊，成了他在政治上最親密的夥伴，比如那份聯名書，羅恩是絕對不會在上面簽下自己名字的。他經常將自己比作一面盾牌，而俾斯麥就是坐在這面盾上被羅恩抬起來的。1870 年的時候，兩人的友情也經過了一段危險的考驗期，但是由於羅恩珍視自己與俾斯麥之間這段深厚的友誼，兩人的感情並沒有破裂。當時動盪正在醞釀之中，他的全部注意力都用來關注國內的事情了。

　　因為始終都對俾斯麥採取支持、維護的態度，羅恩與自己的老朋友關係變得日漸疏遠，也許是因為他對俾斯麥的敬重才讓他遭受了這樣的孤立，他感到自己遭受了巨大的阻力，所以下決心要辭職。威廉一世得知後十分難過，自己身邊的老部下已經不剩幾個了，羅恩和俾斯麥算是僅存的碩果，因此他想竭盡全力地留下羅恩，但羅恩的去意非常堅決，但俾斯麥最終還是讓他改變了想法。俾斯麥用非常巧妙的手段留住了自己身邊最後一個忠誠的朋友。他提拔羅恩做了普魯士的內閣總理，這樣便能夠讓羅恩分擔自己肩上的一些重擔，在與保守黨人進行激烈鬥爭時，他也將一部分責任交給了羅恩。1872 年的元旦，俾斯麥在接到羅恩的辭職信後匆匆回到柏林來處理各項事務，在他尚未動身之時，他先寫了一封信給這位老朋友，說自己眼下已經疾病纏身，不能再像以前那樣工作了。

第四章　主政（1872-1888 年）

因為要接受俾斯麥的領導，這位普魯士內閣總理在任職以後很難獨立展開自己的工作，與俾斯麥共事果真是沒法大展拳腳。儘管俾斯麥已經將自己手裡部分權力交給了羅恩，但他卻經常以議會議長的身分對羅恩提出要求，事實上，羅恩已經變成了被俾斯麥操縱的傀儡，所以他僅僅任職九個月就辭去了這個職務。這時，也就是 1873 年的 2 月分，正是俾斯麥與貴族之間的攻堅戰打得熱火朝天之際 —— 俾斯麥的手下瓦格納（Wagener）有貪腐行為被他們查了出來，他們同樣想要證實俾斯麥也是知情人。瓦格納可以說是俾斯麥的心腹，曾經做過記者，現在擔任參政。為了這件事，俾斯麥在羅恩與其他人面前大發雷霆，他對羅恩也真的生氣了。因為他覺得羅恩沒能盡力保護自己。到晚上的時候，他收到了一封令他倍感驚詫的信，這封信正是羅恩寫的。

在信中，羅恩寫道：「對於您的種種過人之處，我從未有過任何的懷疑，您是一個非常優秀的人，我經常試圖與您成為最親密的朋友，即使是您今天這種說話的語氣讓我們幾乎無法再維持這段友情，我仍然想要盡力挽救，以免這段感情破裂……我深深理解，我們的深厚情誼受到了某種束縛；這十年來，我們一起做過很多事情，所以請您相信我，只要您能夠按照常規讓我去做事，我就值得您充分的信任和依靠。羅恩。」

俾斯麥給別人寫過很多封充滿了怒氣的信件，但卻從未收到過這樣一封信，由於感覺友情遭到傷害，人格遭受侮辱，令一個才能並不出眾的人給一個天才寫了這樣一封信，但信的內容卻是這麼得體，在德語中恐怕再也無法找到比這更為得體的語言了。收信人俾斯麥趕緊給羅恩寫了一封回信，這也迫使他採用了一種更為巧妙的方式寫了回信。他這樣寫道：「尊敬的羅恩，你在信中使用如此冰冷的文字，令我覺得極為難過，所以我覺得我今天所承受的你的怒氣，已經遠遠超過了我所發出來的怒氣，不然的

話很快就被遺忘了。說起今天的事情，我認為是你在我之前先發怒的，隨後你的怒氣對我產生了影響。我相信你沒有完全設身處地站在我的角度去考慮這件事，但是作為老朋友，你是應該跟我進行換位思考的，如果你遭受到別人的卑鄙攻擊，我一定會為你考慮，跟你站在一起……」

「或許你還能夠回憶起十年以來我們聯手所做的那些事情吧。你無須再忍耐了，我即將用盡上帝所賜予我的最後一點力氣，為了我的名聲和榮譽去奮鬥……奮鬥之後，我也不會再給你提供任何機會，就像今天你在書信中所提到的，你覺得我們兩個多年的友誼遭受了威脅，當我卸任以後，希望我們的友誼還能繼續長久地保持下去。」

羅恩在讀過俾斯麥這封回信後，臉上露出了微笑，當他看到這個天才、這個一向自私自利的人說自己會維護一個朋友，而且馬上就要卸任的時候，羅恩原諒了俾斯麥對自己的各種責難。自從羅恩當了內閣總理以後，他就搬到了俾斯麥家附近，也許他能夠透過窗戶上的玻璃看到俾斯麥正在花園裡踱步 —— 這是他在想著怎麼寫回信能讓自己消氣。隨後，羅恩又拿起筆來寫了一封回信：「我親愛的朋友，昨日我的確給你寫過一封『冰冷的信』。但是你能體會我寫那封信時有多麼難過嗎？你不會不清楚我對你我之間的友誼有多麼看重，我想你應該記得，在以前的日子裡，我都是怎樣維護你、幫助你的！不論在何時、何地，但凡有人敢站出來對你表示反對，我就會抓住任何可能的機會，毫不畏懼地衝到前面去維護你。你說我無需再忍耐你多少日子了，那麼讓我把自己的真實想法告訴你吧，我希望在自己死後，你仍然能夠像現在這樣領導著我們的國家，這對我們的人民而言是極為有利的。」這就是一位高尚的貴族寫給自己密友的一封信。

對羅恩來說，為了維護他與俾斯麥的友誼，他可以付出任何代價，因此在這一年的秋天，他還是辭職了。他給自己的姪子們寫信說，由於自己

精力有限，很難再與俾斯麥一同聯手抵制自由狂潮，自己很難再堅持兩線作戰了。他給俾斯麥寫信說道：「至死方休，我將堅持給你送上我全部的支援，請允許我來喚醒你的鬥志，英勇的鬥士，奮勇向前吧！我的生命就要到達終點，但不管我是在臺上當演員，還是在臺下當觀眾，我都會始終如一地支援你。」這就是羅恩送給俾斯麥最後的留言。

羅恩走了以後，對於其他人，俾斯麥就更不再說實話了，除了羅恩，他很難再相信任何人，更不可能跟他們推心置腹了。此時，利益和目的又對他的一切行動造成了束縛。半年之後，俾斯麥就把全部的錯誤和責任都歸結於羅恩的虛榮心。但羅恩卻執迷不悟，仍然按照自己的想法去做事，以至於後來變成了一個懶人。他還能夠享受六年的平靜生活，而且遠離了始終保護自己的朋友。俾斯麥再次用辭職來威脅羅恩，羅恩對自己的姪子們說：「普羅米修斯（Prometheus）把火種從天上帶到了人間以後，就只能每日遭受鎖鏈和鷹的酷刑……他的手無法再抓到自己想要的東西！不管什麼人只要從生命樹上摘了果實，就不可能不受到懲罰。假如他此時不辭職的話，那他注定要親手將戴在自己頭上的桂冠毀掉。」

當羅恩再一次回到柏林的時候，他住進了皇宮大門對面的旅館裡面，這樣他每天清晨就能看到國旗的升旗儀式。這時的他已經明白自己的生命即將走到終點了。在他死去的前一天，已經 82 歲的威廉一世來探望 72 歲的羅恩，兩個誠實的老人坐到了一起，雖然從年齡上來說他們已經是成年人，但從虔敬之心來看，他們仍然像孩子一樣。他們在一起回憶了以前的戰爭時代。臨別之際，威廉一世望著天空對羅恩說道：「請你給我的老戰友們帶個話，就說我向他們致以問候。到了那裡，你總會遇到幾個我的老朋友的！」最後，就這樣，羅恩結束了自己的一生。

七、幕後黑手

　　由於在歐洲創立了偉大的功業，兼具謀略與勇氣的俾斯麥地位被無限抬高，他被皇帝威廉一世縱容慣了，所以在處理公務時顯得極為專制。但是等到俾斯麥和威廉一世進入老年以後，兩人的情誼也逐漸變得淡薄了。儘管俾斯麥不得不時時對自己的皇帝說一些恭維話，但是他也知道，這位老皇帝有時也靠不住，這時的俾斯麥就會很不高興。他總是能及時了解皇帝說了哪些對自己不滿的話。赫因羅爾評價道：「俾斯麥知道國王對自己也有不滿的時候，便總是用辭職來威脅，因為他總想讓皇帝對他言聽計從。」

　　俾斯麥對此也很得意，他說有一次自己拿出了辭職信，威廉皇帝卻先是把它揉成了一團，後來又極為惱火地把信展開，在上面寫了一句——「決不允許」。這件事情以後，當俾斯麥再見到老皇帝的時候，威廉說道：「難道你非要讓我在耄耋之年再落一個壞名聲嗎？你要是想扔下我不管，便是對我的不忠！」另外一次，也是俾斯麥用辭職來要脅威廉一世，但這事現在變成了一件懸案。當時俾斯麥請了五個月的假，要求等他回來以後再決定是否辭職，這樣威廉皇帝就要在五個月的時間裡絕口不提這件事。這令威廉一世極為惱火，他怒道：「你這封信令我感覺極為糟糕，請恕我無法詳細講給你聽，不過我要對你說一件事情，既然你讓我為你保守祕密，那麼也請求你對那個送信的人說一聲，讓他也不要再開口提起這件事……我是被你驚擾到的威廉。」

　　俾斯麥對自己的密友路西亞說道：「無論是做國王，還是做皇帝，都有同樣的祕訣，就是怎樣好好利用那些既有才能又忠誠的大臣。我們的皇帝肯定從腓特烈大帝（Frederick the Great）那裡得到了祕訣。他並未因我立下功勞而感激我，他為人冷漠，有一顆堅硬而冰冷的心，他之所以想讓

我留下來，是因為我對他而言暫時還有用。」

　　1870 年，俾斯麥與奧古斯塔皇后產生了尖銳的矛盾，皇后與內務府司庫官施萊尼茲組建了一個團隊，專門負責寫文章攻擊俾斯麥，並且開始策劃怎樣謀害俾斯麥。當俾斯麥決定與自由黨聯合時，奧古斯塔就對自由黨持反對意見。戰爭結束後，為了慶祝定都柏林和軍隊凱旋舉行了一個儀式，皇后也參加了，但當時皇后正在礦泉別墅休養，為了等她，所有的事情都被拖延了六個星期，軍隊推遲了六個星期才被解散，這令國家損失了幾百萬元，人們因此懷疑她有些過於自大，但至今都沒有人搞清楚皇后為什麼要拖延慶典儀式的舉行。

　　俾斯麥對自己的兩個好朋友說道：「聽說是皇帝陛下指使皇后來反對我的，他讓奧古斯塔皇后寫了親筆信給各國元首，而且與法國大使過從甚密，並且在聽了溫德霍斯特的話之後來反對我。皇后的陰謀可以說是大逆不道了……她要求別人幫她寫信，然後在早餐時把信轉交給了陛下，吃過飯後我便收到了陛下對我表示不滿的信件。假如日後再有這種事情發生，我就只能辭職不幹了，否則我就無法說出自己想說的話。」

　　奧古斯塔的態度已經對國內的大臣和議會議員們產生了巨大影響，甚至對國外的王公大臣也產生了影響，這不僅使俾斯麥受到了拖累，更令他做事不順，甚至對整個德意志帝國的內政外交都造成了非常不利的影響。有一位法蘭西大使也受到了皇后的利用 —— 出身貴族，為了得到阿爾薩斯和洛林兩個省，就幫了皇后的忙。她找了一個人給自己讀法文，然後便讓這個奇怪的人去做了間諜；同時她還向其他一些怪異的外國人、天主教士抛出了橄欖枝。施萊尼茲就被形容為「一種專門組織對抗的大臣」，他將阿尼姆、溫德霍斯特和其他一些居心叵測的貴族反對俾斯麥的計畫全都告訴了奧古斯塔，這也導致很多反對俾斯麥的政黨因此而受到極大地鼓

勵，他們希望聯手整垮俾斯麥。

除此之外，俾斯麥還發現《警鐘報》的所有行動正是在內務府司庫官的辦公地點進行策劃和安排的，「有一個領袖的部下擔任中間人，他幫助施萊尼茲的妻子拿起了鵝毛筆，幫她收拾好了辦公桌。皇后這種做法讓我覺得她很討厭我，而她那些爪牙們對我也很是傲慢無禮，我只好向陛下抱怨一下。」

有一天清晨，俾斯麥跑到威廉一世那裡，想要懇求他賜予中央黨一些特殊的待遇，這時他看到皇后正守在威廉一世的病床前，「看皇后的著裝，應該是聽到我來的消息才到樓下來的。當我說想要跟陛下單獨說話的時候，她就走開了，可是她走出去的時候並沒有把大門關上，而且她一直進進出出的，好像有很多事情要做似的，事實上，我說的所有話她都聽到了。」前一天晚上，俾斯麥在皇宮舉行的舞會上對皇后說不要用過於激烈的言辭去刺激威廉一世，以免他的健康受到影響。「皇后對我的做法感到非常吃驚。因為在皇宮裡是絕對不允許這種事情發生的，但這件事卻也產生了一定的效果。她的身體挺直，眼裡冒出了怒火，最近十年的時間，我從未見過她這種美麗的神情，也沒有見過她這種生氣的樣子，我們的談話被她生硬地打斷，然後她就轉身走了。不久之後皇宮裡的一個人對我說，皇后回去以後這樣說：『今天，我們那位一向都很有禮貌的宰相表現得非常無禮！』」僅用了短短幾句話，俾斯麥就將早晚發生的兩件事極為傳神地描述了出來。

那天早上，出於妒忌，奧古斯塔皇后以一種極不得體的方式向俾斯麥發起了挑戰，她躲在門外偷聽，想要對朝政進行干預。到了晚上，她又把皇后的架勢擺得十足，恢復了她幾十年來所累積下來的美名。因此，也很難責怪俾斯麥會產生想讓她死掉的想法。俾斯麥的話裡充滿了怒氣卻又有

第四章　主政（1872-1888 年）

些幽默：「我認為，婚姻制度和君主制度必須有一個被廢掉，因為二者幾乎很難並存！但是，既然我們肯定離不開君主制度的話，那也只能把婚姻制度廢除了。」「前一天晚上，我已經和皇帝陛下把某件事都商量好了，可是等到第二天吃早餐的時候，她又將商量好的事情全部推翻了……假如陛下是個鰥夫的話……」俾斯麥非常嚴厲地對路西亞這樣說。

　　了解內情的布克和布希兩個人說，俾斯麥已經起草了一篇政論文，他打算用辭職來和皇帝陛下談條件，他還要在英國發表這篇文章，好讓德國的報紙再進行轉載。俾斯麥想要透過這種辦法來擴大自己的權力，迫使威廉一世讓他可以自由地施展自己的才能。當俾斯麥手中的權力達到最大化時，他的君主制觀念越來越淡薄，甚至到了完全拋棄這一信仰的地步。在這篇政論文裡，還有俾斯麥關於維護君主制度和忠於皇帝的言論，布希對大家說，裡面寫著「兩位先知相對大笑」。還有一位大臣也被挖苦了，因為這位大臣每次一談起《荷馬史詩》中所記載的英雄，仍然會使用生活在王宮裡的奴隸口吻。俾斯麥用略帶自嘲的語氣對米納特說：「只要一個人有著豐富的閱歷，只要他知道國王有時是怎樣給大臣出難題的，就足以令他做出倒向共和黨的選擇……國王們站在他們的立場上談論大臣的時候，總會認為這些大臣就是幫他們管理田地的總管。」1880 年，俾斯麥在私人場合總結道：「我不過是當了幾年閣臣而已，怎麼能夠成為一個獨裁者？身為閣臣，不僅要侍奉皇帝，而且還要侍奉皇后，甚至有時還要侍奉他的情婦。此外，那些舊貴族是那麼驕縱，總是倚仗家族的勢力而蔑視他人。」

　　「等到我任期結束的時候，我內心仍然充滿了忠君愛國的情懷，但我卻感到這種情懷逐漸變淡了。對此，我感到非常傷心。」俾斯麥坦率地告訴施勒策。隨後，他又痛惜地說出了一句戲謔之語：「我曾經看見三位君主在我面前脫得不著寸縷，但他們的身材都不太好！」

八、獨裁統治

　　身為帝國的宰相，俾斯麥對任何人都不相信，他不相信其他人的才智，也不相信其他人的忠誠，他時時刻刻都保持警惕，防止有才能的人變成他的勁敵。他變得越來越獨裁，手裡緊緊地抓住了所有的權力，霸道地從帝國中走過。由於他在處理內政時經常使用極為強硬的手段，因此被德意志人稱為「鐵血宰相」。雖然他的強硬手段在國內不受喜歡，但在外交方面，俾斯麥的手腕卻非常靈活。

　　儘管俾斯麥總是自以為是，但他仍然想到鄉下去生活或者放個長假，對於政敵們的種種劣跡，他已經極為反感。最終，他做出決定，要休一個長假，這一次離開就是五個月的時間，在此期間，他將公事交給了別人來處理，但是假如暫代宰相職務的那個人只按照自己的想法來是會闖下大禍的。羅恩對此就有很深刻的感悟，在擔任內閣總理之前，羅恩曾經這樣寫道：「儘管在瓦森休假，但不管大事小情，俾斯麥都要親自過問，而且有時還會發出嚴厲的禁令，說是不管什麼事情、什麼時候都不要去打擾他……除非讓他覺得心滿意足，只有這樣，才能讓上議院和這位閣臣共同為帝國效力，不然的話，他就會以一個反面人物的形象在歷史上留名……他的朋友很少，屈指可數，所以只能靠自己動手來獲得溫飽，但僅憑靈巧的雙手和能言善辯的舌頭是遠遠不夠的。他非常願意聽自己的對手們說話，這些對手中最壞的其實是其中那幾個聲稱崇拜他的人……我希望能讓他有所改變，因為我實在是極為重視這一點。」在休假期間，俾斯麥只和各司的司長們進行聯繫，由此也可以理解「即使是在瓦森休養的這段時間，國家也仍由他進行管理，就算把不重要的事情交給別人他都不放心，這也說明德國人還是願意接受俾斯麥的統治」。

第四章　主政（1872-1888 年）

　　儘管住在鄉下，但假如沒有俾斯麥的邀請或提前預約的話，請千萬不要去找他，就算是他的老朋友或是最高級別的官員也不行。在瓦森期間，即便是皇帝威廉一世也沒能例外，皇帝派去的使者通常也不會受到俾斯麥的歡迎。假如有人前去拜訪，那就必須恭恭敬敬地聽俾斯麥說話，如果插嘴就會引發他的不滿。「如果有人想跟我談話，必須要在二十分鐘以內說完。很多外國大使在我這裡待了很長的時間，無非是想從我這裡套出點消息，再向本國彙報。」駐巴黎大使赫因羅爾王爵回國後覲見威廉一世，皇帝讓他到瓦森去見俾斯麥，這本來就是一道聖旨。但是赫因羅爾卻回答道，如果沒有接到俾斯麥的邀請，他是不會主動去那裡的。威廉一世和其他王爵面面相覷，但也不得不收回這道命令。但是，若是俾斯麥有什麼話要對皇帝說，他就會馬上下令讓赫因羅爾從瓦森趕到柏林去拜見皇帝。

　　路西亞與臺德曼都曾說過，如果俾斯麥正感到不開心，而這時還想讓其撤回一道命令，或是取消一篇通稿的發布，那就必須使用一些巧妙的方法才能做到。就像我們看到的俄羅斯沙皇專制時期的情況一樣，一個擁有聰明才智的人，當然不願意受別人的擺布，讓內閣顯得空而無實。俾斯麥經常引誘別人進入他的內閣，但是過不了多久又會將他趕出內閣。俾斯麥擔任宰相期間，沒有一位內閣成員的任期超過兩年，這也並不是什麼不正常的事情，他自己對此的解釋是：「就算我想喝一勺湯，也必須先經過八個傻子的同意才行！」可是一旦這些同僚投向了敵人的陣營，他又會回過頭來說這些人忘恩負義。有個喜歡開玩笑的伯爵曾經將俾斯麥比作唐璜（Don Juan）——先是勾引美貌女子，等厭倦之後就無情地拋棄對方。

　　他還總是把自己的身體健康狀況當作藉口，當作演戲的道具，以此來凸顯他的獨裁。在他實在無計可施時，他就會說自己生病了。不管是真病還是裝病，他總是趁著自己氣色不太好的時候說打算離開。就這樣，他提

出過很多次辭職，除了說自己身體有毛病之外，還總是抱怨為了國事而太過操勞，有時甚至還會對皇帝抱怨幾句。

一天，俾斯麥讓赫因羅爾幫自己轉告威廉一世，說自己的身體仍然沒有康復，「陛下總是不體諒我的難處，總是來麻煩我」，精神總是繃得很緊，無法得到放鬆，但在赫因羅爾來看，俾斯麥的氣色非常好。

1879 年時，俾斯麥有一天發表了一篇攻擊拉斯克的演講，議會主席輕搖了一下鈴。俾斯麥中斷了演講，對大家說：「這個會議室裡非常安靜，搖鈴幹什麼呢？」後來，俾斯麥對路西亞說：「即使是主席，也沒有搖鈴打斷我發言或是向我發出警告的權力。我是帝國的宰相，一人之下、萬人之上，議會的紀律約束不了我。如果他再這樣做的話，我就解散議會。」俾斯麥對帝國議會一點都不關心，卻時時刻刻要求帝國議會來體恤他。當利克特在一些小細節上批判政府時，俾斯麥非常嚴厲地說：「你們為什麼要攻擊政府的立法和政策？你們是在針對我還是針對其他人？看來我不得不進行反擊了，我絕不能任由你們這樣含沙射影地指責別人！」就這樣，俾斯麥變成了大家一致攻擊的目標，他既想跟這些人鬥爭，可同時又很不屑與他們爭鬥。

一天，俾斯麥的情緒正在受到謙虛與自大兩種完全不同的心境的影響，這時他聽到了拉斯克說的一句話——在這個世界上，沒有人能夠做好所有的事情。俾斯麥覺得這是對自己個人能力的挑戰，就回答道：「我覺得，你和阿爾瓦能夠做到的事情，查理也可以做到，就是這樣。」還有一次是在議會裡，他所辯論的話題從名譽一直過渡到了競技，這時俾斯麥換了一副面孔，他對李希特說道：「就算我只是個競技者，為了保護自己，我也不得不對這樣的攻擊做出反擊！」他很少提起自己以前的事情，但有一次也是在帝國議會上，他對大家說：「我曾經與整個歐洲作對，而

第四章　主政（1872-1888 年）

且你們也不是我面對過的第一個敵人。」大家都知道他所說的是真的，即便是再有本事的敵人，在聽到這話之後也不能不發抖。

在帝國議會裡，他對那些理想家們說道：「政治並非一門科學，不能靠教授們的想像得來的，就像繪畫與雕塑都不屬於科學一樣，它是一種藝術。就像萊辛（Lessing），你可以說他是一位很優秀的評判家，但他絕對無法勝任雕塑拉奧孔（Laocoon）的工作。」這時，他更加認為自己是一個將權術玩弄於股掌之間的高手。但是等到他滿腹怨氣地坐在那裡吃飯時，卻又再次變成了一個詼諧的人。

1880 年的 4 月，由於普魯士在聯邦議院裡的第一次投票失敗，俾斯麥怒不可遏。十點鐘時，他讓臺德曼到他這裡來，吩咐他立刻在《北德意志報》上面發表一篇他即將辭職的聲明。在臺德曼擬稿期間，俾斯麥將所有責任都推到了幾個聯邦的王公貴族和議會代表的身上。他在花園裡繞著圈走，走完一圈，就抬起頭來看看窗戶，然後說出一段非常嚴厲的話，讓臺德曼記錄下來。到了最後，這封辭職信足足寫了四頁稿紙，然後由四個人重新進行了抄寫。在報紙即將發印的時候，臺德曼想勸俾斯麥等到天亮以後商量一下再做決定，但俾斯麥非常果決地說：「不行！」那天夜裡十二點半，有人把辭職信送到了皇宮。在等了大約一刻鐘之後，俾斯麥準備坐下來吃飯，還沒等開始吃，他又改變主意，不想讓人去送信了。臺德曼只好跑到樓上對他說，送信人拿著辭職信已經走了半小時了，自己當然也希望可以從副官手裡把信拿回來，但是報館那裡也得到了辭職信，皇帝仍然能夠看到。「既然如此，好吧，那就順其自然吧，皇帝多次讓我感到討厭，現在我也讓他討厭我一次！」俾斯麥的專制脾氣在這時變成了一種任性，俾斯麥看上去就像一頭獅子。

　　有幾個大臣這樣形容俾斯麥：「自大到了沒有人想要接近的地步。」當俾斯麥與自己的同僚在一起時，他的確顯得很驕傲，更無法忍受自己的同事，因此他對他們態度有時還不及那些議員。關於俾斯麥對待下屬的事情，海軍大臣斯彼士曾這樣寫道：「他讓我留下來跟他一起商量本部事宜，當時的情景就像一個老師訓斥一個笨學生一樣……只要我一插話，他就會生我的氣，我只能對他做出讓步，站在那裡一語不發。」俾斯麥一向如此，在半個小時談話時間裡，他根本就沒有重視自己的談話對象。奧伊倫在當部長時也曾經受過這種不公平的對待，他給俾斯麥寫了一封信表示抗議，俾斯麥則回道：「你說是我錯怪了你，必須向你道歉並求得原諒。但我覺得你也不能怪我，最多你可以埋怨我，因為我不該讓這樣的事情發生。」奧伊倫家族將這封信當成了傳家寶，流傳了一代又一代。還有幾位部長，一開始承蒙俾斯麥的抬舉和提拔，大家與他相處得還算融洽，但後來也感到跟他相處太過艱難，所以就失去了自己的地位。那是因為俾斯麥總想讓別人來感激他，可是他從來都不會想著感謝別人，因此他以前的好朋友最終都變成了他的敵人。

　　不過偶爾也有例外，1870 年，在一次戰役結束後，他跟在威廉一世的後面，兩旁是毛奇、羅恩，他們從布蘭登堡門下騎馬經過的時候，他一眼就看見自己的部下全都站到了一個很特別的月臺上面，恰好他的馬鞍鈕上面掛著三頂桂冠，他取下了其中一頂，扔給了自己的部下，用這種方式表達了他對部下的感謝，他很少向別人表示感謝，但是當他遇到自己想要感謝的人時，他就會採用一種別人學都學不來的方法。

九、毀譽參半

荷爾斯坦認為「只有蓋棺論定的名聲才是最保險的」，俾斯麥從爐臺上端起一杯酒，對他說道：「荷爾斯坦先生，讓我來告訴你吧，在我看來這杯酒可比貝克爾所寫的三十頁《世界通史》還要值錢。」1860 年，有一天晚上，普魯士大使、荷爾斯坦、克累、施洛塞以及孩子們的老師在俄都的大使館裡圍著火爐在討論關於靈魂不滅的話題。

貝克爾在對《世界通史》進行增補之後，所記錄大事的時間已經到了1870 年，俾斯麥並不想讓自己的名字出現在這本書裡並占上三十頁的篇幅，他很了解自己的能力。在卡萊爾（Carlyle）所寫的幾本書裡，俾斯麥在一段他如何評價政治天才的話下面畫上了幾道橫線。他的身上有很多的長處，不在意名聲的好壞就可以算是其中的一項，這也是他與拿破崙兩人之間最沒有相似點的地方，從上學的時候開始，直到進入晚年，他從來沒有在意過自己的名聲。假如拿破崙沒有對普魯塔赫進行讚美，沒有將榮耀放在心上，那麼他或許會變成一個永遠都不值得被別人評論的人。但俾斯麥就不一樣，當世的人稱讚他，他卻並沒有放在心上，甚至表現出了極為冷淡的態度，他瞧不上現在這些人，因此當然也就對他們說的話置若罔聞。

俾斯麥是一個實幹家，這也決定了他不能受到名聲的羈絆，不過他對待外界的輿論卻是全然不同的態度，假如是對他有利的，他就會扶持，培育出一些專屬於俾斯麥的傳統故事，然後讓世人在聽過這些故事之後受到感染，而他卻能保持波瀾不驚的狀態。他無法容忍別人給自己製作雕像，卻又很樂意看到那些關於他的功績和他奇異秉性的記載，對俾斯麥來說，他只想讓這些記載發揮出宣傳作用，這就足夠了。

俾斯麥說自己很明白，作為一個令人討厭的大臣，需要以怎樣的面目

示人，人民對他的恨幾乎已經到了唾棄的程度。是時候向大家展示自己另外一副面孔了。那麼現在他要展現出什麼樣的面貌呢？有一次，威廉一世皇帝邀請他到釘旗店來參觀，其中有一面是俾斯麥的軍服和他的名字，他不願意去，他說就算自己去了，也只會得到傷風感冒這樣的痛苦，還不如不去呢。威廉一世送給他幾顆金剛石，讓他把寶石鑲嵌在寶星上，同時還說了幾句令俾斯麥極為感動的話：「這幾顆寶石是我最後一次送給你的禮物，並且是專門讓你在設計寶星的時候用的。」可是一回到家，俾斯麥就說：「假如送給我一匹馬，哪怕是一桶萊茵酒，我也會更加高興。」

在控制輿論導向方面，很顯然俾斯麥是一個高手，他很懂得如何利用報館來達到自己的目的。比如說，他對如何掌控新聞的來源非常精通，為了讓看報的人產生客觀的體會，有些新聞看起來是從鄉下傳來的，甚至是從一些荒無人煙的地方傳來的，還有些新聞來自別的國家的逸聞。有的時候他還會在書房裡口述自己的事蹟，由別人記錄下來，然後再登報，但是這些消息在讀者看來似乎是從瑞典首都斯德哥爾摩發往波茨坦的。他極其巧妙地控制著報館，甚至對輿論的導向產生了影響，就連對俾斯麥一片忠心的臺德曼，也不得不承認俾斯麥在這一方面是個「大魔鬼，甚至比浮士德都厲害得多」。

有一天，俾斯麥用一種極為蔑視的語氣對帝國議會說：「自我從政以來，遇到過很多的敵人，從台伯河到貝爾特，從維斯杜拉河到加倫河，在德意志奧得河、萊茵河以及其他幾條河的河邊，我時刻都能體會到來自四周的敵意，儘管當時我是最有權力的那個人，但我也是最受國人厭惡的那個人。」令他沒有想到的是，有個比利時人居然聲稱要把他的人頭當作禮物送給巴黎大主教。這件事發生在 1874 年前後，當時正是教會鬥爭最為激烈的一個階段。俾斯麥正與羅馬交戰，因此招致了這個宗教信徒的怨恨。

第四章　主政（1872-1888 年）

　　這件事發生後不久，當俾斯麥從啟星根街經過時，有個少年舉槍向他射擊，但俾斯麥只不過是輕微地傷到了手指，身體其他部位並未受傷。這個年輕的刺客說自己是中央黨的成員，而這種說法正好給俾斯麥提供了一個不錯的理由。當時有幾名教徒正好擋住了他乘坐的馬車，俾斯麥以幫助刺客為藉口，把這些教徒全部逮捕，隨後又製造輿論，發起了一場報館運動。在接下來的半年時間裡，這件事鬧得滿城風雨。有一個中央黨成員公開發表演講對此事進行評論，俾斯麥趁機進一步將此事搞得沸沸揚揚。那位黨員是這麼說的：「由於一個神經錯亂者想要開槍刺殺俾斯麥王爵，大多數德國思想家也因此變得神經錯亂。」對於此次刺殺事件，俾斯麥一直都沒有真正釋懷，這也導致了他人生中最鄭重其事的一次辭職，而且是辭職意願最強烈的一次。其實，他的妻子和女兒很早以前就勸他退休，這時他終於認真考慮辭職的事了。他已經經歷了兩次刺殺，所以當他猶豫著對本尼格森表明自己想要辭職的想法時，他是這樣說的：「我想讓其他人擔任宰相，代替我變成天主教的槍靶！到今年的 4 月 1 日，我就正式步入六十歲的門檻，到那時我就提出辭職申請，然後到鄉下過平安寧靜的生活。」

　　妻子喬安娜非常愛自己的丈夫，甚至由於幾乎所有的人都是俾斯麥的仇人，她也因此對所有人充滿了仇恨。儘管喬安娜很愛俾斯麥，但是她對丈夫的影響卻變得越來越小，她不僅無法緩和夫妻之間的關係，反倒讓俾斯麥的脾氣變得更加暴躁。在這十年裡，她始終避免與俾斯麥發生衝突，也一直在尋找機會彌補兩人的感情裂痕，但俾斯麥隨時都會對她表達不滿。有一次，在宴會上，俾斯麥對喬安娜說：「等會皇帝就走了，然後妳就離開，我不想讓妳在人群裡待太久。」

　　她對自己的愛情沒有絲毫的遮掩，即使面前還有幾位來自國外名聲顯

赫的客人，喬安娜也會趁著吃飯前的間隙幫他把領帶整理好。實際上，俾斯麥對她仍然有很深的愛，即使他們已經做了三四十年的夫妻，他在信中還是會這樣寫道：「妳是我的小寶貝……我懷著滿腔的愛向妳致意。」還有一次，在夫力德里斯路，他給喬安娜發電報：「我不想在這裡待太久，明天我就會回去，因為這裡不能騎馬，更重要的是沒有我的妻子陪伴我。」當時，與瓦森相比，喬安娜似乎更喜歡柏林多一些，剛剛搬到瓦森的時候，喬安娜就對自己的朋友說：「我一想到住在瓦森就覺得不舒服，那裡讓我覺得寂寞而且有一種不安全感。」

布蘭德斯說：「雖然俾斯麥所做的事情不可能對全世界都有利，但對德意志卻有很大的好處。俾斯麥和德意志的關係，就像一副很好很合適的眼鏡和一個正好有近視眼的人一樣，對這個近視眼的人來說，有了這副眼鏡無疑是非常幸運的，但這也正是遺憾之處，因為他無法離開這副眼鏡。」

1881 年，德國作家馮塔納（Theodor Fontane）對俾斯麥評論道：「底層民眾對俾斯麥的反對情緒變得越來越激烈，就連上層人士也鬧了很長一段時間，由於他多疑的性格，令他的地位受到了削弱，但他推行的政策是應當受到肯定的。他具有極高的才能，但心胸卻顯得有些狹窄。」到了 1893 年的時候，他又這樣說道：「人們不能因為俾斯麥行為的卑劣就忘掉他建立的功業，因此我們需要追憶他。在我的印象裡，他是一個最有意思的人，但他也多次犯下錯誤，這確實是令人難以忍受。」兩年以後，他又一次評論道：「俾斯麥既是一個超人，也是一個騙子，他是一個矛盾體，既是一個偉大的英雄，又善良到了連隻蒼蠅都不願傷害的地步，這令我產生了一種非常混亂的感覺，我無法純粹、完全地去讚揚他，因為他有自己的缺點，不過缺點也是偉大人物的一個方面。」

布克哈特（Burckhardt）在 1887 年時對俾斯麥評價道：「俾斯麥的辭職會讓人產生一個誤解，好像他並不明白自己到底做了什麼，他制定的大政方針並不完美……一旦歐洲爆發大的戰事，他就會做出改變，但這樣做已經無法彌補之前留下的傷痕了。」

很多熟悉歷史、了解歷史的人都對俾斯麥做出了自己的評價。

十、旅館新家

俾斯麥曾多次搬家，先是從申豪森遷往瓦森，後來又從瓦森搬到了夫力德里斯路，可是隨著搬家次數增多，他住的房子卻越來越不像一座王爵的府邸了。此時他的別墅位於夫力德里斯路，這座別墅曾經是一家旅館。一到週末，從漢堡來到薩克森的遊客就會住進這裡。俾斯麥人生中的最後十年，都是在這座別墅度過的。但從階級的變化來看，從鄉紳被封為伯爵，又從伯爵晉封為王爵，他的宅邸理應越來越好、越來越豪華才對。但是俾斯麥不願意在一片大森林裡建造一座王府，也不想對這家旅館進行重新裝修，甚至連大門上的門牌號碼都沒有換掉。他始終都為自己的家世和背景感到驕傲和自豪，但是卻不想花錢把自己住的房子裝飾得好一些。他經常會想起尼樸甫，這是俾斯麥唯一愛過的一個地方，雖然它已經被賣掉了，但仍然可以再買回來。夫力德里斯路跟從前住過的瓦森很像，都帶著一種荒涼的味道，但卻不失浪漫，這座房子看上去非常樸素。

無論在什麼地方 —— 是俄羅斯、匈牙利、丹麥，只要有森林的地方就能成為俾斯麥的家，因為他實在是太熱愛森林了。以後的日子裡，就如同熱愛瓦森周圍的森林一樣，俾斯麥對薩克森瓦爾德也非常喜歡。只有置

身於森林之中，他才感覺自己徹底擺脫了桎梏；只有置身於森林之中，他才覺得自己又回到了盡情幻想詩意與浪漫的少年時代；也只有置身於森林，他才可以讓自己的脾氣得到更好地控制。假如他看見一個伐木工人砍錯了樹，他就會非常生氣，會跟森林管理者針對每一棵樹展開討論：「你說這棵樹的樹尖枯萎了？那我的頭頂也有點禿了該怎麼辦！」隨後他就會非常嚴肅地摘下自己的帽子讓那個人看自己的頭頂。再有如果看見樹林邊正在進行農活的人對馬匹又打又罵時，他就會立刻從馬上下來，拿著馬鞭抽打那個農夫。有一次，有人曾經親眼看到，俾斯麥和自己的幾個兒子在夫力德里斯路的森林裡拿著槍打斷了樹尖上的枯枝，並對森林管理員連嚇帶嚇，這也令俾斯麥感到非常有趣。他用這種方法來捉弄自己家的僕人，讓他們對自己怕得要死，就是一個很簡單的目的 —— 不讓他們再去傷害樹木。此時的他還想保護森林裡的鹿，因此他幾乎不怎麼去打獵了。有的客人跟他談到這個問題時，他做出了很簡單的回應，自己不怎麼喜歡吃野味，但如果客人想去打獵，他也不加以阻攔。

在瓦森的時候，有一次僕人向他報告說有人在森林偷獵野味，俾斯麥一邊走一邊對那個偷獵者發出了詛咒。到家以後，森林管理員說那個偷獵者是個老頭，他連獵槍都沒有，而且他原本有兒子，卻在前線打仗時陣亡了。俾斯麥聽完以後沉默了幾分鐘的時間，最後說：「大家先吃飯吧，吃完以後隨我一起去看看。」老頭躲起來不敢見俾斯麥，俾斯麥就帶著自己的客人從車上下來，走進了老人的家裡，這個可憐的老頭為自己辯解，令俾斯麥對他產生了由衷的敬意，隨後他向老頭道歉，希望他能原諒自己。這種誠懇的態度令俾斯麥周圍所有的人都受到了感動。在森林裡休養的時候，俾斯麥的脾氣確實收斂了許多。在這件事發生之後，他對自己之前的所作所為都感到悔恨，有很多次，他對自己的屬下很不公平，但是從來沒

第四章　主政（1872-1888 年）

有一次像處理這件事一樣那麼客氣。對政府的各位部長、對自己的屬下、對森林管理員以及各國王公，他都曾經很不公平地將他們當作了犧牲品，但他卻從來都不肯承認。

不管是政府的大臣，還是附近的鄉紳，又或者是牧師的妻子、威瑪的公主，都對俾斯麥的待客之道稱讚有加，俾斯麥家的歡迎儀式不但顯得高貴，而且俾斯麥本人也很有風度和氣質。不管和什麼人握手之前，俾斯麥都會先把手套摘下來。等到客人們進屋以後，大家就像在自己家一樣自由，不會受到任何的約束。他一直都按照最高級別的禮節來接待自己的賓客，搬到夫力德里斯路以後，他也仍然保持著這個好習慣，在以後的日子裡，也始終都沒有改變過。

俾斯麥家裡的布置不是那麼整齊，這裡放著幾個杯子，那裡放著個菸灰缸，還有某個地方掛了幾幅畫，這些東西的擺放看上去很隨意。這時屋子裡變得極為安靜，他就開始給妻子寫信：「赫伯特正在我旁邊寫文章，阿德拉海特正在學習義大利語，泰拉斯正在啃著一塊骨頭，還有，茶壺的水已經燒開啦。」到了中午一點鐘的時候，他就開始吃午餐，一邊用餐，一邊聽臺德曼向自己彙報工作 —— 臺德曼這時也來到這裡辦公了，經常一住就是幾個星期。通常，吃過午飯以後，俾斯麥會領著自己的孩子們坐著馬車到外面去玩上兩三個小時，這時，臺德曼也會跟著一起去，因為有很多重要的事情都是俾斯麥在乘車的時候做出決定的，這就需要臺德曼詳細地記錄下來。隨行的還有給俾斯麥當保鏢的偵探，自從第二次謀殺事件發生之後，偵探就一直形影不離地保護俾斯麥，即便住在鄉下也是如此，俾斯麥迫於無奈只得接受了這種狀況。晚上六點，到了吃大餐的時間，通常會有四道菜和葡萄酒，偶爾會有香檳。吃過晚飯以後，大家聚在客廳裡，一邊圍著火爐取暖，一邊聊天，「這是俾斯麥一天之中最有意思的時

刻，他會向大家分享一些新鮮事，會口若懸河講自己從前的那些經歷。一直聊到快九點的時候，他就會離開客廳，進入書房，開始自己一天的工作，通常直到深夜才能把一天的工作都處理完，隨後他還會跟妻子一邊吃夜宵，一邊聊個天。」這就是俾斯麥家一天的生活，輕鬆、自在、平靜。

可是這樣的生活並不能一直保持下去，一旦有什麼緊急公務，這種平靜就會被打破，有時還會因為經濟上的入不敷出而引發俾斯麥的憤怒。在柏林，俾斯麥薪資是一萬八千元，但是他要五萬元才夠花。為此，他總是牢騷滿腹，因為他的爵位和他的領地讓他花掉了很多的錢。「第一次受封的時候，我覺得自己的生活過得還不錯，後來到了瓦森，就把所有的錢都花光了。自那之後，除了薪水和申豪森的地租，我就沒有其他的收入了。這些錢就擺在眼前 —— 根本就不夠用，不過我想以後一切都能好起來的。」俾斯麥經常向自己的哥哥抱怨：「薩克森瓦爾德出產的木材並沒有給我帶來收入，瓦森雖然有收入，但是少得可憐，現在我一出門就得坐華麗的馬車，但是車費已經漲了好幾倍。陛下剛剛賜予我的領地（夫力德里斯路）很值錢，但是我目前還沒有因此得到好處，反倒是為了買下這塊地中間的一個地方，花掉了我八萬五千元，不然的話我就只能住在位於森林深處的一座破房子裡面。身為王爵，房屋的裝修也必須與我的身分和地位相符，所以我也不得不花掉很大一筆修理費。從前我還想過不要讓我的兒子成為一個生活貧困的王爵，只要讓他們在鄉下當個富裕的地主就行了。」

十一、愛犬之死

　　進入老年以後，對於始終追求完美的俾斯麥來說，他還有哪些人生的樂趣呢？很多人都在猜測這個問題。晚年的俾斯麥性格變得更加孤僻，幸好有幾隻狗能夠陪著他，這幾隻狗毛色是鐵灰色和黑色，體格很是健壯，反應也非常敏捷，跟牠們的主人一樣，顯得威風凜凜、霸氣十足。在與客人聊天的時候，俾斯麥經常會提到牠們，他對這幾隻狗的喜愛甚至超過了妻子喬安娜。在他為了某件事情做出決定時，也要考慮好這幾隻狗該怎麼辦。他跟自己的狗可以說是寸步不離，他經常帶著牠們到威廉大街和森林裡去跑跳玩耍，牠們從來沒有向俾斯麥索取過什麼，對主人極為溫順，儘管總是一聲不叫，但卻極為敏感，能夠感知到主人的想法和情緒。

　　俾斯麥喜歡將他的喜怒哀樂與這些狗一起分享，他對牠們也更加喜愛。晚年的俾斯麥曾這樣評價那些狗說：「我非常喜歡狗，因為牠們從不記仇，即使我不小心對牠們造成了傷害。」從這句話裡面，我們能夠體察到他身上的某些性格特質。這幾條大狗死了以後，大部分都被安葬在了瓦森的一座花園裡，其中有八隻狗被葬在了他最喜歡的一匹馬旁邊，那裡的景色十分秀麗。

　　每次俾斯麥因公務繁忙而感到煩躁不安的時候，就會用手撫摸蹲在自己腿邊的狗，狗脖子上的細毛就像絲綢一樣光滑，似乎這樣做能讓他的情緒迅速得到安撫。就算芙羅拉在房間裡亂跑，或是薩爾坦亂叫打斷人們談話時，也不會有人去喝止牠們，尤其是瑞貝卡，當牠不聽話的時候，俾斯麥會將牠當成一個被寵壞了的女孩子，而瑞貝卡所表現出來的那種害羞和嬌態更令俾斯麥喜歡。在夫力德里斯路居住期間，這幾隻狗總是會將頭埋到牠們的兩條前腿中間，趴在辦公桌的下面等著俾斯麥。等到俾斯麥將橡

木手杖拿在手裡站起來的時候，牠們就知道主人這就要帶著牠們出去玩了，因此牠們馬上全都站起來把俾斯麥圍在中間。妻子喬安娜因窗簾做得太長了而發出過抱怨，但是俾斯麥卻說，長出來的部分可以鋪在地上作為那幾隻狗睡覺的床，這樣能夠更舒服一些。全家一起吃飯時，俾斯麥總會讓傭人給每條狗都餵上幾塊肉。

　　薩爾坦是一隻極為漂亮的狗，俾斯麥只允許別人稱呼牠為「薩爾特」，否則可能會讓土耳其人聽了之後感到很難堪，除了名字之外，這隻最好看的狗跟東方沒有一丁點關係，而且是一位摩洛哥王公送給俾斯麥的禮物。有一天，「牠被一條鐵鍊拴到了樹幹上，牠發瘋似的咬著鐵鍊，看上去非常煩躁，牠的牙齒咬進木頭裡能有兩寸多深，血把樹都染紅了，後來牠終於逃脫，跑進了森林深處，從那以後再也沒能回來。我希望可以找到牠，因為牠肯定跑不遠。家裡的僕人說，應該用槍把薩爾特打死，牠現在總是追著小鹿咬，好像已經變成一頭凶猛的狼一樣。後來，比爾與菲力費了好大力氣，累得全身是汗，總算把牠給找了回來。」

　　後來，牠又與自己的主人在一起生活了五年，也許是被主人寵壞了的緣故，雖然俾斯麥教育了牠很多次，牠卻始終野性難馴。牠的結局也很悲慘，臺德曼是這樣記錄的：「有一天，大家正在一起喝咖啡，有人回報說薩爾特找不到了，俾斯麥猜測牠可能是跟鄰村那隻正處於發情期的母狗約會了，所以他也沒有過於在意，只是有些生氣地說等牠回來再好好收拾牠一頓。隨後我們就分別回到各自的房間去工作了，到了晚上大約十一點鐘的時候，我們的工作基本快結束了，突然聽到樓下有聲音，有人回報說，薩爾特回來了，可是牠快死了。這年的秋天，王爵的心情本來很好，甚至超過了以往任何時候，他經常會給我講一些笑話，但是這美好的心情因為薩爾特的死而被完全破壞了。」

第四章　主政（1872-1888 年）

「王爵把還有一絲絲氣息的薩爾坦抱在懷裡，用手撫摸著牠的頭，嘴裡喃喃地說著什麼，當他看到我們的時候，他強忍著淚水，不想讓我們看見他的流淚……他在那裡坐了很久也不願離開，偶爾會站起來出去一下，但是馬上就回來了。不管兒子赫伯特如何勸說，他仍然守在這裡，這樣的場景很難讓人不被感動。王爵對我們說：『古代的德意志民族流傳著這樣一個美好的說法，人死了以後能夠跟他們忠實的獵犬在天堂裡的獵場再次相遇，我也盼望著自己能夠跟牠們再次見面。』說完，他就緩緩地站起來，回到了自己的房間。可是沒過多久他又回來了，對我們說道，你們都回房間休息去吧，用不著把這件事情放在心裡。」

直到薩爾坦死去之後的第五天，「他仍然無法忘記牠，他總是被自己的一個想法折磨著，因為之前他曾經打了牠的頭，他甚至覺得薩爾坦之所以會摔死，就是因為自己曾經打過牠。他責怪自己的脾氣和性格都太差了，不僅傷害了身邊的很多人，他曾因此而陷入了深深的自責；現在，連愛犬也受到了他的傷害，他的自責就更深了，而且顯得婆婆媽媽、叨叨絮絮。」這些事看上去與俾斯麥一直以來的作法似乎並不相符，史料中也並沒有關於此事的記載，這些事甚至帶了些逸聞野史的味道，不過從另一個角度來說，我們也能對他變幻莫測的性格有所了解。

他忍不住回想起最近十幾年來自己的所作所為，回想起那些往事，一次又一次的明爭暗鬥，一次又一次的克制與征服，因此難免感到有點悲哀。現在，他似乎看見那些曾經因他而失敗、而死掉的人正一個個地向他撲過來，擁有鋼鐵般意志的他似乎在一瞬間就被擊倒了。他問自己，那些因為他而受到傷害甚至就此死去的人——就像曾經被他傷害過的薩爾坦一樣，是否能夠忘掉曾經遭受的傷害呢？他大聲地叫喊起來，盡情的發洩著自己的不良情緒。他在剛剛開始信奉基督教時，曾講述過這樣的故事，

說是有一位並不信教的酋長，在別人要求他接受洗禮的時候斷然拒絕了，酋長說自己寧願像遠古時代的祖先那樣，假如上帝真的因為這件事而對自己不滿，並且認為自己犯下了其他罪行，並因此認定自己不僅脾氣壞，而且還是一個自私自利的人，那該怎麼辦呢？等到噩夢醒來之後，他似乎把一切都忘記了，仍然像以前那樣，在政治層面與自己的敵人展開較量，只有他現實中的夥伴才是最真實的。最後，那隻名叫薩爾坦的獵狗還有其他的八條獵狗，被一起安葬在了山頂上。

十二、三國結盟

「法國有一家報紙刊登了這樣一篇評論，說我此刻正因為『某某國聯盟』而做著噩夢，又說德意志帝國的大臣們或許會對這種聯盟的方式感到害怕。西方各個國家會在結成聯盟之後再與奧地利聯合，共同對抗德意志。但以上這些還都不是最壞的情況，最危險事情的莫過於俄羅斯、法國、奧地利三個國家結盟。如果這三個國家裡的任意兩個國家結成親密的盟友，那麼就會有更多的國家去效仿他們，這將會對德意志造成極大威脅。」1877 年，俾斯麥到啟星根去療養的時候，讓人代筆給兒子寫了一封信，上面這段話出自這封信。信中還提到，他不希望看到那樣的局面出現，因此在經過深思熟慮之後，他決定想辦法解決這個問題，「除了法國之外，其他國家對德國都存在著依賴，我們不妨充分利用這個優勢來跟這些國家交往，再找一個適當的理由來阻止他們的聯合，以防止他們反對德意志。」從這封信我們不難了解他作為德意志宰相所奉行的基本政策和觀點。

第四章　主政（1872-1888 年）

　　俾斯麥是一位實幹家，同時也是一位極為高明的棋手，他的所有決定都需要考慮三個前提——德意志目前擁有的地位、來自歐洲列強的威脅、列強之間的矛盾，在進行充分考慮和權衡之後，最終得出正確的結論。儘管他也會為自己的榮辱和得失做出考慮，但他很明白，個人利益與國家利益相比到底孰輕孰重，就算一個小小的村子，也不會將它劃到別的國家的版圖裡。他的權力是祖國授予的，所以他絕對不會為了一己私利而做出有損國家利益的事情，因此當英國和俄國要進行合作的時候，當法國和奧地利要結盟的時候，他會竭盡全力、想方設法去阻止，他絕對不能坐視強國之間結盟，然後對德意志進行扼制。但俾斯麥的做法似乎並沒有得到各國家的信任。英國的女王陛下、法國的政黨領袖、俄國的大臣都對俾斯麥的想法多次表示出質疑，根本不相信俾斯麥想要的東西就是和平。他曾在三年的時間裡連續發動了三次戰爭，以至於在最後打破了整個歐洲的平靜和均勢，這難道不是為了占有更多的土地而有意為之嗎？德意志各種族已經分離了三百多年，他們分別從屬於各個邦國，而俾斯麥統一了德意志，難道不是為了在歐洲的中心區域締造一個強大的帝國嗎？他採取鎮壓、征服等各種手段對待歐洲列國，又用鐵血手段對待國內的人民，大家都將他稱為「鐵血宰相」，這難道不是在透過武力手段來重新締造一個拿破崙式社會嗎？

　　1866 年的時候，俾斯麥曾這樣表示：「我覺得外交是一件非常重要也非常必要的事情，其他的事都沒有這件事重要。」他的運氣很不錯，想要打仗的話就能打仗，但是他絕對不會憑藉自身實力去隨意侵略其他國家的土地。在俾斯麥的努力下，歐洲獲得了二十年的寶貴和平，儘管飽受爭議，但是在努力爭取和平這一方面上卻受到了眾人的高度認可，並且建立了不朽的功勳。他是一名傑出的外交家，不論做什麼事都會留幾分餘地，

同時也不會妄自菲薄，他能夠將外交交易處理得非常好，我們很想把他這方面的經驗介紹給其他人，但最後發現有點力不從心。

俾斯麥並不是要發揚人道主義精神，也不是為了獲得好的名聲，因為他明白歐洲各國此時都在蠢蠢欲動，誰也不甘心當配角，如果他們真的聯合起來，是有足夠的能力來對抗德意志帝國了，出於這種真實的目的，他才要努力維護歐洲二十年的穩定與和平局面。也正是由於這種壓力，才促使他在 1869 年做出了放棄阿爾薩斯的決定。到了 1871 年，俾斯麥對待法國人的態度變得更加隨和，與此同時，也更講究外交上的策略。俾斯麥說：「我們不能任由法蘭西來破壞德意志統一之後的穩定局面，我們一定要阻止他們去尋找新的盟友，不然的話他們就真的要破壞這一和平局面，並對我們造成巨大的威脅。至於歐洲的君主制國家，就算他們聯合起來，對我們也是無可奈何，而且法國也很難與一個君主制國家結盟來跟德意志對抗。」至此，我們已經非常清楚他真正的意圖到底是什麼，也明白了他為什麼非要想方設法地加入到任何一個聯盟陣營中去了。從 1850 ～ 1870 年，這二十年間，俾斯麥令普魯士始終保持中立，這樣的話，當有人提出情他幫忙的時候，他就可以開出一個很高的價錢，儘管德意志已經強大起來，但是為了免於遭受各國聯合攻擊，他覺得還是聯盟更可靠一些，這種指策略即使是放到現在，也是值得借鑑的。

到了 1875 年的夏天，奧地利與俄羅斯之間的關係變得越來越緊張，在巴爾幹與土耳其的鬥爭中，俾斯麥的魄力再一次得到展現。當兩國關係有所緩和後，他立即倡議成立三國聯盟，這樣就可以對巴爾幹起到很好的牽制作用。他曾私下對別人說到：「對於這件事，我並不想進行干預，只要我對任何一方表現出偏袒的意思，法國人都會趁機去拉攏另一方，這很可能引發一場波及全歐洲的戰爭。現在我要對這兩個國家進行牽制，讓他

第四章　主政（1872-1888 年）

們彼此之間能夠分開，最主要的是不讓他們互相殘殺，此外也是為了保護德國的利益。」在這種情況下，他不得不去面對俄羅斯和奧地利的問題了。在帝國議會上，俾斯麥說道：「如果我們無法意識到這件事和我們的國家在利益方面存在什麼樣的連繫，那麼我一定會反對德國參與其中，因為這件事情根本就不值得我們去冒險，哪怕一絲一毫的代價，都不值得去付出。請大家原諒我的坦白和直率，因為我發自內心真的不想去管這件事情。」在這種場合，他的話無疑顯得有些過於冠冕堂皇了。

到 1870 年的時候，在俾斯麥的努力下，三國聯盟終於形成了。但他也非常清楚，這次的結盟並不是那麼穩固，至於能不能讓除本國之外的兩個大國始終維持這樣的同盟關係，他自己也沒有十足的把握，現在三個國家的皇帝就反對共和黨民主主義的意見已經達成一致，這也是三個國家關係維護的唯一要素，正是因為在共同反對共和民主方面達成了一致意見，三個國家才能放下固有的成見，平心靜氣地坐到了一起。在之後的幾年間，聯盟也曾一度破裂，不過由於俄國沙皇和奧地利皇帝都要維持各自的統治地位，因此他們暫時放下了各自對對方的憎惡。很顯然，這一次的聯盟跟之前的同盟不一樣，盟國之間的關係非常穩固。

到了 1876 年的春天，俾斯麥派出代表對俄國宰相戈爾查科夫說，由於戈爾查科夫在去年所做的事情對兩國之間的交往極為不利，所以現在德意志已經不能再繼續相信俄羅斯了，這位俄國宰相虛偽地回答說，如果將俾斯麥比作他的學生，那麼這個學生也是青出於藍，就像拉斐爾（Raphael）和佩魯吉諾（Perugino）那樣，學生的成就超過了老師。當俾斯麥受到外交界共同抵制時，戈爾查科夫知道現在的俾斯麥正處於兩難境地，於是便開始策劃起了自己的陰謀。

到了這一年秋天，還在瓦森的俾斯麥接到了戈爾查科夫的公函，在公

函中，戈爾查科夫問了俾斯麥一個顯得有些唐突的問題：「假如俄羅斯與奧地利兩國交戰的話，德國是否能夠保持中立？」俾斯麥對善用詭計的戈爾查科夫實在太了解了，所以他在看過這封公函之後很快就想出了一個對策。他用比平常更加莊重的語氣對外交部說：「德國不明白戈爾查科夫為何要提出這樣一個問題，也不知道如果德國對這個問題作出答覆之後，俄羅斯會以此為藉口去做些什麼⋯⋯這樣的問題聽起來既不合時宜，也很沒有禮貌，他的野心未免太過明顯了。」他對外交部說，就用他的原話去回覆那個無禮的問話之人。後來，俾斯麥憤怒地說道：「這其實就是在強迫德國給俄羅斯簽一張空白支票，這樣俄國人就可以隨意在支票上面填寫自己想要的數字，好去對付英國和奧地利。」

實際上，俾斯麥知道戈爾查科夫為什麼會這麼問，他無非就是想問問德國人是否願意一起瓜分奧地利，但是俾斯麥更願意用自己習慣的方式來應對這些挑戰。由於他所面對的是作為一個整體的斯拉夫民族，如果自己不同意，也就意味著德意志在聯盟中將要落魄到一個附屬的地位，這也等於給德國皇帝出了一道難題。俾斯麥組織聯盟的本意是要讓俄、奧、英三個國家不和，這樣的話三個國家就全都需要從德意志那裡尋求幫助，為了防止世界大戰的發生，就需要將俄國的軍力分散開來去進攻巴爾幹。所以，當俄國再讓俾斯麥表態的時候，俾斯麥回答道，假如自己的兩個朋友非要透過戰爭的方式來解決問題，儘管德國會保持中立的立場，但假如一方因過於失利以致陷入絕境，那他就會感到十分惋惜。

聽了戈爾查科夫的話之後，俄國沙皇做出了放棄攻打法蘭茲・約瑟夫的決定，並且在萊施塔特與奧地利皇帝舉行會晤。那麼戈爾查科夫到底對俄國沙皇說了什麼話，才讓沙皇有了這麼大的變化呢？他對沙皇說，俄國人要想在土耳其用基督教來代替伊斯蘭教，最大的阻礙就是俾斯麥，因為

第四章　主政（1872-1888 年）

他已經對俄國的自由造成了妨礙。沙皇在與奧地利皇帝舉行了會晤之後，奧地利決定保持中立，巴爾幹問題也暫時得到緩解。作為報酬，俄國將波士尼亞讓給了奧地利，因此這場風波也得到了平息。直到第二年春天，當俄國軍隊到了土耳其首都的時候，發現英國的兵船已經在達達尼爾海峽遇上了各種各樣的麻煩，便只好在《聖斯特法諾條約》簽字，用來平衡各個國家的利益。

「現在需要我們來解決的問題已經不僅僅是德意志或俄羅斯的問題了，而是整個歐洲的問題。」戈爾查科夫這樣對俾斯麥說道。對此，俾斯麥寫了一句批注：「歐洲是誰？」早在十年前，俾斯麥就曾經說過這樣的話，既點中了要害，又顯得詼諧幽默。俾斯麥引用當年的話又一次對戈爾查科夫做出了回覆，「身為大臣，想要向其他的國家提出某種要求，卻從來都不用自己的名義，只聽到他們滿嘴喊的都是『歐洲』。」

早在幾個月之前，就有超過半數的國家公開提議，希望德意志出面解決這件事情，但俾斯麥最終還是決定不參與這次調停，但是由於舒瓦羅夫（Shuvalov）不聽勸告，再加上第二天俄國沙皇也送來書信，請求俾斯麥出面進行調停——沙皇說如果俾斯麥不出面的話，就是不顧盟友利益的最好證明，俾斯麥感到很無奈，只好選擇出面。但其實他之前是真的不想出面調停的，他對此做出了解釋：「如果不對俄國進行壓制的話，即便有其他任何一個國家出面調停，我們也很難信任它，不過這樣一來，面對壓力，想讓俄國做出讓步更難了……德國與俄國的關係，比德國和土耳其的關係要密切太多，德國的邊境與俄國有很長一段距離是相鄰的，所以為了避免讓兩國的關係受到損害，是絕對不可以出面調停的。」有人認為，俾斯麥到了晚年以後親口承認此次調停事件是他人生中所犯下的最大錯誤——這根本就不是事實，因為沒有任何證據能夠證明這一點。俾斯麥

曾給德意志駐俄大使寫了一封信，信中說道：「像亞歷山大這樣一個對我們如此親切的皇帝，我們必須要經常聽聽他的意見，經常採納他的意見，就像經常聽取並接受熟客、常客的意見一樣。」而且，由於不久之前有人想要刺殺皇帝，那反對社會黨的法律就能很容易通過，所以俾斯麥的地位也變得更加鞏固了。假如召開議會的話，最有可能成為主席的人就是俾斯麥，而戈爾查科夫是肯定無法與他相比的。「我們要成為值得依靠的經紀人。」布萊希羅德在聽了俾斯麥對群眾所說的這句話之後，陷入了沉思，隨後他搖了搖頭說道：「這個世界上從來就不存在值得依靠的經紀人。」豐富的閱歷和經驗讓他在聽了這樣的話之後，冒出了這樣一種想法。

十三、柏林會議[7]

柏林會議於 1878 年 6 月 13 日正式舉行，一個月之後，也就是 7 月 13 日，俾斯麥被推舉為這次會議的主席，並在《柏林條約》上簽字。當列強們陸陸續續走進會場的時候，俾斯麥站在桌子中間對他們表示歡迎。整個歐洲已經幾十年沒有舉行過這麼大型的會議了，這也是俾斯麥一生眾多偉大功績中的一大閃光點。

二十位著名的政治家分別代表著歐洲的七大強國，大家圍坐在一張形狀像馬蹄的桌子邊上。俾斯麥的右邊是君主制國家的代表，看起來有點野蠻的軍長霍恩維茨，接下來的一位是動作雖然緩慢但反應非常靈敏的安德拉希（Andrassy）伯爵，在他旁邊，坐著奧地利駐柏林大使卡羅伊以

---

7 在 1878 年的柏林會議上，俾斯麥與迪斯雷利舉行會談。此次會議之後，俄、奧兩國逐漸交惡，巴爾幹半島的民族問題不僅沒有得到妥善解決，反而愈加複雜化。這也為歐洲各大國之間日後爆發新的衝突埋下了隱患。

第四章　主政（1872-1888 年）

及奧地利和匈牙利的第三位代表海默爾（Haymerle）男爵。法國代表沃丁頓（William Waddington）坐在俾斯麥的左邊，挨著沃丁頓的是法國大使德普勒。

　　居然還有來自遠東的代表？那個身材矮小的代表看起來像是個日本人。但其實並不是，他是來自義大利的柯蒂（Corti）伯爵，在柯蒂伯爵旁邊是羅尼（Launay）伯爵，然後是土耳其代表—— 他被稱為阿里總督（Ali Pasha），曾在輪船上做過侍者，後來逃走了。另外一位土耳其代表名叫卡提多利，出身於希臘名門望族。

　　英國貴族羅素（Odo Russell）目前正擔任駐柏林大使，他坐在維也納男爵的右邊，是一位對東方問題很有研究的專家。比康斯非（Beaconsfield）伯爵是第三位英國代表，他也是這次會議的核心人物，他曾經是個小說家，而現在的他一半已經變成了一個魔鬼，另一半則是一個音樂家。已經八十歲高齡的戈爾查科夫跟比康斯非伯爵差不多，這次參會機會是他好不容易從沙皇那裡爭取來的，不過俄國代表團的決定權並不在他的手裡，而是由駐柏林大使杜比利厄爾掌握，最後一位代表是這次會議的發起人舒瓦羅夫伯爵，他是一位非常優秀的外交家。

　　俾斯麥、在輪船上做過侍者的阿里總督、小說家比康斯非伯爵，是這次會議中的最出名的三位冒險家，他們三個的意見各不相同，誰都不服誰。會議第一天的晚上，俾斯麥就這樣說：「我非常想弄清楚比康斯非到底是不是主戰？」因為此時幾乎所有人都認為是英國人在控制著天平的平衡。

　　雖然會議是在德國境內召開的，但是俾斯麥作為這次會議的主席，卻仍用法語做了開場白，隨後，眾位與會代表紛紛進入了角色，展開了激烈的辯論。迪斯雷利（Benjamin Disraeli）率先操著一口牛津腔英語回答了幾

個問題，但是所有人都沒有聽明白他說的是什麼意思。到了戈爾查科夫回答問題的時候，俾斯麥說他用俄語就行，但他也用了法語來回答問題，可是他那冗長的發言根本不是回答問題，反倒像是在演講。這位會長不由自主地在紙上重複寫著：出風頭，出風頭……一時間令他非常反感，等他的演講結束時，會議也隨之結束了。

後來，當俾斯麥走到隔壁的房間去吃東西時，說道：「這樣的會開了不下二十次，好像每次收穫最大的人都是波爾哈特。」

保加利亞問題是柏林會議需要討論的核心問題，這也是關乎三個大國爭霸的焦點。最後，俾斯麥付出了與俄國斷交的代價，換取了和平，讓整個局面獲得了暫時地穩定。這件事發生後，人們都說「俾斯麥令俄國受到了羞辱」。但那時英俄兩國之間的關係已經變得白熱化，而俄羅斯卻怎樣都不願做出讓步，俾斯麥於是在迪斯雷利想要離開的時候，勸說英國人做出一點小小的讓步，然後又勸俄羅斯人做出較大的讓步，因為俾斯麥事先已經從舒瓦羅夫那裡得知了俄羅斯的弱點。

會議當天並沒有針對如何保護基督教徒以及反對異教徒展開討論，整場會議基本上就是強國把小國當成任意擺布的棋子，討論如何劃分各國勢力範圍的邊界，在這個問題上，英、俄兩國的大臣所掌握的情況並不比俾斯麥多。比方說，直到後來，他們才知道被劃歸給重新建國的保加利亞的某個地方其實位於巴爾幹山腳下非常遙遠的地方。英國人在會議上做出了很大的讓步，只想著收回失去的地盤。四個星期後，各個國家的代表在條約上都簽了字，條約也從這時開始正式生效。這樣，巴爾幹人連一塊墳地的安全都無法獲得保障。自此之後，蒙特內哥羅、塞爾維亞、羅馬尼亞紛紛「獨立」。保加利亞成了一個新國家，希臘的領土比從前更加廣闊，多瑙成了一塊中立之地，由歐洲委員會進行管理，但海峽仍然是封閉的。赫

第四章　主政（1872-1888 年）

塞哥維納與波士尼亞這兩個地方還是屬於土耳其，由奧地利駐軍進行管理，以上這些事看上去都安排得很妥帖，但卻為幾十年以後的大戰埋下了隱患。種族問題沒有得到解決，人民的欲望也沒有得到滿足，塞爾維亞人從此被劃分到了四個不同的國家，保加利亞人也被分別安置到了三個國家，但事實上土耳其人仍然在歐洲，眼下所解決的只不過是表面的問題，至於其他種種未能得到解決的問題，都被暫時壓制住了。例如，因柏林會議所引發的巴爾幹動亂，以及列強之間的矛盾與爭端，這些問題並未潛伏多久便露出了水面。

這次會議不僅使德意志與俄羅斯之間的關係遭受重創，而且與英國的關係也沒有得到鞏固，德國不僅未能從中直接獲得利益，反而間接地失去了不少利益。後來，俾斯麥對這次的失敗進行了分析：「開會以前，我們已經與俄國沙皇在很多問題上的意見基本都是一致的，我最大程度地滿足了俄國人所有要求，而沙皇竟然決定由舒瓦羅夫來代替戈爾查科夫，所以戈爾查科夫在這次會議中幾乎沒有為俄國做出任何努力，他一定是事先得知了這個消息。所以我告訴舒瓦羅夫，我已經表現得夠主動、夠積極了，甚至比俄國人自己還積極。」後來，戈爾查科夫向俄國沙皇彙報說：「我們還能怎麼向俾斯麥表示感謝呢？我們得到的東西真的是太少了。」據說俄國沙皇聽完之後只說了一句話：「既然這樣的話，宰相還是繼續由你來當吧。」沙皇肯定會認為自己上了俾斯麥的當，俾斯麥曾信誓旦旦地向沙皇保證要做一個「童叟不欺的經紀人」，沙皇還說，舒瓦羅夫也上了俾斯麥的當，這次會議從本質上說就是「俾斯麥與歐洲列國聯手對付俄羅斯」的一場騙局。

十四、與奧結盟

　　此時，俾斯麥讓我們知道奧地利其實是一個能夠被模仿的國家，同時他也用這個理論來勸威廉一世接受奧地利。他實際想表達的意思就是，奧地利現在有點弱，我們要給它點幫助。俾斯麥想要說服德國皇帝與奧地利結盟，但未能如願，於是他又提出了辭職。「假如我有幸能夠在這樣的時局下與陛下達成一致，我就還有繼續為陛下工作的可能 —— 我的精神和體力也能夠像從前那樣，即使面對巨大壓力，也一樣可以堅持完成自己的工作。奮鬥至今，我從來都沒有停歇，到這個月的 19 日，將整整滿十七年，這些年來，我殫思竭慮地做好分內之事。但假如目前的形勢仍然沒有發生改變，那麼我就會在一個星期以後主動辭職，我會面對德意志帝國的憲法宣布自己的辭職決定。」不過這一次俾斯麥的如意算盤並未奏效，他不但沒有讓老皇帝受到威脅，反而使威廉非常生氣，他說，假如俾斯麥鐵了心要辭職，那麼自己也會做出禪讓自己皇位的決定。

　　這一時期，老皇帝在柏林，俾斯麥在加斯泰因，兩人不間斷地透過書信進行交流和往來。俾斯麥甚至到了幾乎每天都給威廉一世發一封電報表明自己心跡的地步。兩個人都因此而下決心不做啦。威廉一世問赫因羅爾：「我的宰相是不是對我非常不滿啊？」威廉一世並不清楚應當怎樣對付這個人，但俾斯麥則打定主意，要去起草最重要的公文稿件。威廉一世給俾斯麥寫了一封信，說道：「表面上，我們應該對俄羅斯做出友好的表示，但暗地裡我們還要跟奧地利結盟來對抗俄羅斯，這個想法也讓我感到心動。既然你早就已經決定要跟安德拉希伯爵商量這件事，況且你已經讓他跟他們的皇帝彙報過了這件事，而且他們的皇帝也接受了這個提議。但是請你也站在我的角度為我想想，我的親戚、我的私交 —— 俄羅斯沙

第四章　主政（1872-1888 年）

皇，不管時局發生什麼樣的變化，他們都會跟我們結盟。儘管之前他寫給我的信裡有些話使我們產生了誤會，但在我們見過面之後已經說清楚了，而且相互之間也取得了非常好的結果。現在讓我去跟別人結盟來對付沙皇陛下，難道非要讓我去做出言而無信、出爾反爾的事嗎？不過你可以把此事拿到維也納去討論，這樣就算有一天我們跟俄羅斯的關係破裂了，也還有能應對的辦法，但假如你非要跟奧地利簽訂結盟的合約，那麼從我的良心來講，我是絕對不能答應的。」但是俾斯麥採取了更為有力的方法。他聚集了所有的內閣大臣 —— 在巴黎的赫因羅爾，在柏林的毛奇，在維也納的雷奧斯，他們全都支持俾斯麥的政策，並且透過集體辭職來威脅威廉一世，老皇帝被他們完全包圍了。對於這件事，我們既沒法稱讚俾斯麥，也很難說他手段惡劣，但這位老皇帝卻真的值得稱讚。聯盟早就已經商量好了，只剩下簽字了，俾斯麥也怕這件事不太好辦，先到柏林，再到斯德丁，最後又到了巴登，幾經輾轉，這份報告終於及時地送到皇帝的手裡，威廉還在為了顧全自己的名譽進行奮鬥，他試著提出不在反對俄羅斯的條款中出現「俄羅斯」三個字，但最終老皇帝還是屈服了。

「在維也納簽定的那個條約，對我的地位、名譽都造成了影響，我反抗了整整四個星期，但最後真的一點辦法都沒有了，只能同意簽字。我不知道自己在這件事情發生後會變成什麼樣，日後亞歷山大如果說我騙了他，我都不知道該怎樣去解釋，我還要聽俾斯麥對我說的理由和藉口，說我只不過是想『保護好德意志祖先留下的基業』。」這位屈服於俾斯麥的國王說出了這樣令人感慨的話語，但是，儘管他的政策沒能實行，卻不能說這種政策是錯誤的。這倒不是因為他能比俾斯麥看得更明白、更清楚，而是他仍舊受到道德和傳統的拘束，產生迷信，這足以讓他覺得德意志和俄羅斯的聯盟是正確選擇，可是現在這個聯盟遭到了破壞，他又怎能不感

到傷心呢？

「假如法蘭西進攻我們，奧地利可以保持中立 —— 既然我們同意奧地利這麼做，那為什麼還要竭盡全力地幫助奧地利去對付俄羅斯呢？假如我們結為聯盟，那我們如何與奧地利一起反對俄羅斯，奧地利同樣也該跟我們一起對付法國，不然的話還有什麼平等可言！你們現在提出的盟約勢必會讓俄羅斯和法國聯合起來，進而讓法蘭西產生報仇雪恥的願望。法國人的想法就是要將德國和奧地利放在兩個大帝國之間。因此我們現在必須要維持三國的聯盟關係，絕對不能破壞這個聯盟而另去成立一個只有兩個國家的聯盟，萬一哪一天這個盟約被其他人得知或是遭受強烈懷疑，那麼法國和俄國就不可能不聯合起來共同對付我們！」在俾斯麥呈上來的眾多公文旁邊，老皇帝威廉一世寫上了這樣幾句話。其實，對於這些反對意見，俾斯麥並非沒有進行考慮，但最後他還是沒有採納，之所以制定這樣的政策，好像俾斯麥並未進行更加仔細的搜索和更深層次的考慮，只是單純地由於太過衝動、情感用事才做出了這個決定。

那時，馬克思寫信給恩格斯，信中對俾斯麥提出了批評，尤其是針對戈爾查科夫所說的那些話，其中可以看到俾斯麥的影子。馬克思說：「俾斯麥這個人最大的特點就是，僅僅為一件事情就能夠反對俄羅斯，他要幫助舒瓦羅夫取代戈爾查科夫，如果他沒能取得成功，那其他所有的事情都會順其自然地發生。這便是人們常說的仇敵！」

如今，一片從東方飄來的烏雲為他提供了一個很好的機會，這也到了他非出面不可的時候。在第二次帝國會議上，德意志的陸軍軍費預算要重新進行提交審議，或許這是一個永遠都不會發生變化的提案。除此之外，他這樣做也是出於個人情感的考慮。有一段時間，俾斯麥曾經拒絕把輿論方面的贊成、破壞當作聯盟的動機，而且此時的俾斯麥也開始多次在公共

第四章　主政（1872-1888 年）

場合提到輿論。實際上，德意志南部的人對他這麼做也都很支持，因此幾乎所有參加議會的各黨派代表都對他這一政策表示支持和歡迎，但是他也知道，大多數的議院都不能相信。還有第三個理由 —— 他的性格。俾斯麥曾對路西亞說：「一個獨裁的皇帝，一個還未脫離野蠻且不受約束控制的民族，如果我們與他們結盟，將是非常危險的；但是如果與一個看起來顯得有些弱小的國家聯盟，比如說奧地利，就能從中得到很多利益。」他繼續說道：「之所以要選擇奧地利，是因為它是一個君主立憲制且非常熱愛和平的國家，而且結盟之後能夠受到德意志的控制，但是俄羅斯卻是德意志所無法掌控的。」

　　奧地利人比俄羅斯人更加熱愛和平？這只不過是俾斯麥自欺欺人的心理安慰罷了。他將自己的專制思想解釋為與「比較弱小」且「容易被德國控制」的國家結盟，他經常認為這樣的政策是極為有利的，所以最後決定推行這一政策。不過他的選擇極為不利，他始終都能獲得一個國家的交情，但卻南轅北轍，他所得到的保護微乎其微，遠遠沒有達到他的理想。

　　如今三國聯盟的關係遭受了傷害，那麼就必須尋找新的可靠保障才行，但是單純地尋找這種保障是遠遠不夠的，而俾斯麥的目標也絕不僅限於這一方面，他希望兩個國家能施行同一部憲法，這樣就能合二為一，建立一個更為強大的德意志帝國，這也是特別容易感情用事的一個方面。自1860 年以來，那個始終以冷靜、精於算計而著稱的俾斯麥好像一下子消失了蹤影，對於此前的種種打算，他似乎全都忘記了。難道他可以一下子從德意志帝國的人口中除掉 800 萬人？還是怕把幾百萬原本不是德意志的人接納到德意志帝國？抑或是他想擺脫哈布斯堡王朝的那個強勁對手？現在，那個對手已經消失不在了，但是那幾百萬人仍然在。命運如同行走在一條曲折的線上，當初打擊奧地利勢力的人是他，現在想要跟這個已經被

削弱的國家結盟的人也是他，這就如同有個少女在妙齡時被他拋棄；但是等到她人老珠黃的時候，他卻突然改變心意非她不娶。這難道不是感情用事才會出現的結果嗎？他是否應該認真地想一想，在柯尼格雷茲那場戰爭中，奧地利一半的法權都被德意志搶走了，過了十三年以後，法蘭茲·約瑟夫又親自來求見這個曾將自己打敗的德國人。不過奧地利人的想法在方向上就和俾斯麥的想法完全不一樣。如今到維也納遊玩的人讓德意志聯盟會議遭到了破壞，曾經的手下敗將也不想讓參加聯盟會議的人出現。奧地利想要將重心轉移到東方，而俾斯麥卻將目光投向西方，但是假如奧地利覺得有向西看的必要的話，也是會這麼做的。當安德拉希表示不願意為了阿爾薩斯而出兵幫助德意志的時候，德皇威廉一世驚嘆「這不公平」！這也是俾斯麥人生中第一次遭遇付出大於收穫的事情。

最後，俄羅斯與德意志的關係還是破裂了。這時，法國人為了報復德意志而尋求俄羅斯人的幫助。他們認為，只要夾核桃的鉗子兩條柄之間變空，那麼再夾起核桃就是一件非常輕鬆的事情。就是在這種形勢下，俾斯麥曾花了八年時間盡力安撫的那隻鬼魂終於又回來了，在以後的日子裡，恐怕這隻鬼也不可能不去糾纏他、威脅他。

俾斯麥曾經寫過幾篇文章來對此事的利害進行總結。他說過，假如按照實際的情況看，俄羅斯對聯盟絕對是更有利的，不論是兩位皇帝的私交，還是雙方自衛的本能，都是沒有任何的衝突。恰恰相反，奧地利這邊有很多的弱點，例如，奧地利的國民中包括有斯拉夫人、匈牙利人、天主教徒，而且皇族受教會的影響也非常嚴重，還有在宗教基礎上與法國重新建立起來的極為密切的關係。在談及波蘭問題時，俾斯麥說：「聯盟之間不存在絕對可靠的關係，不管是在德國和匈牙利兩國人民深厚情誼基礎上建立起來的聯盟，還是德國和俄國建立的聯盟，這些關係都是不穩固的。

任何幾個國家隨時都有可能組織起一個共同反對德意志的聯盟，這樣的噩夢好像根本就不能避免。」

　　1880 年的時候，俾斯麥又這樣寫道：「希望我們可以跟俄羅斯重歸於好。假如俄羅斯進攻我們或是奧地利，那都將造成不堪設想的後果，我們就再也沒有和好的可能了。我們不能坐以待斃，而且會跟俄羅斯周旋到底，要麼就是和俄羅斯、法蘭西、義大利三國相互鬥爭，那麼這場大戰的結果也就可想而知了，它的代價絕對是極為慘重的，就算最終獲勝的是我們，我也堅信，我們贏得的東西和我們失去的東西是絕對成正比的。」俾斯麥早就應該想到，當他將俄羅斯拋棄，與奧地利簽署聯盟條約的時候，就注定無法避免一場世界大戰的爆發，當序幕已經拉開，不管怎麼做都無法阻止這一結果的出現。

十五、調停危機

　　在當時那種局面下，俾斯麥將橄欖枝拋向了奧地利，這也決定了將來時局的走向，對包括三國聯盟在內整個歐洲的未來外交政策的指導方針都造成了重大影響。俾斯麥也開始著手對中歐地區進行重新梳理，他放棄了自由選擇，與俄羅斯斷交，並試圖與英國人聯手，可惜未能如願 —— 此時的英國不會參加任何一個對抗法國的聯盟。不過這件事雖然沒有成功，卻也讓他交了好運。

　　在近東，俄國人可以隨意地反對英國，俾斯麥之所以選擇幫助沙皇亞歷山大，讓他的願望得到滿足，就是因為這樣做可以破壞俄、法之間的會談。1884 年，當三國聯盟到期以後，德意志馬上又跟義大利、奧地利組成

了新的三國聯盟，目的就是為了防止法國和義大利人走到一起，「義大利能夠派一個鼓手打著三色旗站到阿爾卑斯山上，我就非常滿意了。」俾斯麥並不在乎義人利能給德國提供多大的幫助。另外，成立新三國聯盟的另外一個目的就是要化解奧地利和義大利兩個國家的仇恨。當然，這也不是最根本的目的，俾斯麥最終想要實現的目的就是要維持現在的和平局面。1880 年曾發生過很多次危機，與十年前一樣，俾斯麥聲明絕對不贊成打仗，他費盡了心思和精力，多次維護了和平。如果就此認為三國聯盟不論面對多麼凶險的局勢，它的內部都有一個穩定的基礎，那就大錯特錯了。面對種種危機，俾斯麥總是感到有些擔心。有一次，他對陸軍大臣這樣說道：「我們辛辛苦苦得來的錢全都花在了籌備新軍上，我現在就把這些錢偷過來，這樣就算讓我去坐牢，我也睡得比現在安心！」

聯盟成立之後，俾斯麥一直用非常謹慎的態度對待俄羅斯，避免兩國關係進一步惡化。但是他卻不想在巴爾幹問題上為奧地利提供援助，有好幾次都是這樣。在這種情況下，只有俾斯麥親自籌劃，三國聯盟才得以安全地持續下去。事實證明，俾斯麥這麼做是對的，在他任職期間，這麼鬆散的聯盟也沒怎麼出現問題，可是等他的繼任者上臺之後，這個聯盟一下子就變得致命起來。

1881 年，俄國沙皇亞歷山大二世因為又一次遭到刺殺而身亡，他的兒子亞歷山大三世（Alexander III）繼位之後，雖然對德意志並不反感，但也不是一個好溝通的人。尤其是在 1885 年以後，由於期間發生了很多事情，新的沙皇不願意再參加三國聯盟，這令俾斯麥被迫改變了自己的策略。俾斯麥與奧地利會談八年以後（即 1887 年），準備正式與自己的第一個情人 —— 俄羅斯約會。他提出與俄羅斯聯盟的建議，實際上俾斯麥這時已經迫不及待地想要與俄羅斯簽署條約，就像八年前安德拉希急著與德意志

第四章　主政（1872-1888 年）

簽約時一樣。但是這兩次簽約的目的卻是完全不一樣，這一次與俄羅斯結盟是為了防止德意志受到來自法國的威脅。俾斯麥想得很保守，他期盼著革拉史東（Gladstone）贊成與俄羅斯的聯盟，他並非真的想要削弱法國。如果這樣的話，德意志就不得不投進法國人的懷抱了，無論如何，他一定要獲得俄國或是法國的支持。同時，德意志與奧地利的聯盟關係也沒有發生變化，俄羅斯對這樣的聯盟還是比較喜歡的。德國很希望居住在奧地利的德意志人可以回到自己的祖國，這樣既對自己有好處，又顯得很自然。這樣的話他們就不會再有精力和時間去顧及帝國南部區域了，只有極少數一部分日耳曼民族的人，完全不顧替奧地利政府做事的官員以及在奧地利國旗下戰鬥的士兵們，因為不是同一個民族，所說的語言不也不一樣，他們就像法國人一樣敵視德意志人。

到了 1887 年，俾斯麥做了一件出人意料的事情，他將 1879 年德國和奧地利祕密簽訂的反對俄羅斯的條約拿出來交給了舒瓦羅夫，而這時德意志和法蘭西的鬥爭也即將開始。這位俄羅斯大臣把其中的利害關係看得十分透徹，為了避免自己被盟友背叛，俾斯麥就祕密地與這個同盟國簽訂了條約，這樣一來就會讓俄羅斯人覺得俾斯麥是一個道德低下的人，但這對於俾斯麥的計畫反而更加有利。與威廉一世相比，亞歷山大三世顯得更年輕，他的頭腦也比威廉一世更加冷靜，是一個言出必行的人。俾斯麥允許舒瓦羅夫從俄羅斯的博斯普魯斯海峽直接進入保加利亞，並在那裡自由行動；而俄羅斯答應在法國攻打德國的情況下會保持中立。

眼下，俾斯麥可以將舊的條約揣進口袋裡了，他對這份條約還是比較滿意的，因為兩相比較，他得到的和失去的互相抵消了。德意志的責任就是讓巴爾幹維持現狀，這對俄羅斯是有利的，但對奧地利則是不利的，所以俄羅斯不用再擔心德意志會和奧地利聯起手來對抗自己了。就算奧地利

有朝一日會與俄羅斯開戰，德意志也將保持中立的立場，這就是俄國人為什麼會對這項條約感到滿意。特別是當戰爭一開始的時候，似乎真的難以分辨到底是誰先開了第一槍。

在這樣的形勢下，俾斯麥透過整整兩頁紙的條約與俄羅斯協調了四大危機，雖說無法讓危機全部、徹底地消除，但也已經減輕了很多。這一段時間內，每個國家都把自己當成了棋子，大家共同下了一盤很不錯的棋：俄羅斯直接面對土耳其的首都，不怕德國在東部邊境形成威脅了；英國對俄羅斯很不放心，因此提出願意與德意志成為朋友；奧地利也收到了不要在巴爾幹玩火和冒險的警告；法國與俄羅斯也斷絕了連繫。

1880 年，甚至比這更早以前，俾斯麥便一心想把英國拉攏到自己這邊來。俾斯麥說，在自己最後十年的政治生涯裡，把英國拉到德意志身邊是其中最重要的一件事，同時也是他做得最小心、最謹慎的一件事。早在三十年前，俾斯麥就親口承認了自己身上的一個弱點 —— 特別喜歡英國。「令人感到可惜的是，英國人並不像我們愛他們那樣的愛我們。」此前，也就是 1879 年的秋天，俾斯麥因為跟奧地利結盟的事情與威廉一世產生了矛盾，他偶爾也會向倫敦提出幾件事，但是不久之後他也不再提這些事了，不管怎樣，當時掌權的正是革拉史東，從整體的形勢上來說，這樣的時機並不是特別的合適。

帝國已經成立了二十年的時間，這二十年以來，俾斯麥在外交上始終堅持「不要領土，只求穩定」的基本原則，並將其當作自身行為的方針政策。這樣一個剛剛成立的帝國還處於很被動的地位，需要他竭盡全力來維持，因此他一直都很操心，很自然的，他的得意也因此被掩蓋了。他絕對不會幻想著讓德國跟英國去叫板，進而成為另一個世界帝國。他想得極為周全，對德國人來說，英國人憑著極力推行殖民政策，已經在地理上占據

第四章　主政（1872-1888 年）

了巨大的優勢。俾斯麥認為，德意志的將來絕不是在海上。他並不想要非德意志族的白人的領土，也不想掠奪黑人的土地，他認為這麼做的壞處遠遠大於所能得到的利益。

　　到了 1887 年的年底，俾斯麥用法語給索爾茲伯里（Salisbury）貴族寫了一封信，闡述德意志所推行的聯盟政策的重要意義，信中同時還暗示英國可以與自己聯手。因為這時全歐洲 —— 尤其是德意志的地位受到了極大的威脅，德國的老皇帝威廉一世已經九十多歲了，太子也正遭受著致命的病痛，因此俾斯麥將自己很多的觀點進行了總結和概括，對索爾茲伯里說道：「有兩個國家與我們有著息息相關的利害關係，但我們現在還不能確定這兩個國家是不是會對我們置之不理。不管德意志的皇帝是誰，始終都會奉行和堅持保護友邦獨立的原則與政策，使諸位對各自在歐洲所占有的政治地位感到非常滿意。所以，我們絕不主動挑起與俄羅斯的戰爭，只要我們成功地將避免戰爭與維護和平相容在一起，而不是對奧地利、匈牙利的獨立進行問責，唯一值得我們關注的一件事，就是有一個國家正在不斷地變得更加強大。我們只是想保護友邦們在東方的既得利益，只要我們齊心協力，就足以震懾俄羅斯，使其不敢輕易動用武力，假如俄羅斯膽敢主動發起戰爭，那麼憑藉我們的實力也能夠對抗。有些人據此認為德意志是想透過武力來解決俄國，下一步就是對各友邦造成威脅，這是不可能發生的事情，如果能夠保證德意志的利益不受到傷害，那麼德國非常樂意保持中立。」

　　雖然索爾茲伯里也希望與德意志聯手壓制俄羅斯，但是他又不想在結盟後去對付法國，所以他一直猶豫不決，而且對俾斯麥這樣回答道：「可惜我們所生活的時代不是那個貴族掌權的彼得大帝（Peter the Great）時代，不然的話我們就能夠採取一種積極的方式，例如在維也納會議之後，

英國成為歐洲最富強、最受人尊敬的國家。如今，英國擁有了政黨制度，當權者推行民主，政府也要注意大眾輿論的影響，所以這一代人注定只能透過審時度勢才能有所作為。」在這幾年的時間裡，俾斯麥多次提出維持中立等條件，希望能夠博得英國的好感，之後再與其結成聯盟，但是這位英國首相不願意讓自己受到一丁點的約束，這反倒成了德意志實現最終目標的一大障礙。

十六、老而彌堅

　　帝國議會對俾斯麥表示反對，俾斯麥恐嚇道：「只要我的手中還握有權力，那麼我就會永遠跟你們鬥爭！」72 歲時，俾斯麥還能說出這樣的話，即使老了，他也仍然是一個爭強好鬥的老頭子。如今，他已經跟自己的兩大敵人講和了。先是跟中央黨逐漸緩和了關係，取消了大部分曾用來反對中央黨黨員的方法和措施。儘管雙方停戰了，但俾斯麥說：「我們只是將武器都放在了戰場上，不過卻沒有將它們藏起來。」他仍然是那麼的固執。與此同時，他和保守黨之間也達成了和解，這是他在對時勢進行了謹慎而深入的思考之後才做出的決定，當然也跟他和中央黨的和解有著一定的關係。在 1877 年舉行選舉的時候，保守黨能贏得幾張選票，民族自由黨就會相應地減少幾張選票，這是很自然的事情，所以俾斯麥決定讓這兩個政黨分離開來。

　　此前，俾斯麥已經推行了十四年的自由貿易政策，但從 1879 年開始，德國改為推行貿易保護政策，在俾斯麥看來，貿易保護政策不但能夠增加國家的實力，而且還可以透過公辦鐵路和間接收稅來減輕政府的財政負

第四章　主政（1872-1888 年）

擔，這樣一來，德意志帝國的根基就可以得到更好的鞏固。由於貿易保護稅收原則，俾斯麥也再次回到了他年輕時加入的政黨。

至於為什麼要推行新的稅法，俾斯麥給出了一個很有特色的解釋和理由：「我相信自由貿易在將來是完全能夠實現的，這是一個很好的設想，很多德國人都在想像著這一天的到來。對於這個問題，我們可以從科學的角度去理解，就像與眾多活體行為有關的問題一樣，在醫學上，還有很多沒有解開的迷團。……照這樣進行推斷的話，一個國家也有很多類似的問題。……我覺得我們國家的稅定得太低了。……現在我們看到的是自己流了很多血。……所以我們必須要把新鮮的血液注入德意志的體內。」兩年以後，議會選舉出了一百名自由黨成員和中央黨員，兩個政黨都做出許諾，要對現有的經濟政策做出改變。弗萊塔格在一封私人信件中說道：「這一次的選舉就是一種象徵，是做給俾斯麥、德意志人民和外國人看的。而最終的選舉也說明了一件事，一個人即便曾經將自己的影子和顏面強加於民族之上，他的想法也不會得到好的對待，而且有這種想法的人恐怕末日就要來了。……他的很多手段都已經喪失了效力。」

在這樣的大背景下，俾斯麥先是制定了一個大部分人都同意，然後經議會通過並著手開始立法工作的新議案。他和人民的鬥爭又開始了。這時，德意志帝國已經成立了十年，衝突也有二十年的時間了。迫於無奈，俾斯麥只能依靠善變的結盟 —— 就像他多變的外交政策一樣。任何他表示反對的意見，都會惹得他狂怒不止，大聲咒罵 —— 罵中央黨和社會黨，罵阿爾薩斯人和波蘭人，將他們視為德意志的敵人！1880 年的時候，俾斯麥說：「我曾經活過、愛過，也曾經為了理想而奮鬥過 —— 我也想過一種平靜的生活，但是為了德意志，為了皇帝，我不能在皇帝如此高齡的時候棄他而去，因此我至今仍然堅守在自己的工作崗位上。」第二年，當

選舉的情形對他不利的時候，他又說道：「假如上帝的旨意是讓我死去，那麼我將死在一個因敵人進攻而塌陷的洞裡，一匹有烈性的駿馬就是要跑到體力不支倒在地上才肯甘休。我曾多次有過退休的想法……不妨對你們說，我已經很長時間都沒有這樣的想法了。既然如此，索性坦然地面對一切吧。除非皇帝陛下讓我離開，否則誰也不可能讓我主動下臺。我不想看到任何人對著我幸災樂禍的樣子，所以我更加堅定了自己的信念，只要一息尚存，我就要為國家鞠躬盡瘁。」這時此的俾斯麥，儼然從一個老頭變成了一個血氣方剛的年輕人。

此次演講一年之後，俾斯麥又一次站了出來，他的講話中充斥著怨恨和憤怒：「除了職責以外，沒有任何可以讓我繼續堅守下去的理由，實際上，當宰相這件事情並沒有多少的樂趣。從前，我喜歡做事，也非常熱心而積極地去做事，但結果只有幾件事情達到了我的預期。當時的我年輕氣盛，可現在我已經是老弱多病之身。現在的我就像一隻被關在捕鳥人小屋前面籠子裡的烏鴉，任憑很多的鳥兒用嘴來啄我。我為什麼要忍受這樣的羞辱而不去報復？……假如皇帝允許的話，我必然高高興興地與各位告別，永遠地離開，再也不回來。」俾斯麥說了很長一段話，而且非常有力。接著，他拿起自己的公事包，大搖大擺地走了，對於自己的對手們，俾斯麥越來越覺得發自內心地看不起他們。同樣，這些人看到俾斯麥的背影，內心一樣充滿了厭惡，卻又不得不對他保持敬重。

早在 1871 年的時候，俾斯麥就對掌管商務的大臣說道：「眼下正是時候，我們應該從社會黨的合理要求中挑出幾條，然後將它們與現行政治相結合，看看到底能夠產生什麼樣的成效。」俾斯麥由此成為了對勞工進行保護的先驅者，實際上，保護勞工的概念在國家社會主義的理論和實踐體系裡早就存在，也不是從俾斯麥這裡才開始進行實踐的，拿破崙三世以及

第四章 主政（1872-1888 年）

其他幾個人都先於俾斯麥提出過這一概念。但是僅就德意志帝國的範圍來看，俾斯麥的確不愧於「先驅」這個稱號。十年之後，他向大臣發出了通告：「既然國家可以給勞工提供一筆資金，那麼這件事就必須要做，這不是慈善捐款，而是為了滿足勞工們的願望才提供這筆資金的。勞工們也有獲得國家幫助的權利，既然軍隊裡的士兵能夠領撫恤金，那麼勞工同樣也可以得到一筆用來實現自己願望的資金。未來，這樣的想法遲早會被眾人知曉並接受。我相信，就算這個想法在執行過程中獲得了失敗，可國家社會主義是必定能夠取得成功的。如果一位政治家能推行這樣的政策，他馬上就能在政壇上異軍突起。」俾斯麥可以如此清晰地預測未來，只是他的動機仍然是為了那些舊的謀劃，尤其是當他說自己的動機其實是建立在「實用基督教」這種想法的基礎上時，人們都認為他過於刻薄了一些。例如，俾斯麥在私下說到：「盼望拿到養老金的人是比較好對付的，只要我們能夠讓那些沒有遺產可以繼承的人感到滿意，就算多花點錢也很值得 —— 花了這些錢就不會發生革命 —— 與革命相比，這些錢真的一點都不多。」可是一旦站在演講臺前，俾斯麥就會這樣說：「一個人即便是窮困潦倒，也應該擁有屬於自己的尊嚴。」

推行這種國家社會主義政策，並未給俾斯麥帶來什麼好處，因為他對社會黨的真正意圖產生了誤解，以致於後來出現了一百萬張紅色的選票，而且這兩次選舉所處的大背景，正是德意志實行反對社會主義的政策和法律的那段時間，1887 年政府想要頒布一項法令，其核心內容是「凡違反此項法令，將被剝奪公民權」，不過議會並未通過這項法令。

不論國內還是國外，都面臨著很多的衝突，威廉一世已經是一位九十歲的老人了，很多人在祝他長壽的時候難免會在心裡提出這樣一個問題：「皇帝陛下還能堅持多長時間？日後會有怎樣的事發生？」俾斯麥發現了轉機，

這是一次比 1861 年春天皇帝的哥哥腓特烈‧威廉病逝後還要重要的轉機。

俾斯麥藉這次轉機在演講臺上完成了一次出色的演講，這麼多年以來，俾斯麥還是第一次因為演講而受到極大的肯定。俾斯麥說：「目前這種形勢下，我們一定要重整旗鼓，與我們人數差不多的國家已經變得非常強大，這一點我們應該也能做到。……德意志地處歐洲的中心地帶，四面之中有三面都是敵人，而且比其他國家更糟的是，我們還要面臨多國聯盟帶來的巨大威脅。……假如把歐洲比喻成一個養魚塘，那我們絕對不能變成被叉子刺向身體兩邊的鯉魚。……那些國家會迫使我們去做自己不喜歡的事情——統一，不過就算沒有外部力量的推動，我們早早就開始了統一的進程。……」

「但假如我們想要繼續保持獨立的話，就一定要擁有一個值得信任的朋友。例如奧地利，這個國家是沒有辦法被消滅的，但是假如在它遇到危險時我們坐視不理，那就我們就會與它漸行漸遠，它就會伸出手來再去拉攏一個新的夥伴。……從奧地利的軍事規模來看，他們有著與德意志匹敵的能力，不過從軍隊的屬性來看，他們和我們還有一定的差距。至於勇氣，對文明的國家來說，在這一方面並沒有任何的區別 —— 俄國人、法國人，他們跟德國人一樣，都有著非凡的勇氣……」

「一個國家的報紙媒體可以讓很多玻璃窗被打破，時間一長大家必然會將責任和錯誤算到這個國家的頭上。總有一天，我們會收到一份帳單，上面全是其他國家對這個國家所說的不滿的話。而外國報紙媒體的恐嚇，真是愚蠢到了令人難以置信的程度。正是由於我們非常情緒化，所以才容易受到愛情和美好的感動，卻絕不會因為恐嚇而退縮！除了上帝之外，沒有任何人能讓德意志人感到畏懼！」俾斯麥這次演講對歐洲全域都產生了很大的影響。

第四章　主政（1872-1888 年）

　　威廉一世駕崩的前一天，他把俾斯麥叫到了自己的床前，懇求他同意繼續輔佐自己的兒孫，俾斯麥同意了，他回憶道：「老皇帝只能輕輕地搖動手臂來做出回答，隨後他的意識就變得不清晰，誤認為床前坐著的人並不是我，而是他的孫子威廉王子。他聲音非常微弱地說道：『你一定要跟俄羅斯沙皇親近，不要一味地跟他爭。』過了一會，老皇帝又清醒了，對我說道：『我們還會再見！』」大約中午時分，俾斯麥向帝國議會正式宣布了威廉一世駕崩的消息。

　　在宣布老皇帝駕崩時，俾斯麥哽咽著說道：「我當時告訴陛下，簽名的時候只要寫下他名字的第一個字母就行了，但陛下說他還可以簽下自己的全名，於是這份公文上也就留下了陛下在歷史上的最後一個簽名……我此時只說自己的感覺是沒有任何意義的，因為我和所有德意志人的感覺是一樣的。我深深地相信，陛下那無畏的勇氣、嚴謹的作風以及那用盡全身力氣也要履行責任的高尚品格，將是德意志永遠的、不朽的遺產。」俾斯麥說完這番話的時候，已是熱淚盈眶。

　　出殯那天，柏林以及很多從外地趕來的德國人民，還有歐洲及其他洲的代表都出席了儀式。當儀仗隊從菩提樹下經過時，在一派蕭穆沉寂中，突然傳來一句話：「雷曼來啦！」很明顯，這是對皇帝陛下一生豐功偉績的最適當表達。四十年前，也是在這樣一個日子，三月裡的料峭春風吹打著菩提樹，人們高喊著打倒親王的口號，當時皇帝陛下還是威廉四世，他給自己改了個名字──「雷曼」，並逃往英國。「此後幾十天的時間，身為王位繼承人的威廉藏身在孔雀島，奧古斯塔王妃沒有把他的行蹤告訴從申豪森來的人。而在柏林則流行起了很多諷刺他的歌曲，人們都能猜出來，他肯定是用了假的護照才平安地逃到了外國。」人們不知道俾斯麥當時是否聽過這些傳言，此刻他正跟在威廉一世的棺材後面，坐在馬車上，

接近九十歲的毛奇儘管與俾斯麥不和，但這時他也坐到了俾斯麥的身邊，用毯裹住雙腳。羅恩已經去世了，除了他們兩個之外再也沒有跟以前有關的人了。當然，奧古斯塔皇后也還活著，但是這個老太太選擇待在家裡，沒有參加丈夫的出殯儀式。送殯的時候，老皇帝的兒孫跟在棺材後面步行，其他那些身著制服的人都已經是下一輩了。皇宮裡的那位新皇帝躺在病床上就快死了，如果將從前那些與普魯士有關的人比作一個連環的話，那麼現在就只剩下最後一環了，那就是俾斯麥。

俾斯麥當政時的德國文學

俾斯麥當政期間，德國在文學方面主要分為具有浪漫主義傾向的文學、浪漫主義文學和早期的現實主義文學。德國浪漫主義文學形成和發展於 1798 年至 1830 年間，從時間點來說，既與德國古典文學時期的後期並行，也與歐洲的浪漫主義基本同步。歌德曾說「浪漫主義是一種病態，古典才是健康的」，但實際上歌德的代表作《浮士德》便有著很明顯的浪漫主義傾向。因此歌德這句話被認為是針對當時德國部分浪漫派作家在文學作品中歌頌黑暗、死亡、神祕主義以及美化中世紀的宗法社會等內容進行的批判。從 1830 年代到 1890 年代，歐洲在批判現實主義文學方面取得了輝煌成就，但德國批判現實主義在這一時期所取得的成就要比英、法、俄等國家的成就遜色得多。

德國浪漫主義文學與當時的哲學思潮有著密切關係。費希特（Fichte）、謝林（Schelling）、康德（Kant）等人的哲學思想對德國浪漫主義產生了極大影響。目前公認為德國浪漫主義理論和創作奠定哲學基礎的人就是康德。

1830 年，法國爆發二月革命，復辟的波旁王朝倒臺，此後，民主的力

第四章 主政 (1872-1888 年)

量不斷壯大，在德國也出現了民主主義詩人海涅（Heine）。1830 ～ 1848
年，德國文學進入了早期批判現實主義時期。期間還誕生了將文學作為
政治工具的「傾向性文學」，其作家群在德國文學史上被稱為「青年德意
志」。這些作家擁有鮮明的反封建思想和民主意識，但是作品的藝術性普
遍較差。

1848 年前後，德國詩壇出現了「1848 詩人」，他們一面積極地用詩歌
鼓吹資產階級民主革命，同時也親自參加革命活動，其中有些人還與馬克
思、恩格斯交往密切。代表人物包括黑爾韋格（Herwegh）、弗萊里格拉特
（Freiligrath）、霍夫曼‧馮‧法勒斯雷本（Hoffmann von Fallersleben）（從
威廉一世開始，到威瑪共和國、希特勒帝國，直至今天，他的詩《德國，
德國超過一切》一直是德國國歌歌詞）等。

1848 年革命之後，在德國戲劇文學方面誕生了著名的劇作家赫伯爾
（Hebbel）。他的劇作反映了 1848 年革命失敗之後德國知識分子的悲觀情
緒，他認為所有的變革都是沒用的。與此同時，叔本華（Schopenhauer）
的悲觀主義哲學也開始在這種氣氛下得到了廣泛的傳播，並對當時的德國
文學產生了很大影響。

第五章
逐臣（1888-1898 年）

第五章　逐臣（1888-1898 年）

一、新皇駕崩

老皇帝威廉駕崩之後，太子腓特烈（Friedrich III）僅僅做了不到一百天的皇帝——他奄奄一息地躺在病榻上已經有很長時間了。在腓特烈皇帝的病榻前，俾斯麥一直感到不安，心裡想著各種各樣煩心的事情和問題。俾斯麥充當普魯士王室顧問這一角色已經整整四十年了，而腓特烈皇帝每況愈下的身體也表明，威廉一世的孫子、腓特烈的兒子將成為俾斯麥計畫裡的主角。

當年，還是王妃的奧古斯塔曾與俾斯麥密會，她希望這個來自波美拉尼亞的貴族能跟她站在同一個立場上，幫助十八歲的腓特烈成為國王，這樣她就能夠成為王太后，以及日後的皇太后。但當時俾斯麥並未向奧古斯塔妥協，後來由於她極力地約束自己的丈夫，也讓她成了俾斯麥一生中最大的敵人。威廉一世的哥哥去世之後，在俾斯麥的阻止下，腓特烈不但沒能少年得權，反而足足等待了四十年。

這段時間內，最令俾斯麥感到頭痛的是三個女人，她們都叫維多利亞。第一個維多利亞是英國女王，她曾來看望過自己的女婿，但俾斯麥用迷人手段贏得了她的信賴。第二個維多利亞是曾經的太子妃，如今的皇后，俾斯麥上樓去探望皇帝的時候，她正在樓上等他，雖然她已經將腓特烈牢牢地控制在自己手裡，卻仍未得到自己夢寐以求的權力，這讓她想到了俾斯麥，她需要這個既是敵人又是臣僕的老人給她提供幫助，助她抵抗另一個敵人——未來的皇帝，她的兒子——儲君威廉。對於政治老手俾斯麥，她心存畏懼，最終仍然沒有擺脫俾斯麥迷人的政治手段。第三個維多利亞是巴騰堡親王的妻子，由於她的存在，使皇宮裡的鬥爭變得更加激烈。第二個維多利亞想要巴騰堡親王做她的女婿，巴騰堡親王原本有資格

做保加利亞的國王 —— 但都被俾斯麥阻止了。

俾斯麥很不喜歡這個巴騰堡親王，他覺得巴騰堡親王不過是一枚棋子，而且是腓特烈皇后放縱的線。如果不是他予以阻止，巴騰堡親王早就已經成為保加利亞的國王了。病中的皇帝一開始對這門親事並不反對，但是他的理想和鬥志因為死亡的到來而銳減，他更加渴望享受一點安靜的時光。不過俾斯麥仍然老當益壯，年紀越大越喜歡痛罵世人，在他看來，腓特烈皇帝與維多利亞皇后絲毫沒有德意志人的風範，他們甚至曾經暗中策劃過謀反，這也讓他們在人們的心目中無法占據任何地位。以至於他這樣說：「我的腓特烈皇帝是個怕老婆的人，但他非常驕傲，不敢承認這件事情。可實際上，在他的老婆面前，他幾乎就像條狗一樣，依賴她，甚至是臣服她！」

俾斯麥憤世嫉俗的性格讓他變得越來越冥頑不靈，到了晚年，他變成了一個多疑而冷漠的人，就像一頭窩在巢穴的獅子，帶著滿眼的凶光，不讓任何人去靠近去他想要守護的帝國。他甚至已經丟掉了體察細微、神機妙算的本事，再也不能把每個問題看得明明白白，與此同時，誰也不知道他內心的想法是什麼。俾斯麥的同僚和眾多議員們覺得，他變成這副模樣的最終目的就是想讓德意志全體國民都知道一件事情 —— 他們的領導人是瞧不起他們。

在議會裡，俾斯麥曾獲得國民族自由黨和保守民族黨雙方的支持，但是到了現在，反對這個老人的議員變得越來越多。荷爾斯坦和溫德霍斯特已經做好準備，想要跟俾斯麥的同僚聯起手來，將那個少年扶上皇帝寶座。

老年俾斯麥跟其他的老年人沒什麼區別，也會經常回想起從前的美好時光。他侍奉的皇帝駕崩了，但他卻開始頌揚皇帝 —— 就像昔日皇帝在

第五章 逐臣（1888-1898 年）

世時他那樣猛烈地抨擊他一樣；「雖然皇帝陛下曾經有過誤入歧途的經歷，但每到最後時刻，他總能回到正途，他絕對是一個值得信賴和託付的人。」

在後來的幾年裡，腓特烈的太子威廉與俾斯麥有著比較親近的關係。1886 年，腓特烈皇帝曾在一封寫給俾斯麥的信件中談到了自己的兒子，覺得他越來越傲慢，年輕不懂事，他真正的意圖是想讓俾斯麥體諒這個兒子。

但是，這種日漸親密的關係在不到一年之後就被繼承皇位、被後世稱為威廉二世（Wilhelm II）的那種強大的傲慢給打破了。在針對一個社會問題進行討論的時候，威廉二世想透過和平的手段來解決，但俾斯麥卻堅持依靠法律和槍炮來解決，對於俾斯麥做出的抗議，威廉二世用非常嚴厲的態度回絕了，這也激怒了俾斯麥。腓特烈駕崩一個月之後，威廉二世就給幾位元老送上了一個提議草案，並且在公文裡對這些父輩們發出了警告：想要阻止他們寶貝姪兒的做法是非常不明智的。毫無疑問，這又一次激怒了俾斯麥。

爺爺和父親還在世的時候，當時還是儲君的威廉二世曾經草擬了一篇宣言書，並打算送到十幾個行政部門去，這也讓俾斯麥對儲君的未來感到擔心。他給威廉二世寫了一封信，信紙足足有八頁之多，在信中，他詳細地向未來的皇帝解釋了帝國實行的諸多政策，並請求他趕緊燒掉那份提議草案。這封信刺痛了威廉二世那敏感的自尊心，對這位老邁的宰相，他再也沒有辦法容忍下去了，成為皇帝的想法變得越來越強烈。

在那封八頁的長信裡面，有這樣一段話是俾斯麥苦勸威廉二世：「以我的觀點，最牢不可破的君主制度不是太平時期君臣合力處理國務，而是在危難時刻，陛下能夠手執利劍，誓死奮鬥。」俾斯麥用這樣的話來勸說威廉二世，不知道是出於偶然還是他早已預料到結果。三十年之後的那場

大戰，威廉二世正是由於自己性格的懦弱而導致失敗。

　　在讀過俾斯麥的這篇公文之後，威廉二世和他進行了激烈的辯論。在這場辯論中，俾斯麥充分展現出了自己作為一個政治家的成熟與閱歷，但威廉二世卻只表現出了不耐煩，以及那不成熟的判斷力。長年從政的俾斯麥又給威廉二世寫了一封長信，信中討論了德國對俄國的政策問題──俄國是德國的死敵，就像位於德國西面的法國一樣。但俄羅斯是一個強大的國家，不會被消滅，我不想讓我們的國家永遠面臨形勢吃緊的局面。但是俄羅斯可以當作一個對德國有危險的因素，因此我們就需要做一個聰明人必須要做的事，那就是築起一道堤壩來防範它隨時可能給德國造成的危險。在信中，俾斯麥仍然沒有忘記教訓這個少年，他警告威廉二世：「根據我對陛下旁批的理解，我覺得朝三暮四的立場比堅持主戰更加危險！我們的政府應當站在維護和平的角度去維持德意志的現有政策！」

　　但是第二天發生的事情還是讓俾斯麥感到了驚愕，那個受到他警告的少年竭盡全力的向他申辯──他也是一個心向和平的人。未來的年輕皇帝非常任性，他根本不明白這樣說話會造成什麼樣的後果。在俾斯麥看來，年輕的皇位繼承人都熱衷於談論戰爭，可是他們從來都不會去考慮戰爭帶來的恐怖與危險。

　　「假如我們下一次遇到的戰爭是注定失敗的結局，我覺得將我們打敗的敵人必定會極力阻止我們重建自己的家園，讓德國無法在短期內恢復強大……在 1812 年的那場戰爭中，我們曾經得到了俄羅斯、奧地利、英吉利等國家的幫助，但以後我們再也無法得到這樣的待遇了，因為他們已經知道了統一之後的德意志有多麼強大。」在一份報告的旁批上，俾斯麥流露出了自己最大的擔憂，「要想保住來之不易的和平，我們始終都需要得到英國人的相助。」

第五章　逐臣（1888-1898 年）

　　腓特烈皇帝在自己去世的前一天，將宰相俾斯麥召進皇宮，用自己那雙因發熱而燒紅了的手，把皇后的手放到了他的手裡，並且讓兩個人緊緊握住，當時他已經說不了話，卻在臨終之前用這種方式對兩個人進行了警告，並且為自己一生都反對的俾斯麥在政治上賜福。

　　次日，腓特烈的兒子 —— 威廉二世終於當上了新皇帝，實現了自己的心願。

二、君臣反目

　　四十歲的赫伯特因為父親讓自己繼任宰相而感到煩惱。君信臣忠這種關係在威廉一世和俾斯麥一世這種年齡相差二十歲的人之間，要想建立起來還是比較容易的。對俾斯麥來說，威廉一世就像個老父親一樣，因此就算父親的脾氣有些暴躁，也都是能夠容忍的。但是到了威廉二世和俾斯麥二世兩個人身上就不一樣了，臣子的年紀比皇帝要大得多（威廉二世在二十九歲時繼位）。

　　威廉一世與威廉二世的才智體現在不同的方面，威廉一世比較睿智，是一個很有禮貌的人，而且在執政後期逐漸適應並依賴於俾斯麥這位天才宰相的指導。但威廉二世卻自信過了頭，他從小就沒有從父母那裡獲得過多少寵愛，他甚至對自己的祖先都有不敬之意。與威廉二世的不同之處在於，俾斯麥二世的家庭生活非常幸福，老父親對自己的兒子也寄予了厚望，想讓他繼續擔任宰相。俾斯麥二世對自己的父親更為敬重 —— 與其說他是在為國家工作，不如說是為父親工作更恰當一些。

　　赫伯特從父親那裡學到了很多，不僅有知識、手腕以及各種權謀之

術，而且父親的憤世嫉俗在他身上也得到了很好的繼承。因此，父親對他的評價是：「我不過是瞧不起別人罷了，他卻對別人充滿了怨恨。」在其他的內閣大臣看來，小俾斯麥也是個驕傲蠻橫的人，但他的狂妄卻跟他的父親不一樣 —— 他的父親依靠各方面的成功奠定了作為威懾資本的基礎。當威廉二世還在做儲君時，他與赫伯特關係還挺好的，但總是會有一些阿諛諂媚之徒向威廉二世進獻讒言，說俾斯麥父子權傾朝野，甚至會對皇家的權力和榮耀造成威脅。這就讓毫無主見的威廉二世的內心逐漸對赫伯特有了反感之心。

一開始，威廉二世並沒有將自己的真實想法流露出來。起碼在奧地利大使看來，君臣二人之間仍然是互相讚美，就像在度蜜月一樣，這給大使留下了深刻的印象，就連俾斯麥也完全受到了皇帝的欺騙 —— 即使是到東方訪問，俾斯麥也還是會經常收到威廉二世的問候電報，不過沒多長時間，這位年輕的皇帝就向巴登大公埋怨說，俾斯麥這個老頭喜歡四處炫耀自己豐富的閱歷。這也令大公明白皇帝陛下對俾斯麥父子只不過是暫時重用罷了。

1889 年，國難來臨之際，俾斯麥主張親俄、親奧，但是皇帝卻對親俄的政策表示反對。第二年，德國與俄國所簽訂的條約就將期滿，為了帝國的和平，俾斯麥想盡各種辦法來延長保險的期限，並邀請沙皇來到了柏林。這期間，威廉二世提出將來到俄國跟沙皇一起去打獵。亞歷山大雖然同意了這個提議，但不是非常情願。與沙皇道別之後，威廉二世邀請俾斯麥坐上了他的馬車，在回去的路上，俾斯麥一直勸說皇帝不要去俄國打獵，他覺得兩位皇帝一起去打獵會令本就不甚牢固的友誼遭到破壞。俾斯麥這種勸諫對威廉二世來說無異於當頭澆了一盆冷水，對他敏感、虛榮的內心造成了嚴重的傷害，一怒之下他便將俾斯麥從馬車上趕了下來。

第五章　逐臣（1888-1898 年）

　　這一次的矛盾也成為兩個人關係正式破裂的開始。隨之而來的是各種惡意的與俾斯麥相關的評論。腓特烈三世在當太子時所寫的戰時日記也被曝光了，大家都說是俾斯麥把皇帝逼迫到了這種程度。有些貴族也先後站出來全力對俾斯麥表示反對。《帝國官報》中更是對此評論道：「俾斯麥有能力影響已經去世的皇帝陛下，卻無法影響剛剛登上皇位的皇帝。」

　　而此時，德意志也遭到了新的困難。例如對待礦工罷工這一問題，皇帝的想法是理想化的，但宰相卻主張用鐵和血來應對。俾斯麥誤以為這次罷工是社會黨所發起的暴動，所以他藉這件事來打擊社會黨，從而讓自己在選舉中獲利。這些全都被皇帝看在了眼裡。在內閣會議上，威廉二世要求礦主給工人漲薪資，否則他就會下令軍隊撤回，這位年輕的皇帝想透過改良的手段來避免令他感到畏懼的革命發生。俾斯麥則唱反調似的說自己會拿著槍擊倒每一個勇於站出來的革命黨人。儘管如此，君臣二人之間的關係在外界看來仍然是很融洽的。威廉二世這些屢屢不能真正發揮效用的新思想主要是從他的幾位近臣那裡學來的。而其中一位恰好就是他的老師奧斯比德，當著俾斯麥的面，此人說的每句話都是對這位宰相的恭維，但是在他所寫的日記裡卻沒有一句是俾斯麥的好話。

　　但是俾斯麥絲毫沒有察覺到這幾位近臣對自己的威脅。假如將俾斯麥與威廉二世的關係比作「老夫少妻」的話，那麼作為「老夫」的俾斯麥沒有能夠常伴「少妻」的左右，還放任自己的「少妻」去接受年輕且精力旺盛的年輕人的引誘和陪伴。很明顯，俾斯麥高估了自身地位的穩固性，同時也低估了自己的敵人。

　　幾乎所有的黨派都對俾斯麥提出了反對的意見。報紙上也頻頻發出反對俾斯麥的聲音，其中《日耳曼尼亞報》有一篇社論的題目叫做《不管什麼東西，最後都走上了邪路》。就連沙皇也都來詢問俾斯麥到底是不是願

意繼續當宰相，儘管俾斯麥已經受到很多次的警告。可是每一次他的回答都是那麼的不在乎：「諒那些人也不敢這麼做！」

俾斯麥離職前不久，威廉二世送了一隻狗給他做為寵物，這也象徵著兩個人衝突的加劇。這隻狗是黑色的，長得極醜，也絕對不是什麼優良的品種。俾斯麥說道：「我是忠誠的臣子，所以為了養這樣一隻黑狗，我甚至要將自己心愛的泰拉斯交給其他人去照顧。如果不是這隻黑狗長了一雙忠誠的眼睛，我發誓我會下毒來毒死牠。」即便是俾斯麥即將被免職之際，他也仍然與這條黑狗互相陪伴，當時他住在夫力德里斯路的森林裡。他用諷刺的語氣說，皇帝希望他像狗一樣忠誠於自己的主人，因為他就是皇帝的一條狗。

俾斯麥一直覺得沒有人能夠取代自己的地位，在他給自己一位女性友人的評論中，他仍然表現出了一副自鳴得意的樣子，在他看來，威廉二世仍然會像他的祖父一樣遷就他，甚至會因膽怯而不敢違抗他的意志。一直到最後，他都沒有看透威廉二世這個人。

三、選舉失利

1890 年 1 月 23 日，俾斯麥帶著一身的疲憊回到了柏林，並在第二天參加了御前會議。這次會議討論的主要內容是社會問題，十年來一直追隨俾斯麥並被他視為心腹之人的布狄克發言說，內閣應該發布令去做一些事情，他還說，在眾多內閣大臣之中，最受皇帝喜愛的人就是他。這令俾斯麥感到非常意外，因為就在不久之前，布狄克還私下向俾斯麥說起，威廉二世想要開展建設，實實改良。

第五章　逐臣（1888-1898 年）

　　俾斯麥發現了一件事情，自己有八個月的時間沒在內閣，而他的同僚卻都認了其他人當作他們的領袖。他因此開始向內閣成員們發火，說他們辦不成事。俾斯麥希望透過他們可以群起反對自己，自己便趁機提出辭職，可惜的是俾斯麥的願望未能實現。會議結束之後，俾斯麥又要趕去見皇帝 —— 這是兩人繼上次在馬車上不歡而散之後的首次重逢。俾斯麥對皇帝說道：「我要採取更為強硬的手段，廢除現在施行的反對社會黨的法律。」威廉二世畏懼地對他說，自己想的是如何遏制正在發生的示威、叛亂 —— 皇帝說要在自己過生日的那天發表一次演講。

　　負責記錄的路西亞寫道：「我們坐在那裡感到非常的詫異，猜測著到底是誰讓皇帝有了那種想法。開會的時候，俾斯麥也被布狄克邀請發言。布狄克泰然自若地說道：「陛下的決定會令資產階級感到不高興，不利於選舉。」皇帝非常有禮貌地進行了辯解，他說這樣做是為把反對社會黨的法律再減輕一些 —— 是他的顧問主張這樣做的。俾斯麥憤怒地吼道：「陛下，您的退讓政策能否招致禍端我們先不去討論，但多年來的經驗告訴我，現在如果我們做出讓步，就必然會留下很多可乘之機，也必然會有人趁機興風作浪！」

　　威廉二世說到：「如果不是極為重要的事，我又怎能這麼做，我不想再讓德國人民流血了。」

　　俾斯麥回答道：「沒有流血只能說明我們向犯了大錯的革命黨屈服了！從我主政之後，君主的權利還從來沒有做出過讓步。現在陛下如果再不聽我勸告的話，我將提出辭職！」

　　威廉二世給內閣大臣們出了一道難題，讓大家都來發表各自的意見。對於皇帝的建議，雖然沒有人敢去附和，卻也一個個表現出一副神經緊張的樣子。俾斯麥看到這些人驚慌失措的樣子，他一下子意識到自己已經無

法控制他們了。

到了第二天，保守黨的領袖率先對俾斯麥的政策投出了贊成票。威廉二世大發雷霆，揮舞著拳頭對陸軍大臣們說道：「你們並非我的大臣，全都是俾斯麥的大臣。」而此時俾斯麥也非常落寞地躺在床上，對自己的辦事官說道：「陛下受到了達格拉斯這些人的慫恿，與我的關係已經越來越疏遠了，而且我的同事們也都背棄了我。」反倒是比爾——俾斯麥的小兒子，一直在勸說父親辭職，他曾跟一個朋友說起這件事：「父親不能再遭受如此沉重的打擊了。」

俾斯麥考慮了七個星期的時間，如此猶豫不決的情況，在之前是絕對不會發生在俾斯麥身上的，對於選舉，他既有些依賴，又感到害怕。在選舉議會召開的第二天，他和顏悅色地對自己的同事說道：「儘管陛下很任性，但他畢竟還是自己祖先的子孫，是我的皇帝，我仍然非常的敬重他。儘管我對他營私結黨的行為不喜歡，但我仍然會做出讓步。」隨後，他辭掉了商務大臣的職務，只保留了帝國宰相兼外交大臣的職務。

1890 年 2 月，俾斯麥的心境又發生了變化，他煽動同僚們反對皇帝為了社會黨所特意發出的聖旨，這樣一來就招致了布狄克的抵制。會上，俾斯麥開始攻擊他：「當皇帝做出了錯誤決定時，如果內閣大臣無法直率地進行勸阻，那麼還要內閣大臣有什麼用呢？」但最終聖旨還是頒發了，俾斯麥對威廉二世進行了試探：「我是否阻擋了陛下前進的道路。」威廉二世沒有做出回答。俾斯麥又試著勸說同僚們聯合起來反抗皇帝，也沒有什麼明顯的效果。就連他接連宣布辭去了幾個職務，也沒有讓他們產生任何的反應。

同僚們的無所作為令俾斯麥憤怒不已，他立刻決定不辭職了，不過這種反覆無常的做法也令皇帝感到憤怒。君臣二人像已經反目的夫妻，但誰

第五章　逐臣（1888-1898 年）

也不肯輕易做出選擇，更不想去承擔決裂的過錯和罪名。

憤怒和妒忌已經充滿了俾斯麥的內心，任何一項權利他都想要爭取。他認真仔細地觀察敵人們設下的曲折線路，即使沒有任何陰謀之處，他也認為那裡充滿了陷阱。他將維多利亞當作奧斯比德的背後主謀，但最終駕馭一切的則是皇帝本人。俾斯麥也會去做他從來都沒有做過的紆尊降貴之事，他求見了維多利亞皇太后，向她抱怨自己已經成了一個不合時宜的人，當皇太后問他如何才能幫助他的時候，俾斯麥回答道：「別的我什麼都不要，只想要一點憐憫。」從這句話我們不難明白一件事情，其實俾斯麥並不是真的想失去這個飯碗。

俾斯麥是一位實幹家，但出乎他意料的是，自己到了這個時候居然還能夠安然自若地掌控著全域。到了二月，他對各位大使說了恤俸草案的真實情況，並將爭鬥的責任推到了宮廷和皇帝的身上。他曾對薩克森的大使說道：「現在資產階級對我們的皇帝並不愛戴，因為皇帝愛勞工們。將來總會有那麼一天，連軍隊的士兵也不再相信皇帝，到了那個時候，德意志就全完蛋了。」在這樣一個充滿了猶豫的日子裡，這位在政治上擁有魔法的偉大人物卻一直在偉大與渺小之間搖擺不定。

最終解決一切問題的還是選舉，被壓制了十年的選民們排成一支又一支長隊，似乎是在報復一樣，投出了自己手中的一票。結果是社會民主黨得到的票數從 150 萬張猛增至 700 萬張。而俾斯麥得到的反對票卻足足有 450 萬張，這個數字遠遠超過了他所得到的贊成票數。

俾斯麥並未因此氣餒，他覺得此次自己選舉失敗是因猶豫皇帝所頒發的幾道聖旨所導致的，他做好了重新奮鬥的準備，並且對威廉二世說道：「一旦出現了最壞的情況，我就會立刻召集各聯邦的軍事將領，對選舉權進行限制。我們要跟社會民主黨一決高下。這個時候千萬不能退縮！」這

樣的話如果在三十年前講給威廉一世聽，肯定能夠扭轉局面，但此刻這位
年輕的國王卻並不願意動用武力。

俾斯麥又一次採用了極端做法，他自認為地位還算穩固，用辭職來要
脅皇帝。威廉二世緊緊地握住俾斯麥的手，像背戲詞一樣不停地重複著俾
斯麥的話：「不能退縮！不能投降！」但是他的真正目的只不過是讓俾斯
麥在帝國會議上幫助他獲得擴軍八萬人的許可。

俾斯麥愉快地宣布：「我仍然留在皇帝的身邊，他已經準備好去做鬥
爭了。」在威廉二世面前，各個部長、各位近臣、陸軍的將領輪番上陣，
將選舉失敗的責任推到了俾斯麥身上。威廉二世完全否認自己曾經說過不
退縮、不投降的話：「我會打倒一切阻撓我的力量。」這時的俾斯麥需要
尋找一塊全新的、更為堅固的立足之地了。他此時最希望做成的事情是在
帝國議會中恢復他的大多數席位。

四、皇帝震怒

為了與威廉二世達成和解，俾斯麥覺得只有最後一個方法了。那就是
獲得帝國議會裡的大多數席位，然後幫助皇帝再擴充八萬人的軍隊。他覺
得這些事情都是別人無法做到的。

溫格赫斯特明白這時俾斯麥正急需自己的幫助，於是他趁機向俾斯麥
提出了幾個要求。他不但想要廢除對耶穌軍最不利的法律條款，而且要在
初級公立學校裡開設基督教的課程。在與溫德霍斯特協商期間，俾斯麥多
次向他表示自己身體感到不舒服、非常疲倦。溫德霍斯特很清楚，十年
來，這一招都被俾斯麥用爛了。至於天主教會，他們是無論如何都不想看

第五章　逐臣（1888-1898 年）

到社會民主黨發展壯大的。因此溫德霍斯特始終懇請俾斯麥不要辭去宰相之位。從俾斯麥那裡出來之後，溫德霍斯特對某位朋友說道：「我剛剛從一個大人物的政治生死榻前離開。」

溫德霍斯特口中的這位大人物並不願意就此終結自己的政治生命，他因此開始努力拉攏保守黨。他的意圖很快就將地主與男爵們激怒了，這些人明確表示不想跟俾斯麥合作。他們想讓威廉二世明白，只有答應他們的要求，皇帝的位置才能坐穩。與此同時，林堡斯圖林伯爵與布狄克也結盟了。

此時的俾斯麥就像一棵被砍光了枝葉的大橡樹，只是這棵枯樹的樹幹還沒有被人砍斷，如果有人這樣做了，也就能受到殘忍的管林人的信任。在這種形式下，令人感到意外的是，一直以來與俾斯麥作對的中央黨反倒為他提供了很多幫助。

年輕的威廉二世無疑就是那位管林人，這幾天，他覺得自己好像做了什麼激怒中央黨的事情 —— 尤其是它的黨魁。威廉二世派人到宰相府送信，通知俾斯麥自己要去見他。可惜俾斯麥並未讀到這封信。早上九點鐘的時候，毫無準備的俾斯麥被人叫起來去迎接皇帝，當皇帝問他是不是曾經對溫德霍斯特表示過拒絕。俾斯麥非常生氣地說道：「皇帝怎麼能對宰相進行這樣的限制？我無法接受！」皇帝說：「皇帝的旨意，你也敢違抗嗎？」

「即便是您的旨意，陛下，也恕難從命！」俾斯麥侍奉過三位君主，三位君主從來都沒有對他說過「命令」這兩個字。對於喜歡發號施令的俾斯麥來說，從來都是他讓對方執行他的命令。此時俾斯麥的臉在一瞬間就失去了鎮靜的神色。即便是早有準備的威廉二世也吃了一驚，他趕忙對俾斯麥說，他剛才的意思只是一種希望，而非命令。俾斯麥回答道：「陛下，我覺得誰也無法明白您真正的意圖。」

這種你一拳我一腳的對打令年輕的皇帝產生了驚慌之感。他穩定了一下情緒，提出了一個折衷的方案：擴充陸軍，在新議會協商一個新的解決辦法。威廉二世的目的是激怒俾斯麥並讓他主動辭職。但俾斯麥明白這是一個陷阱。他表示，如果皇帝命令他辭職的話，他就會辭職。皇帝又提到大臣們由於俾斯麥的禁令而不敢向自己報告工作。他向俾斯麥發出質問 —— 為什麼要這麼做？俾斯麥非常平靜地辯解道，他是依照 1852 年頒布的命令才這樣做的。於是問題的焦點又回到了君臣雙方爭執已久的權力歸屬上，皇帝想要將權力收回到自己的手裡，可是俾斯麥表現得非常強硬，雙手緊握大權，不肯做出絲毫的讓步。

這些天以來所受的羞辱，令俾斯麥決心再向年輕的主人刺出一劍。於是他把話題轉移到了威廉二世與沙皇會見的事情上。他手裡拿著一份公文，說上面寫的都是沙皇在私下裡說的話，其中的幾句對皇帝非常不利。擅長演戲的俾斯麥成功地勾起了威廉二世的好奇心。他一把把公文搶過來，只見公文的第二句話就是：「他是一個愚蠢的傢伙，是一個頑劣不堪的小屁孩。」當著俾斯麥的面，這樣的羞辱令這位皇帝好像被鞭子抽了一樣，一句話也沒有說便走了。俾斯麥則是一步一步踱向門口，向他的皇帝鞠躬送別。

五、被貶之人

貶逐已經成為現實，俾斯麥也不得不接受這樣的命運，他將自己最後的寶貝 —— 一些信件和公文從宰相衙署裡運了出去。他控制這個地方已經有三十年的時間，創造出了一個帝國。但是現在，他卻要從這裡灰頭土

第五章　逐臣（1888-1898 年）

臉地離開，就像一個被敵人圍觀的陰謀敗露的人。他要把這些最後的寶貝鍛造成一把利劍，然後再次向自己的仇敵刺出去。

威廉二世派來一位陸軍將軍向俾斯麥詢問，1852 年，先王透過內閣頒布的那條法令什麼時候才能取消。俾斯麥想藉機逼迫威廉二世免去自己的職務，於是傲慢地回答道：「這道法令不能取消。」

第二天清晨，俄國新任駐柏林大使保羅舒瓦羅夫來到了俾斯麥的府邸，他是奉沙皇之命前來與俾斯麥續簽聯盟條約的，只是沙皇希望這次續約的期限是六年而非三年。這也是俾斯麥擔任宰相最後的一年裡，始終想達成的希望。但是，當這位大使從俾斯麥這裡明確得知他即將被免職的消息時，這位驚慌的大使馬上透過電報向沙皇進行了彙報，當沙皇聽說這位兩國關係的擔保人即將被免職，於是決定不再續簽這份聯盟條約。

舒瓦羅夫剛走不久，漢克軍長就帶著威廉二世的新命令回來了，皇帝要求俾斯麥如果不馬上取消那項舊的法令，就在下午兩點的時候入宮辭職。對此，俾斯麥很平靜地答道：「我的身體不怎麼好，出不了門，我給陛下寫一封信吧。」在漢克的心目中，俾斯麥就是個深陷於紅色雲朵中的革命黨。他起身告辭了，但很快又一次回到了這裡，將皇帝所寫的一封未封口的信交給了俾斯麥。信中說道，德國駐俄羅斯領事館報告說，俄羅斯正在緊急調集軍隊，準備攻打德意志。威廉二世指責俾斯麥不能及早預判這一情況以做好相應準備。

事實上這樣的危險是根本不存在的，皇帝不過是找個藉口故意指責俾斯麥。對此，俾斯麥寫信反駁並斥責威廉二世背離了德國一直以來所堅持的傳統，不過威廉二世也沒有接收這封信。到了下午，俾斯麥急切地向內閣陳述了整件事情的起因，並做出了自己的評論：「我覺得三國聯盟不大靠得住，義大利國王會干預德國和俄羅斯的關係，我對自己與沙皇的友誼

有信心，但是如果不能擔任外交領袖的話，我只能離開，我明白皇帝非常希望看到我這麼做。」他再一次將自己辭職的原因歸結於皇帝想要大權獨攬。

在這樣的形勢下，俾斯麥甚至開始鼓動內閣成員跟他一起辭職，但大臣們只是遲疑著回了俾斯麥幾句不痛不癢的話。在這件事情上，大家的觀點都是相同的，俾斯麥退位 —— 他們抗議，但集體辭職的觀念跟普魯士的傳統顯然是互相衝突的。

會議結束後，俾斯麥騎著馬回到了家裡，他想透過這種方式來向皇帝示威 —— 自己的身體並沒有問題，反而是非常健康。到了晚上，內閣大臣路加那又捎來了皇帝的口訊，質問俾斯麥為什麼還沒有遞交辭職信。俾斯麥友好地回覆道：「陛下隨時都可以下達罷免我的命令，對此我樂意服從，但這是皇帝動用自己的權力向我發出命令，我要讓所有德國人都明白這一點。」第二天，由他口述的辭職信送到了皇宮，信的最後寫了這樣幾句話：「許多年以來，我始終忠誠於皇室和陛下，為陛下的意願考慮，此刻我想離開陛下，結束我在這裡的政治生涯，同時請求陛下免去我所有的職務。從最近這幾個星期所表現出的種種跡象來看，我相信此時提出辭職正好滿足了陛下的要求，相信陛下也會批准。」

對於俾斯麥的抗議，皇帝並沒有理睬，反而還封他做了勞恩堡公爵，但在俾斯麥看來，這就像是一個郵遞員因為辦事得力，所以在離開時給他點賞錢，為此俾斯麥進行了很多次抗議，並堅持拒絕了這種賞賜。而皇帝的想法確實是讓大家都認為俾斯麥是由於年老體弱而主動辭職的。所以皇帝也沒有讓俾斯麥的辭職信見報，而刊登了他對俾斯麥往日功勞的褒獎言論。威廉二世還想讓俾斯麥勸說赫伯特留在柏林幫自己做事。對此，俾斯麥回答道：「我兒子已經長大成人，這事由他自己做主。」在私下裡，俾

第五章　逐臣（1888-1898 年）

斯麥對別人是這樣說的：「誰願意讓自己的兒子坐到一條即將沉沒的船上去呢？」

赫伯特一生的悲慘命運在此時到達了最高峰。他原本有機會繼承俾斯麥的職務，依靠自己的能力成為一位政治家。但他與自己的父親一樣愛面子，所以他決定追隨自己的父親一起離開這裡。晚上，赫伯特給威廉二世寫了一封公文，其中委婉地表明父親的意願，同時寫道：「當得知您免去俾斯麥王爵的職務之後，沙皇決定不再續簽密約了，而且他也不打算和新任的德國宰相一起討論這樣的機密問題。」威廉二世在這份公文上批覆道：「不答應延長期限，為什麼呢？」赫伯特再一次進行解釋之後，威廉二世仍然批覆「為什麼？」由此可見，威廉二世此時還沒有明白到俾斯麥對於整個歐洲的影響力。但他仍然感到害怕。他連夜派人通知了舒瓦羅夫，約他第二天早晨八點見面。皇帝親自向俄國大使表達了自己想要續約的意願，但是卻得到了一個令他失望的答案。

1890 年 3 月 18 日，議院通過了俾斯麥告退的議案。這令部分近臣和陸軍將領感到非常高興。很多德國人也都為自己的皇帝有這樣的魄力感到開心。赫因羅爾就說道：「以前俾斯麥隻手遮天，人們全都受到了他的壓制，現在我們終於獲得了解放。」

對於與俄羅斯續簽密約這件事，俾斯麥是希望能夠成功的，赫伯特也曾經提議在俄都進行簽約。沒想到荷爾斯坦卻從祕密檔案卷宗中把密約拿走了。這激怒了俾斯麥，他先是對管理案卷的人進行了攻擊，接著又開始攻擊這位男爵：「你難道把我當成一個死人了嗎？這也太早了！」在荷爾斯坦的心裡，俾斯麥是一個極度危險的人，而且他一直都記著沙皇說過的那句話：「我只想跟從前的那個老朋友俾斯麥進行合作，只有他才能跟我合作，別人不行。」俾斯麥在沙皇心目的地位令這位男爵決心竭盡所能地

反對俄羅斯。可是荷爾斯坦又是一個懦弱的人，他一直隱藏著自己的怨恨，不過他跟瓦爾德塞反對俾斯麥的陰謀已經籌劃了好幾年的時間。

俾斯麥離任之後，曾多次邀請他的繼任者卡普里維（Leo von Caprivi）一起吃飯，但只有一次被卡普里維接受了，因為他不想總是聽到俾斯麥對威廉二世的攻擊言論。後來，俾斯麥與卡普里維在花園裡相遇，俾斯麥問他與俄羅斯簽訂密約的事情進展得如何。卡普里維答道：「不是所有人都能像你一樣，可以同時玩五個球。」在之後的聚會上，荷爾斯坦鼓動議員們反對簽訂這個密約，說這樣做會加快法蘭西攻打德意志的腳步，俄羅斯也會對德意志的東部進行騷擾。

就這樣，俾斯麥此前所奠定的良好根基，在三天之內就被那些平庸的大臣給挖空了。在聽了荷爾斯坦的意見之後，卡普里維還勸說威廉二世與已經受到眾人怨恨的沙皇儘快斷交。在威廉二世看來，自己手下這些謀臣做事都非常穩妥，不會冒任何的風險，他們可不是俾斯麥那種危險的老狐狸。在跟荷爾斯坦商量好這件事之後，威廉二世悲憤地說道：「太好了，我肯定不會跟俄國人簽訂密約，誰再提起這件事，都會讓我的內心流淚。」就是這樣一句充滿了恐懼、嫉妒和怨恨的話，徹底埋葬送了德意志帝國！

在柏林期間，俾斯麥的內心是非常平靜的，他並沒有將自己的怨恨隱藏起來，也沒有裝模作樣，而是敞開心扉地發表懷恨與報復的言論。有一次，在跟布狄克握手吻別時，他詼諧地說道：「在我跟你分手這件事情上，你也要承擔一部分的責任。」以前的同僚請他吃飯，他全部回絕，並且大聲說道：「我看到的都是帝國官僚們的假笑，正是你們犯下的錯誤讓我當不成宰相。」這種帶著惡意的調侃並不能說明俾斯麥是一個氣度狹小的人，更像是一隻受傷的雄獅子在怒吼。

第五章　逐臣（1888-1898 年）

　　奧地利皇帝法蘭茲給俾斯麥寫了一封全是恭維話的信，並委託奧地利大使轉交給俾斯麥。信中提到俾斯麥是由於體弱多病而辭職的。但俾斯麥安然自若地回答道，在職期間，自己的身體很健康，但這種安詳之中也透露出了不安、悲傷甚至是怨恨的情愫。他還非常直率地請土耳其大使轉告他們的皇帝，自己並非主動辭職，而是被威廉二世罷免的。當他到各個大使館去辭行時，他將自己名片上的「帝國宰相」四個字全都用筆劃掉，然後才遞給對方。一直到他向威廉二世正式辭行的那一天，他都宣稱皇帝要承擔罷免他宰相之職的責任。

　　離開柏林的前一天，他來到了皇家陵園，在威廉一世的墓前放了三枝玫瑰花。回到家以後，他又做了聖餐祈禱禮。當牧師快講到《愛你的仇敵》這一章時，妻子喬安娜阻止了牧師。俾斯麥躺在床上，對自己最近二十年的生活進行了總結：「今年我已經七十五歲了，這麼多年來，我得到了很多的幸福。上天對我最大的恩賜就是我的妻子、兒女們都陪伴在我身邊。我為國家工作了二十八年，此前我總是擔心自己有一天會因為操勞過度而累死，現在我放心了。我甚至感覺自己的身體比以前做宰相時還要好。」

　　在柏林的最後一個晚上，這個老頭不再談論自己為德國未來發展制定的計畫，也沒有回顧自己創造這個帝國的艱辛歷程。在他看來，這個帝國已經成為一座坍塌的大廈。最後，他和一個綽號叫「黑色騎士」的人 —— 萊維斯托姆握手道別，這是他在這裡最後一次與人握手，這個人不是大臣、不是王公、不是大使，而是一個二十多年來堅持每天給他傳遞公文的人。臨走前三分鐘，他傳見了這個人，看見萊維斯托姆走了進來，這位前任宰相的情緒變得有些激動，他猛地想起了帝國剛剛成立的那幾天，那時萊維斯托姆還是個營長，同時也是第一次為他傳遞公文，當時他

們見面就是在這個房間。他向萊維斯托姆表達了自己的感謝，萊維斯托姆是他在德意志帝國唯一需要感謝的人。他拿出一隻早就挑選好的鍍銀酒杯送給他，說道：「謝謝你，萊維斯托姆，留著當個紀念吧。」

六、晚年孤寂

俾斯麥被免職後當了一位鄉紳，每個星期他都要到私塾兩次，向孩子們傳授一些在書本上無法學到的知識。從前的俾斯麥滿腹牢騷，從來都不覺得有哪個地方是他的家，有一次，他給一個朋友寫信，提起目前的生活：「現在的我跟年輕時不一樣了，每天拿著一把剪樹刀，在花園裡悠閒地散步。」可實際上他從來都沒有感到安寧，也不善於享受這種安寧的生活。此時的俾斯麥，就算是看書，也要見到與自己從前相似的事情才有興趣讀下去，例如在拿破崙的自傳裡找尋自己從前的影子，而他最喜歡的書則是左拉（Emile Zola）的《崩潰》。

妻子喬安娜時常會感到身體不適，可她怎麼也不肯到礦泉去休養，因為她總是不放心自己的丈夫。日子過得還算是平靜，只有在聽到有人議論威廉二世是如何免去丈夫職位的時候，她才會生氣地咒罵回擊。赫伯特對父親再一次破壞了自己的生活感到怨恨，這樣的農家生活他根本就不喜歡，到了四十多歲仍然沒有結婚，俾斯麥也為自己沒讓兒子擔任大使感到後悔。俾斯麥這個快八十歲的老人現在還沒能抱上孫子，這讓渴望享受天倫之樂的他感到一些遺憾。

俾斯麥的身體不錯，耳朵、牙齒、腸胃都很正常，眼睛也不花，不過騎馬時一定要站在臺階上才能上馬。他爭強好勝的性格還是沒有絲毫的減

第五章　逐臣（1888-1898 年）

弱。有一次，有一位身材魁梧的男爵住進了他的家裡，並且向他借了一件皮袍，俾斯麥的這件皮袍穿在男爵身上顯得有點短，俾斯麥卻說：「我不喜歡長得比我高的人。」

對俾斯麥而言，最困難的事情毫無疑問就是如何控制自己。有一位名叫威爾布蘭特的抽象派畫家，他比任何人都了解這個老頭，他知道俾斯麥的身體好壞完全取決於心情如何。有一次，威爾布蘭特到俾斯麥家裡做客時，透過門縫看到了俾斯麥，「他當時躺在床上，好像是在回憶過去，想到他被罷免時那些忘恩負義的傢伙。……他的臉色變得蒼白，不再像以前那麼紅潤了。還增添了很多皺紋……後來他站起來了，在我面前，他顯得身材高大。沒過多久，他便恢復了以前的精氣神，目光中流露出了威嚴。」

遭到放逐的俾斯麥是非常孤獨的。以前他一直渴望這種不受約束的悠閒生活，但現在他卻感到很難受。原本他書房的門總是被很多人不斷地推開，可是現在已經很久沒人來推這扇門了。他總是感慨找不到可以跟自己聊天的人，一個好朋友都沒有，他經常忘了自己已經是一個無事可做的閒人。有一次，他唯一一個尚在人世的朋友柯雪林想要來看他，喬安娜特意給柯雪林寫了一封信，懇求他在這裡多住一段時間，多陪陪俾斯麥這位老朋友。從這裡不難發現俾斯麥那種孤獨、無人理睬的孤獨與寂寞。

德國人民也抵制俾斯麥。有一次，一個來自美國的鐵路大亨來探望他，他竟然感到意外的驚喜，並且說道：「在這漫長的一個星期裡，你是第一個來看我的人，我已經受到人們的抵制，沒有人敢跟我來往 —— 他們怕年輕的德國皇帝不高興。從我身邊經過的人都不敢向我行禮 —— 對狗來說，誰給牠飯吃，牠就跟在誰的後邊。」

俾斯麥被罷免後不久，他的兩個朋友 —— 柯雪林和布赫爾也相繼過世，這讓他感到非常悲痛。俾斯麥活著的朋友一天比一天少，他也不想再

去結交新的朋友，就連最忠心的僕人去世之後，他也沒有再僱用新的僕人。而當他養的小狗泰拉斯死了以後，這個 80 歲的老頭就發誓再也不養狗了，因為他已經不能再為了這種事去傷心了。

七、恨意難平

俾斯麥曾經征服了這個帝國，可是他現在垮臺了，於是帝國就開始從性格方面對他進行報復，尤其是那些曾與他一起工作的大臣與王公，他們使用的手段最為卑劣。有人發電報到腓特烈斯魯，邀請他參加某次宴會或集會，但是當地長官往往會將發給俾斯麥的電報扣留，理由竟然是不想自己因此地位不保。他為德意志帝國辛辛苦苦工作了四十年的時間，到頭來政府居然向他追討 1890 年 3 月 22 日到該月 31 日的薪水。因為那些天他屬於已經辭職的狀態，薪水是不該發給他的。這份檔還經過了卡普里維的簽字同意。卡普里維讓所有國家的大使轉告各自的政府，忘掉俾斯麥王爵這號人物的存在。還有一位中央黨的領袖當眾說道：「德意志帝國的榮耀與俾斯麥王爵是沒有關係的，我們的國家居然有俾斯麥這種人，我們應當為此感到羞恥。」負責撰寫歷史的濟伯爾對俾斯麥的讚頌比威廉二世要多，因此他已經撰寫好的歷史資料以及一些公文全都被收走，無法繼續從事歷史的記錄工作。很多來自柏林的貴族全都商量好了，大家決定不再理睬這位前任宰相，遇到他要躲著走。

想要去看望俾斯麥的人，必須躲避威廉二世派來的密探的監視。他們首先要在布肯這個地方換乘當地的火車，再走一段時間，才能最終見到俾斯麥。威廉二世下令，所有寄給俾斯麥的信件都要在郵局拆開檢視才能郵

第五章　逐臣（1888-1898 年）

遞。俾斯麥被授予了黑鷹寶星勳章，成為黑鷹隊武士，但是當黑鷹隊舉行慶祝典禮的時候，也沒有人邀請他參加。

施洛塞可以說是俾斯麥最忠誠的下屬了，儘管他們曾因俄都的一些事情產生過矛盾。但現在的他卻因為幫過俾斯麥而受到牽連，他也被免職了。施洛塞此時也已經是一位七十歲的老人了。他來到了腓特烈斯魯莊園，對俾斯麥說了自己離職的事情。他照顧著俾斯麥坐了下來，幫他把菸筒裝好，表現出了一副真正尋求和解的模樣。

俾斯麥總是毫不留情地挖苦別人。他說米凱爾是德意志最一流的演說家，擁有目前最流行造句子的本事。他用「最一流的軍長」來諷刺卡普里維 —— 當年他在位時就用一種蔑視的態度對待身邊所有的人，就像一頭雄獅看著一隻在自己身邊嗡嗡亂飛的蒼蠅一樣，現在他被放逐了，仍然用這種態度來面對社會。在公共場合，俾斯麥偶爾也會表現一下自己對威廉二世的「尊敬」。在他家餐廳裡，掛著一張跟威廉二世真人差不多大小的畫像，每年到了皇帝過生日的那一天，他就會站在畫像前面，為自己的皇帝送上祝福。可是也經常能聽見他在新聞記者以及外國人面前談論德國皇帝是如何毫不留情地逼迫自己下臺的。

在席勒（Schiller）所寫一本名叫《強盜》的書中，有一段話是莫爾（Moor）對老人說的：「假如是這樣的話，你還想在這個世界上永遠活下去嗎？」看到這一段的時候，俾斯麥發表評論道：「此時此刻，在我眼前，我的命運正在發生這樣的變化。」旁邊聽他說話的人見俾斯麥雖然聲音聽上去有些斷斷續續的，但是臉色並沒有太大的改變。他停下來思索了一會，還用自己的手杖在地上畫著什麼圖案，但是很快又把這些圖案擦掉了，俾斯麥說：「你別想讓我為了最後幾年所發生的事情而感到傷心。我為自己曾經在這個世界上創造了偉大的功業而感到驕傲。」史匹珍堡夫

人 —— 俾斯麥的一位女性朋友曾聽他發洩過自己心中所有的怒火，而那還是在這次風潮發生之後的第二年。他如同轟響的雷霆一樣怒吼著：「我們竟然被當成了偷東西的僕人，就那樣被皇帝趕了出來。我這一生都在以貴族的標準要求自己的行為，這樣做簡直是對我最大的侮辱……皇帝這個人最大的弱點就是性格的不確定性……他們越是對我進行恐嚇，我就越要讓他們明白他們要對付的是什麼樣的人……」即便是訴說自己的報復心也流露出了他的優越感。

在對俾斯麥報以敵視態度三年之後，威廉二世逐漸發現，德意志的國民開始懷念前任宰相了，於是他開始想方設法地重新拉攏俾斯麥。正巧俾斯麥生了一場病，皇帝騰出一座宮殿請俾斯麥住進來養病，不過遭到了俾斯麥的拒絕；威廉二世又給他送去了一些陳年好酒，俾斯麥卻選擇跟皇帝的死對頭 —— 哈登（Harden）一起解決了它們。由於皇帝已經兩次主動向自己示好，為了不讓全國的人認為自己是個小氣鬼，俾斯麥迫於無奈進宮向皇帝謝恩。

兩人在皇宮見面的那一天，皇帝命人把一切都裝飾得像是一位老將來朝見皇帝一樣，給予俾斯麥最高的禮遇。此時的威廉二世終於能夠耐著性子聽大家去恭維俾斯麥 —— 而不是自己了，但大家的恭維並未讓俾斯麥心生歡喜。坐在車上，他有些心不在焉，內心累積的譏諷和蔑視令他此時的思緒不知飄到了何處。他和這位皇帝已經四年不見了，他仍然能夠想起以前自己每次入宮覲見皇帝時，都要說君權天授，然後向皇帝鞠躬致敬，但這又總會令他的內心產生對這位致敬對象的不屑之意。

還沒等俾斯麥走到皇宮門前的臺階，有位陸軍大臣就已經迎了上來，他也成為最先得到俾斯麥諷刺的人。俾斯麥輕蔑地對他說道：「這不是克塞爾嗎？我怎麼感覺你確實比以前變小了很多呢。」站在前廳的人全都聽

第五章　逐臣（1888-1898 年）

到了這句話，可是一個人都不敢做聲。就這樣，俾斯麥獨自走進裡面覲見威廉二世。他深深地鞠了一躬，皇帝連忙將他扶起了。過了兩分鐘，幾個小親王也走了進來，這種緊張的氣氛才終於被打破。

晚宴上，原本沒有受到邀請的俾斯麥的兩個兒子赫伯特、比爾也都出席了，這令俾斯麥覺得自己的地位變得更加穩固，甚至在皇帝之上，他內心積壓的怨恨也變得更加強烈了。即使是在俾斯麥給大家講故事的時候，也令在場的每個人感覺到了無處不在的壓迫感。年輕的皇帝甚至希望自己請來的這位貴賓儘早離去。

後來威廉二世又到腓特烈斯魯莊園拜訪了俾斯麥。他給俾斯麥帶來了陸軍的新式軍裝，同時還想跟俾斯麥研究一下士兵們的背包。兩個人的會談讓德意志全國的人都感到好奇。次日，人們在報紙上看到了一段在俾斯麥授意之下發布的報導，裡面仍然透露出了挖苦：「皇帝陛下帶了兩支全副武裝的榴彈隊，他想跟俾斯麥王爵探討一個非常重要的話題 —— 怎樣檢閱軍隊的服裝。」

俾斯麥總是會藉著登報的機會，表達他對威廉二世的不滿。他說：「我忠於這個國家，但這並不會對我自由地發表自己的見解造成影響 —— 儘管很多人不喜歡也不想讓我發表這些見解。」雖然俾斯麥與威廉二世已經沒有了和解的希望，皇帝仍然在俾斯麥八十歲生日那天贈送了他一把金刀，但是俾斯麥卻沒有回敬皇帝。後來還有一次，皇帝送給俾斯麥一個「地動儀」，上面記載了俾斯麥給政府帶來的每一次「震動」。

八、民心所向

「有些話我只能藏在心裡，不能說出來，就像有一把手槍頂在我的頭上……目前的政策正在讓帝國陷入一個巨大的沼澤，我覺得唯一的出路就是躲避……朋友們希望我就像個僵屍一樣，躲在某個地方，一句話也不說……二十年來，我始終致力於對外宣傳和平的理念。」

在生命的最後十年，俾斯麥為了展現出自己的無所不能，再次使用了自己掌控和引導輿論的手段。他向自己的心腹授意，把威廉一世寫給自己的信件登在報紙上，並且千叮萬囑 —— 必要時就宣稱是客人在俾斯麥這裡偷偷傳抄的。同時，他還向一個名叫哈登的政治新聞記者曝光了很多祕密。

剛剛被免職的時候，大多數情況下都是國外的報紙來採訪俾斯麥，因為國內的媒體都害怕被他連累，只有一家名叫《漢堡改正報》的報紙刊登了他口述的評論，俾斯麥還向這家報紙推薦了一些其他可以刊登的內容。人們曾一度認為這份報紙是腓特烈斯魯的黨報 —— 與《帝國官報》差不多。

免職消息傳出後的幾天之內，俾斯麥就收到了 6,000 封寫滿了恭維話、祝福語的信件。漢堡還特意為他舉辦了一場極為隆重的歡迎典禮，街道上掛滿了五顏六色的旗幟，在這裡，他平生第一次跟一位英國平民水手握了手；第一次請了兩位農民一起用餐。再到後來，這種事情就很少發生了。到了 1882 年 5 月，俾斯麥說道：「我是為了德意志人民才這樣自己騙自己的……事實上，逼迫我進行批判的不是我的性格，更不是為了報復或者再次獲得大權……真正讓我夜不能寐的是帝國的未來。」

兩星期之後，赫伯特遵從父親的意願，和一位擁有家業繼承權的奧地

第五章　逐臣（1888-1898 年）

利女伯爵訂了婚。俾斯麥想到維也納去參加婚禮，同時去拜見奧地利皇帝法蘭茲‧約瑟夫。因為對俾斯麥有所懷疑，威廉二世寫了一封信給法蘭茲‧約瑟夫，信裡提到了俾斯麥曾經背著奧地利皇帝與俄國人簽訂密約的事情；同時還將俾斯麥描寫成了一個在隱退之後忘恩負義、對皇帝大不敬的小人。德國皇帝甚至懇求奧地利皇帝不要見俾斯麥。此外，由荷爾斯坦起草、卡普里維簽字的一封信也送到了德國駐維也納大使的手裡。信中要求德國大使館的全體工作人願都不准參加赫伯特的婚禮。

當俾斯麥得知這封信的內容以後，他準備給卡普里維下戰書進行決鬥。俾斯麥心想：「這些年來我從未放下槍法，我肯定能夠取得勝利，可是仔細想想，我也是一名軍人，那還是應該讓名譽法庭裁決這件事才合理。」此時俾斯麥已經是一個七十七歲的老人了，但他仍然像一頭獅子一樣威武霸氣。為了俾斯麥家族的容譽和地位，他不惜獻出自己的生命。經過再三考慮之後，他對外公布了這封被他命名為「烏利亞信」的信件。在報紙上，俾斯麥說道：「如果不是受到陰險之人的阻止，奧地利皇帝是一定會接見俾斯麥王爵的，這是王爵遭受到的最大侮辱。」

消息公布之後，德國皇帝受到了繼位以來最為強烈的指責和反對。幾乎所有人都對這個懦弱無能的皇帝感到憤怒，而俾斯麥不管走到何處，都會受到人們的追捧並收到了很多讓他發表演說的請求，這也正是俾斯麥想要達到的目的。他還能想到，等他到了維也納之後，那些貴族和大使們都會因為羞於見他而不得不選擇迴避。就這樣，在父親親手製造的恐怖氣氛中，赫伯特與這位叫歐約斯（Hoyos）的女伯爵舉行了婚禮。

俾斯麥曾經的鬥志又一次燃起，他接受了《新自由報》主筆的當面採訪，以一種復仇的姿態開始了自己的回擊。他斥責了政府的無能、皇帝的懦弱，還有柏林是怎樣在皇帝和繼任宰相的領導下喪失了人格與信用的。

這讓俾斯麥的敵人感到了前所未有的不安和難以控制的憤怒。

卡普里維透過《機關報》進行反擊：「這位已經退休的宰相竭盡全力地攻擊我們、反對我們，難道不是在傷害自己的祖國嗎？這是一位忠臣應該做的事情嗎？……誰能知道這位王爵想要把他的祖國迫害成什麼樣子呢！」

次日，身為優秀「記者」的俾斯麥，帶著一種既尊敬又諷刺的語氣在《機關報》上回應道：「不敢想像，那種無力的言論居然是當今掌管國事的人說出來的，一個有著良好教養和豐富閱歷的人，是絕對不會說出這種話來的……俾斯麥王爵最歡迎有人把他告上法庭了。」

同時，在《帝國官報》上，新任宰相又發表了一篇羞辱俾斯麥的文章。終於，人們開始相信俾斯麥的免職是德國皇帝導致的。這也讓人們從心裡認為威廉二世是一個既無才能又無手段的昏君。俾斯麥終於贏得了前所未有的擁戴，同時也驅散了長久以來人們對他的仇恨。

直到將近八十歲高齡的時候，俾斯麥才終於完全得到了德意志人民的擁護與認可，此前，不管是當議員還是當宰相，他一直是為國家做事、與群眾為敵，在他的人際關係中，從來都不存在老百姓階層。但是經過了短短兩年的退休生活，俾斯麥開始和德國人民休戚與共了。此刻，不管他走到何處，在維也納，在啟星根，包括他曾經下令鎮壓過的所有部族人民，大家聚集在他的必經之地，公開舉行熱烈的歡迎儀式。所有德意志人都來到舊市場，對俾斯麥王爵的到來表示歡迎，大家準備了一桌子的好酒，現場奏起了音樂，氣氛極為熱烈。身穿一件黑色長服的俾斯麥走了過來，身材高大的他站在人群之中顯得卓爾不群。他先後發表了六次精彩演講，最後的總結發言更是博得了群眾們的高聲喝彩：「一個人必須要忠於他的國家，必須要忠於他的皇帝，但絕對不能完全相信皇帝的智慧和才能。現在

第五章　逐臣（1888-1898 年）

我就已經對我們的皇帝產生了懷疑，所以我要把自己的見解發表出來。」
由此可見，俾斯麥其實是懂得如何取悅國人的。在他想要離開之際，簇擁
的人群令馬車止步不前，幾千雙的手都伸出來要跟他握手，俾斯麥非常享
受這樣的愛戴，他的懷疑主義在這一刻早就不知飄向了何處。老百姓那種
真摯、濃烈的感情深深地打動了俾斯麥，再對比之前他所有遭受的排擠、
誹謗，一直以來他所堅持的理想開始產生了動搖，假如讓人民來掌權，是
不是能夠更好一些？只可惜他已經不可能再重來一次了。

　　慕尼克、德勒斯登、市政廳、露臺，甚至是酒窖裡，都留下了這個老
頭不知疲倦的聲音。面對群眾，這位垂暮老人發出了遲來的警告：「君主
的意志和當權者親密無間的合作才是君主立憲制的菁華，我不想讓議院的
勢力削弱到現在的地步，我更不希望看著它永遠都處在這樣一種低水準線
上……以前，我宣揚並竭力維護君主制度，受到了宮廷的歡迎和感謝，卻
失掉了民心。現在皇宮與政府都不再理睬我，我反而受到了人民的愛戴，
這大概就是天意吧。」

　　他用自己的語言鼓勵著人民，可他自己也明白這種改變來得太晚了，
他眼下這種行為只不過是一種悲哀的嘲諷。他並不是一個喜好虛榮的人，
所以他最看不起那些跟他屬於同一階層，卻處處與他爭寵的人。極度的自
信是俾斯麥敵視民眾最根本的原因，他覺得自己天生就是上等人。「儘管
我明白君主制度不一定是最好的，把選舉權交給老百姓，不過是為了敷衍
他們而做出的讓步。」但是他所締造的國家和治國的方針都要對議院的權
力進行限制，讓它永遠成為君權的附庸。他非常清楚地知道，英國的君主
制就是以人為本，國王只不過是名義上的，但德國卻以宰相為本，在這樣
一齣專為宰相而寫的劇本裡，上演著無數精明的戲碼。德意志成為受宰相
控制的帝國，只有他才能夠號令全國，只有這樣才能滿足他的自信心。在

他跟人民的代表進行對抗的三十年間，他每時每刻都高喊君權至上的口號，直到這位新皇帝毫不領情地把他從臺上攆下來。

現在他站在了人民這邊，才猛地發現自己當年種種精明的算計中存在著多麼大的失誤。不過效忠君主仍然是他不可改變的天性，能夠向世人承認——就是自己把議院權力弄到今天這個地步的，對於驕傲、自尊心極強的俾斯麥來說，已經到達他的底線了。出行的幾週裡，他還在慕尼黑接受了一些美術家的宴請。宴會上，倫巴赫想把酒杯高高地舉起，以示對這位貴賓的歡迎，但是那酒杯實在是太重了，他舉到一半的時候不得不又放下來。這也讓他領悟了一個真理，他大聲叫道：「一個人，當他的力氣無法舉起一件重物的時候，只好選擇將它放下！」這句話令全場的人感到震驚，也對德國皇帝與俾斯麥的衝突進行了深刻地剖析。

後來，俾斯麥說道：「當火車正在進站準備停靠時，我的耳邊已經響起了群眾的歡呼聲和歌聲，看來德意志人民並沒有忘記我，我很高興！」

九、政治遺言

即使到了晚年，俾斯麥仍然執著地奮鬥，他的好朋友柯雪林曾苦苦相勸，人老了就應該變得平和一些，好好地與別人相處。但俾斯麥卻覺得，天地間的萬物只有透過不懈地奮鬥，才能創造出更加美好的生活，人類絕對不能因為暫時的滿足而止步，那樣的話生命就失去了激情與意義。

對於基督教，俾斯麥一向都看得很淡，即便到了晚年也沒有改變，柯雪林曾經試著向他解釋，同時也記錄下了俾斯麥作為最後自白的一段話：「儘管說出這段話讓我感到非常難過，但我不得不承認，在我人生最後的

第五章　逐臣（1888-1898 年）

二十年裡，在我的奮鬥過程中，我確實越來越遠離了上帝，這種遠離令我感到極為痛心。」每當俾斯麥對宗教問題進行自由思辨的時候，都會令篤信宗教的喬安娜為他感到擔憂。她不知道統治這個世界的權力是不是交到了一個上帝代理人的手中，但是他卻並沒有完全遵照神的旨意去做！

而俾斯麥卻堅持認為自己才是個人的主宰，而且是至高無上的，要想去鬥爭，就不能害怕任何的困難，這也是他一生始終孜孜以求、從未拋棄和改變過的理想與信念。他說身處熱帶的人會崇拜太陽，因為在熱帶最危險、最有勢力的就是太陽；條頓人對於雷電的崇拜也是由於類似的情況。他痛恨人類的弱點——畏懼比自己更強大的東西，但自己卻從來不會去透過鬥爭來謀求改變。不管什麼時候，人類都要武裝好自己，即便上帝真的存在！只有這樣，才能讓自己也變得強大起來，才能擁有戰無不勝的氣魄！

俾斯麥喜歡觀察動物們留下的記號、發出的預兆，他認為這些動物比人類聰明多了，他的內心存在著一種神祕的思想——甚至可以說是一種迷信的思想，他曾經正確測算出了自己死亡的具體時間，這正是他多次提過的數字的奧祕。他認為世間萬物都有這自身無法言說的生命特質，值得人們去感知、去思考、去領悟。

俾斯麥從來都不會被自己在事業上獲得的成就和名聲所累，也不會因為支持者的稱讚和頌揚而迷失了方向，更不會在當面屈服於自己的老對手。阿拉伯人曾稱讚他是「急火」、是「勇敢的活動」，但他從來沒有在心裡產生任何的波動。真正讓他時常感到懷疑和憂慮的，是國民的不和，是德意志人從來都不為大局著想，他們只想著各自的利益，只想著中飽私囊，彼此之間從來都不懂得融通和遷就，但是對外國人又過於融通和遷就……每每想到這裡，他都憂慮得輾轉難眠，他每時每刻都急迫地想要改

變未來的走向。就算有些人用挑剔和苛刻的目光盯著他，用斥責和質問的語氣來對抗他，他也從來都沒有理會過。

俾斯麥是一個非常坦誠的人，其中還透露著一股執拗，他從來都不迴避和忌諱別人對自己的批評，反而會以一種平和的心態來對待。當他獨處的時候，如果沒有好的選題讓他去思考，他就會一個人坐在那裡，靜靜地回憶從前那段崢嶸歲月。但他從來都不會自矜於功業，只會為自己當時的冒險感到後怕，因為那是用別人的籌碼甚至生命來做賭注，如果無法取得成功，就將成為一種無法承擔的責任……

同時，俾斯麥也有柔情繞指的一面，尤其是當他看到妻子為自己忍受了那麼多的痛苦，他實在不想再讓喬安娜為自己擔心，更不想讓她再感到悲苦和愁悶。喬安娜去世之前的那一次生病，令俾斯麥感到極為憂悶，他甚至想跟妻子共赴黃泉。他不想死在喬安娜的前面，也不想死在喬安娜的後面——老了以後還能有個伴，竟然在人生中占有如此重要的地位。他將自己的思念之情全都寫進了給妹妹的信裡，從心理上獲得了將自己生命延續下去的支持和鼓勵。

那一年的秋天，七十歲的喬安娜還是去世了。前一天晚上吃飯的時候，她還能跟俾斯麥說話，等到第二天早晨俾斯麥進入喬安娜的房間，就發現她死了。此時，這個曾經權傾朝野、聲名顯赫的人，這個被世人認為最有氣魄的人，只穿著一件睡衣，光著腳，痛苦地癱倒在地上，就像一個孩子一樣。妻子的離開變成了絕對無法更改的事實，自己生活中另一半的天塌陷了，任誰都無法再撐起來。就在這天夜裡，他將自己以前政治生涯的結局，與現在安逸晚年的結局進行了對比，這是他兩種生活所呈現出來的特色。他曾經非常悲痛地說，現在這種結局比 1890 年那個結局更讓他在意，就像芒刺一樣深深地扎進了他的心裡……「假如還有什麼事需要我

第五章　逐臣（1888-1898 年）

去做，或許能夠分散我的注意力，我就不用這麼難過了。」

　　對一個人的思念是痛苦的，他的全部身心都陷入了對喬安娜的思念之中，還能做點什麼來沖淡這種思念呢？在花圈上摘下一朵白色的玫瑰花，就讓它與書櫃裡那本《日耳曼史》一起來幫自己分擔吧！

　　如今的俾斯麥經常回憶往事，或許是因為老了的緣故，每次獨坐，年少時代的情景便如影像般浮現於腦海。想起從前，想起喬安娜投向自己那祥和、信任的眼神，不但能夠讓他感到溫暖，也能夠讓他忘掉自己在鬥爭中所經歷的苦難。感謝喬安娜 —— 這個自己生命中最重要的人，感謝她四十八年來對自己的陪伴。今天一切都空了，喬安娜離開了、妹妹身在異地 —— 親情在這種時刻是多麼重要啊。兩個兒子跟他也離得很遠，他還想聽一聽朋友們的聲音。他記得非常清楚，在哪一年、在學校的哪個地方偷偷喝啤酒……他向上帝祈禱，想再多活幾年，他不想讓這點星星之火永遠的熄滅……他無法割捨過去，更忘不了自己打下的江山！

　　俾斯麥從未真正遠離自己的事業，他始終關注著自己的很多對手 —— 就是那些位高權重的人，他始終關注著這個國家。他絕不允許有人中傷、誹謗自己，尤其是涉及國家利益的問題，是誰的責任誰就要承擔，他也很清楚承擔責任的人應該是誰。只要他還活在這個世界上，他就絕不允許別人把兩國分離的責任推到他的頭上，他會再一次拔出寶劍來與這些人拚命。就算年邁也無所謂，這是他的使命，也是他的意志。他不會惹是生非，也不會為了獲得權力去出賣自己，他只想把自己該做的事情做好。他有著極為堅定的立場，絕不允許有其他的東西摻雜其中。俾斯麥就是這樣一個擁有不可抗拒的個人魅力的人，就是這樣一個執著而又不偏不倚的人，就是這樣一個性格倔強而又進退有度的老傢伙。

　　即便是當著皇帝的面，他也會帶著一副驕傲的神情，他從來都不會表

現出卑微的樣子，這是他一生戎馬鍛鍊出來的結果，也是一種天生的軍人氣質。他的執著和倔強並不會讓人感到害怕，他的話語中仍然充滿了對祖國的一腔熱忱，對權力的欲望在俾斯麥身上正一點點減弱，就算是皇帝將他一生所建立的功業全都搶走，他也能淡然處之。不過他想告訴自己的皇帝，告訴掌管著國家權力的人，當你擁有這種權力的時候，必須要掌握好分寸，利用好這種權力，否則一旦當你失去了它，就會對一切都感到無能為力，這是一件非常可悲的事情。這並非預言，而是一番發自肺腑的忠告，聽了之後令人生出悲涼之感，喟嘆世事無常，令人難以預測！

俾斯麥的忠告令人不由自主地產生敬畏之心。這位政治家發出的警告，是他根據自己一生所見所感所做的最後總結。

在那個動盪的時代，戰爭往往一觸即發，國家的發展與戰爭產生了密切的關係，既要高瞻遠矚，又要洞悉時局，更要牢記「實力決定一切」。「生於憂患，死於安樂」，太平時期也要未雨綢繆，這或許是一個君主應該去面對和思考的問題，特別是對時代格局的掌握，一定要防患於未然——俄羅斯就要成為一個共和制國家了，勞工的力量真的是不容忽視啊！

俾斯麥的坦誠、苦心，還有對時局敏銳的洞察力，都是普通人所無法企及的。這番表白也讓我們看到了一個強勢但不乏溫情的俾斯麥——從來都不會屈服於任何人，卻又處處為自己的祖國殫精竭慮——這就是俾斯麥。他審視著自己的一生，並將它拆解成了很多階段，每一個階段，他的判斷都是準確的；每一個階段，他的執著勸阻都費盡了心力。他唯一的希望就是德國能夠繼續強盛下去，但同時他也深信，危機在任何時候都會存在，需要時刻保持警惕，更要用心去經營一切。他支持德國走向共和的主張，相信那可以將德意志帶入一個全新的輝煌時代，這個時代必須要建立在共和的基礎上，只有這樣才能讓一個國家擁有遠大的前程！

十、魂返森林

　　森林成為俾斯麥最終的歸宿，自從妻子喬安娜和老朋友們相繼去世之後，俾斯麥就不怎麼關心兒孫們的生活了。他又一次回到了森林，認為這裡有他想得到的一切生活。他還是經常為自己失去了權力而憤怒，而且也不再有什麼可以令他感到興奮的事情了。八十歲那年，他還願意說很多很多的話，但是僅僅過了兩三年，他就變成了一個不愛說話的人了。

　　森林變成了俾斯麥唯一可以躲避的地方，在這裡，八十三歲的俾斯麥坐在馬車上與自己進行思想的交流。森林始終都在那裡，與原來沒有任何區別。只不過他不再把注意力放在田野上，吸引他注意力的是那些杉樹，以及森林裡最老的那些樹木，那些樹很高，風一吹過，就會發出沙沙的響聲。這時，很多的鳥兒聚集在了房子的後面，俾斯麥覺得春天可能就快來了，有幾對鳥兒他都已經認識了，到傍晚的時候，牠們還會出現在屋頂，他也會在那裡等著。然後，俾斯麥乘坐馬車去視察池塘，或者帶著客人到森林去遊逛。

　　他喜歡招待客人，熱愛德意志帝國，但他更愛樹木，他說樹木就是自己的祖先。他希望自己死後被埋在森林裡，安葬於他早就選好的兩株杉樹中間。森林裡空氣和陽光是那麼的自由，吹過的微風是那麼的新鮮。但是他也很明白 —— 在另一個地方，一座王者的陵寢早就已經為他準備好了。可是，只要能夠長眠於森林，跟這些大樹在一起，他寧可不要陵寢，不要墓碑 —— 哪怕墓碑已經刻好。他想要的只有陽光和清風。

　　在很多場合，俾斯麥始終都表明了自己的一個立場，儘管自己是無神論者，但他卻要像一個信奉上帝的人那樣，按照基督教的儀式為自己舉行葬禮。這樣，在森林裡，他就能夠跟陽光和上帝在一起，不管是在老橡樹

下玩耍的兒童時代，在林間打獵的青年時期，還是為國家操勞的中年時代，又或者是喜歡聽樹葉沙沙聲的老年時代，他都沒有離開過這些樹木、這片曠野、這片森林。

俾斯麥非常懷念自己年輕時那個躊躇滿志的時期，即便有很多事情等著他去做，他也覺得非常快樂，但是現在，進入功成名就的暮年，即便什麼事情都不用操心，也無法讓他感到歡喜。他建立起來的事業已經被繼任者們推到了非常危險的境地，在新世紀即將到來之際，俾斯麥被連根拔起，被驅逐到了一片森林中。他年輕時曾經思考過很多虛無主義的問題，此時依然受到這些問題的困擾，因為找不到滿意的答案。他只能一語不發地坐在森林裡沉思。

當德國人重新站在俾斯麥樸素、壯重的墓旁向他鞠躬致敬時，已經是他去世三十年以後的事情了。由他一手締造的偉大帝國，此時已經化為烏有。可是他的鐵血氣魄仍然長存於世，這個帝國依然牢不可破，德意志的部族和人民，在大戰炮火的洗禮下，在傳統被破壞殆盡之後，仍然能夠團結在一起，並且獨立存活下去。統一的德意志，並不會隨著國王們的趨勢而與之一起覆滅。

德意志仍然活著，仍然屹立於世界強國之林，令無數後人仰望！

普魯士帝國的鐵血宰相俾斯麥：

閒人、鬥士、勛臣、主政、逐臣，還原德意志帝國首相最真實的面貌

作　　者：[德] 埃米爾·路德維希（Emil Ludwig）

翻　　譯：莊天賜

發 行 人：黃振庭

出 版 者：崧燁文化事業有限公司

發 行 者：崧燁文化事業有限公司

E-mail：sonbookservice@gmail.com

粉 絲 頁：https://www.facebook.com/sonbookss/

網　　址：https://sonbook.net/

地　　址：台北市中正區重慶南路一段六十一號八樓
　　　　　815 室

Rm. 815, 8F., No.61, Sec. 1, Chongqing S. Rd., Zhongzheng Dist., Taipei City 100, Taiwan

電　　話：(02)2370-3310

傳　　真：(02)2388-1990

印　　刷：京峯彩色印刷有限公司（京峰數位）

律師顧問：廣華律師事務所 張珮琦律師

定　　價：420 元

發行日期：2023 年 02 月第一版

◎本書以 POD 印製

國家圖書館出版品預行編目資料

普魯士帝國的鐵血宰相俾斯麥：閒人、鬥士、勛臣、主政、逐臣，還原德意志帝國首相最真實的面貌 / [德] 埃米爾·路德維希（Emil Ludwig）著，莊天賜譯 . -- 第一版 . -- 臺北市：崧燁文化事業有限公司，2023.02
面；　公分
POD 版
譯　自：Otto Von Bismark : the story of a fighter
ISBN 978-626-357-055-9(平裝)
1.CST: 俾斯麥 (Bismarck, Otto, Furst von, 1815-1898) 2.CST: 傳記 3.CST: 德國
784.38　111021548

電子書購買

臉書